"闽西职业技术学院国家骨干高职院校项目建设成果"编委会

主　任：来永宝

副主任：吴新业　吕建林

成　员（按姓名拼音字母顺序排列）：

　　陈建才　董东明　郭　舜　李志文　林茂才

　　檀小舒　童晓滨　吴国章　谢　源　张源峰

闽西职业技术学院 国家骨干高职院校项目建设成果
MINXI VOCATIONAL & TECHNICAL COLLEGE ——环境监测与治理技术专业

污水处理
工艺分析与操作

主　编　李红莲

副主编　兰　鹰

厦门大学出版社　国家一级出版社
　　　　　　　　全国百佳图书出版单位

总 序

国务院《关于加快发展现代职业教育的决定》指出,现代职业教育的显著特征是深化产教融合、校企合作、工学结合,推动专业设置与产业需求对接、课程内容与职业标准对接、教学过程与生产过程对接、毕业证书与职业资格证书对接、职业教育与终身学习对接,提高人才培养质量。因此,校企合作是职业教育办学的基本思想。

产教融合、校企合作的关键是课程改革。课程改革要突出专业课程的职业定向性,以职业岗位能力作为配置课程的基础,使学生获得的知识、技能满足职业岗位(群)的需求。至2014年6月,我院各专业完成了"基于工作过程系统化"课程体系的重构,并完成了54门优质核心课程的设计开发与教材编写。学院以校企合作理事会为平台,充分发挥专业建设指导委员会的作用,主动邀请行业、企业"能工巧匠"参与学院专业规划、专业教学、实践指导,并共同参与实训教材的编写。教材是实现产教融合、校企合作的纽带,是教和学的主要载体,是教师进行教学、搞好教书育人工作的具体依据,是学生获得系统知识、发展智力、提高思想品德、促进人生进步的重要工具。根据认知过程的普遍规律和教学过程中学生的认知特点,学生系统掌握知识一般是从对教材的感知开始的,感知越丰富,观念越清晰,形成概念和理解知识就越容易;而且教材使学生在学习过程中获得的知识更加系统化、规范化,有助于学生自身素质的提高。

专业建设离不开教材,一流的教材是专业建设的基础,它为课程教学提供与人才培养目标相一致的知识与实践能力的平台,为教师依据教学实践要求,灵活运用教材内容,提高教学效果,完成人才培养要求提供便利。由于有了好的教材,专业建设水平也不断提高,因此在福建省教育评估研究中心汇总公布的福建省高等职业院校专业建设质量评价结果中,我院有26个专业全省排名进入前十名,其中有15个专业进入前五名。麦可思公司2013年度《社会需求与培养质量年度报告》显示,我院2012届毕业生愿意推荐母校的比例为68%,比全国骨干院校2012届平均水平65%高了3个百分点;毕业生对母校的满意度为94%,比全国骨干院校2012届平均水平90%高了4个百分点,人才培养质量大大提升。

闽西职业技术学院院长、教授
2015年5月

前　言

本书是环境监测与治理技术专业校企合作编写教材。

本书是为适应高职高专教学改革,根据环境监测与治理技术专业课程的基本要求和课程标准,组织有丰富经验的教师及企业有实践技能的一线人员,在总结多年的教改和教学经验以及当今水污染控制行业发展情况的基础上编写而成的。从污水处理技术的最新发展和工程应用角度出发,对污水处理领域中的物理、化学、物理化学和生物处理技术,污水处理工程的设计及运行等都作了详细的阐述。

本书在编写过程中,着重突出了以下特点:

(1) 紧密结合高等职业教育环境监测与治理技术等相关专业的培养目标,立足实用,强化实践,注重能力,系统地介绍了污水处理的各种处理方法、原理,处理设备结构,构筑物工艺设计的基本知识和方法。

(2) 结合当前水处理的应用情况,介绍常用处理方法的特点、适用情况和运行要求,体现了培养技能型人才的高职教育特色。

(3) 所介绍的内容均按照"懂理论—会设计—能运行操作"这一思路进行编写,书中配有大量的插图,内容精简实用,通俗易懂。为了便于引导学生自学,每章配有专门的复习思考题以便学生自我测试学习效果。

本书在编写过程中参考借鉴了大量国内高校教材及专业文献资料,在此向文献的原作者表示衷心的感谢。

限于编者水平,教材中错误及遗漏在所难免,敬请读者批评指正。

作　者

2015 年 11 月

目 录

学习情境 1　水质分析 ······· 1
　　任务一　污水处理对象分析 ······· 1
　　　　1.1　水体污染 ······· 1
　　　　1.2　水质标准 ······· 6
　　任务二　污水处理技术 ······· 10
　　　　1.3　水环境容量及水体自净化 ······· 10
　　　　1.4　水污染控制的原则和方法 ······· 12

学习情境 2　污水处理工艺的一级处理 ······· 16
　　任务一　调　节 ······· 16
　　　　2.1　调节 ······· 16
　　任务二　拦截悬浮物 ······· 19
　　　　2.2　格栅与筛网 ······· 19
　　任务三　去除可沉物质 ······· 21
　　　　2.3　沉淀 ······· 21
　　任务四　去除可浮物质 ······· 31
　　　　2.4　气浮 ······· 31

学习情境 3　污水处理工艺的二级处理 ······· 37
　　任务一　高浓度有机物处理 ······· 37
　　　　3.1　废水厌氧生物处理 ······· 37
　　任务二　中低浓度有机物处理 ······· 55
　　　　3.2　生物处理法 ······· 55
　　　　3.3　活性污泥法 ······· 60
　　　　3.4　生物膜法处理 ······· 89

学习情境 4　污水处理工艺的三级处理 ······· 111
　　任务一　去除营养物 ······· 111
　　　　4.1　生物脱氮除磷技术 ······· 111
　　任务二　去除残余悬浮物和胶体 ······· 115
　　　　4.2　混凝 ······· 115
　　任务三　去除病原微生物 ······· 124

  4.3 消毒 ··· 124
 任务四 去除色素 ··· 128
  4.4 吸附 ··· 128
 任务五 去除金属离子 ·· 139
  4.5 离子交换 ·· 139
 任务六 污水回用 ··· 146
  4.6 膜分离 ··· 147

学习情境5 污泥处理 ·· 155
 任务 污泥处理 ·· 155
  5.1 污泥的特性 ·· 155
  5.2 污泥的预处理 ··· 157
  5.3 污泥的脱水及干化 ·· 159
  5.4 污泥的处置与利用 ·· 161

实 训 ·· 165
 实训一 静置沉淀实验 ·· 165
 实训二 混凝实验 ··· 167
 实训三 活性炭吸附实验 ·· 169
 实训四 工业污水处理厂参观考察 ·· 171
 实训五 污水处理厂仿真软件 ·· 172
 实训六 污水常规水质指标检测 ··· 173
 实训七 课程设计任务书 ·· 181

参考文献 ·· 184

学习情境 1

水质分析

（载体：污水）

任务一 污水处理对象分析

> **启发引导：**
> 　　将生活污水、各种工业废水和其他类型污废水的照片以 PPT 的形式展示给学生，同时收集几种常见的污水，如生活污水、雨水、周围化工厂的工业废水等，让学生通过对比了解不同来源污水的水质差别。

1.1 水体污染

一、水的循环

(一) 地球上水的分布

地球表面大部分被蓝色的海洋所覆盖。海洋面积约占地球总表面积的 70% 以上，它的平均深度大约为 3800 m。因此，海洋可称为一个浩瀚的"水库"，地球上的水约有 97% 存在这里，其余 3% 左右的水则分别存在于大气、地球陆地表面和地表以下的地壳中。

地球上水的总量很大，据估计约有 $14×10^8$ km^3 之多。但是，它的分布很不均衡。人类生命活动所必需的淡水很有限，在占总量不到 3% 的淡水中，又有 3/4 存在于冰川和冰帽之中。大多数的大冰块又集中在南北两极，限于现有的经济、技术能力，目前还极少被利用。与人类生活和生产活动关系密切而又比较容易被开发利用的淡水储量约为 $400×10^4$ km^3，仅占地球总水量的 0.3%，而且这部分淡水在陆地上的分布也很不均衡。我国的年降水量为 $61900×10^8$ m^3 左右，相当于全球陆地总降水量的 5%；地面水年径流量为 $27115×10^8$ m^3 左右，仅次于巴西、俄罗斯、美国、印度尼西亚和加拿大，居世界第六位。但是由于我国人口众多，按人均年径流量计，每人每年仅为 2100 m^3，只相当于世界人均占有量的 1/4。因此，从这个角度上说，我国的水资源并不丰富。

不仅如此，我国的水资源还存在着严重的时空分布不均衡性。在空间（地区）分布上，总体是东南多、西北少，南方长江流域和珠江流域水量丰富，而北方则少雨干旱，不少城市和地区的缺水现象十分严重。在时间分布上，由于我国大部分地区的降水量主要受季风气候的影响，降水主要集中在夏季。南方各省夏季降水占全年降水量的一半，北方地区则占 70%

~80%。这就导致了降水量的年内分配不均,冬春少雨,夏季多雨。此外,年际变化也很大,有时还连续出现枯水年和丰水年的现象,更给水资源的合理利用增加了困难。

(二)水循环

水循环分为自然循环和社会循环两种。

1. 自然循环

自然界中的水并不是静止不动的。它在太阳能的作用下,通过海洋、湖泊、河流等广大水面以及土壤表面、植物茎叶的蒸发和蒸腾形成水汽,上升到空中凝结为云,在大气环流——风的推动下运移到各处。在适当条件下又以雨、雪、雹等形式降落下来。这些降落下来的水分,在陆地上分成两路流动:一路在地面形成径流,汇入江河湖泊,称为地表径流;另一路渗入地下,成为地下渗流。这两路水流有时相互交流转换,最后都注入海洋。与此同时,一部分水经过地面和水面的蒸发,以及植物吸收后经叶的蒸腾又进入大气圈中。这种川流不息、循环环往复的过程称为自然界的水循环或水的自然循环。

2. 社会循环

所谓水的社会循环,指的是人类社会为了满足生活和生产的需求,要从各种天然水体中取用大量的水,这些经过使用后的生活和生产用水,混入了各种污染物质,它们经过一定的净化处理,最终又流入天然水体。这样,水在人类社会中构成了一个局部的循环体系,称为水的社会循环。

整个水循环系统包括水的自然和社会循环。

随着世界人口的增长和工农业的发展,用水量也在日益增加。而用水量增加的结果会使废水量也相应地增加。未经妥善处理的废水如果任意排入水体,就会造成水体严重的污染,使本来已经不充裕的水资源更加紧张。这就是在水的社会循环中表现出来的人与自然在水量和水质方面存在着的巨大矛盾。环境工程师的任务就是研究和解决这些矛盾,在合理开发利用水资源的同时,通过必要的水质处理措施,有效地控制水体污染,做到向自然界借"好水",也应把"好水"还给自然界,使水有良性的社会循环,人类社会得以可持续发展。

二、水体污染

水体在一定范围内,具有自身调节和降低污染的能力。但是,当进入水体的外来杂质含量超过了这种自净能力时,就会使水质恶化,对人类环境和水的利用产生不良影响,这就是水的污染。

《中华人民共和国水污染防治法》中为"水污染"下了明确的定义,即水体因某种物质的介入,而导致其化学、物理、生物或者放射性等方面特性的改变,从而影响水的有效利用,危害人体健康或者破坏生态环境,造成水质恶化的现象。

水的污染有两类:一类是自然污染,另一类是人为污染。

自然污染主要是自然原因造成的。例如,特殊的地质条件使某些地区有某种化学元素的大量富集,天然植物的腐烂过程中产生某种有害物质,以及降雨淋洗大气和地面后挟带各种物质流入水体等,都会影响当地水质。

人为污染是人类生活和生产活动中产生的废物对水的污染。它们包括生活污水、工业废水、农田排水和矿山排水等。此外,废渣和垃圾堆积在土地上或倾倒在水中、岸边,废气排放到大气中,经降雨淋洗和地面径流各种杂质又流入水体,这些都会造成水的污染。

当前,对水体造成较大危害的是人为污染。

三、水体污染源的类型

水体污染源,是指向水体排放污染物的场所、设备和装置等。按造成水体污染原因的不同可将水体污染源分为天然污染源和人为污染源;按受污染的水体不同可分为地面水污染源、地下水污染源和海洋污染源;按污染源释放的有害物质种类不同分为物理性污染源、化学性污染源、生物性污染源;按污染的分布特征不同可分为点污染源、面污染源、扩散污染源。

由自然因素造成的污染,称为天然污染。如地面水渗漏和地下水流动将地层中某些矿物质溶解,使水中的盐分、微量元素或放射性物质浓度偏高而使水质恶化。由于人类的生产和生活活动使水体污染,称为人为污染。人为污染是当前水体污染的主要污染源,主要有以下几种类型:

(一)物理性污染

热污染:主要来源于热电站、核电站、冶金和石油化工等工厂排水。

放射性污染:来源于核生产废物、核试验沉降物、核医疗研究单位的排水。

(二)化学性污染

1. 无机污染

包括:重金属污染,来源于矿物开采、冶炼、电镀、仪表、电解以及化工等工厂排水;砷污染,来源于含砷矿石处理、制药、农药和化肥等工厂的排水;氰化物污染,来源于电镀、冶金、煤气、洗涤、塑料、化学纤维等工厂的排水;氮和磷污染,来源于农田排水、粪便排水、化肥、制革、食品、毛纺等工厂排水;酸碱和盐污染,来源于矿山、石油、化工、化肥、造纸、电镀工厂排水及酸雨。

2. 有机污染

包括:酚类化合物污染,来源于炼油、焦化、树脂等化工厂的排水;苯类化合物污染,来源于石油化工、焦化、农药塑料、染料等化工厂的排水;油类污染,来源于采油、炼油、船舶以及机械、化工等工厂的排水。

(三)生物性污染

1. 病原体污染

来源于粪便、医院污水、屠宰畜牧、制革生物制品等工厂排水。

2. 霉素污染

来源于制药、酿造、制革等工厂排水。

四、污水的性质及污染指标

(一)污水的来源

污水是人类在自己的生活、生产活动中用过并为生活或生产过程所污染的水。污水包括生活污水、工业废水、被污染的降水及各种排入管渠的其他污染水。

1. 生活污水

生活污水是指居民在日常生活中排出的废水。生活污水的成分取决于居民的生活状况及生活习惯。我国地域广阔,情况复杂,即使生活状况相似,但各地污水中杂质的成分和浓度也不尽相同。

2. 工业废水

工业废水是在生产过程中排出的废水。其成分主要决定于生产工艺过程和使用的原料,其中也包括高温(水温超过60 ℃)而形成热污染的工业废水。不同的工业生产产生不同性质的废水,同类工业采用不同的生产工艺过程,产生的废水也不相同。

工艺废水性质各异,多半具有危害性,未经处理不允许排放。但冷却水在生产过程中只起辅助作用,有的只是温度稍有上升,未经污染物污染或污染很轻,此时可采取冷却或简单的处理后重复使用,这种较清洁不经处理即可排放的废水称为生产废水;而污染较严重,必须经处理后方可排放的工业废水称为生产污水。

工业废水是生产污水和生产废水的总称。

3. 城市污水

城市污水是排入排水系统污水的总称,是生活污水和工业废水的混合液。我国多数城市污水均属此类。在合流制排水系统中,城市污水还包括降水。城市污水的水质指标、污染物组成、形态及含量也因城市不同而异。

(二)污水的物理性质及指标

1. 水温

生活污水的年平均温度相差不大,一般为10~20 ℃;许多工业排出的废水温度较高。水温升高影响水生生物的生存;水中的溶解氧随水温的升高而减少,加速了污水中好氧微生物的耗氧速度,导致水体处于缺氧和无氧状态,使水质恶化。城市污水的水温与城市排水管网的体制及生产污水所占的比例有关。一般来讲,污水生物处理的温度范围为5~40 ℃。

2. 色度

生活废水的颜色一般呈灰色。工业废水则由于工矿企业的不同,色度差异较大,如印染、造纸厂等生产污水色度很高。

3. 嗅味

嗅和味是一项感官性状指标。天然水是无色、无味的。水体受到污染后产生气味,影响了水环境。生活污水的嗅味主要由有机物腐败产生的气体造成,主要来源于还原性硫和氮的化合物;工业废水的嗅味主要由挥发性化合物造成。

4. 固体含量

水中所有残渣的总和为总固体(TS),其测定方法是将一定量水样在105~110 ℃烘箱中烘干至恒重,所得含量即为总固体含量。总固体量主要由有机物、无机物及生物体三种组成。也可按其存在形态分为悬浮物、胶体和溶解物。总固体包括溶解物质(DS)和悬浮固体物质(SS)。悬浮固体由有机物和无机物组成,根据其挥发性能,又可分为挥发性悬浮固体(VSS)和非挥发性悬浮固体(NVSS)两种。挥发性悬浮固体亦称灼烧减重,主要是污水中的有机质;非挥发性固体又称灰分,为无机质。生活污水中挥发性悬浮固体占70%左右。

溶解固体的浓度与成分对污水处理效果有直接影响,悬浮固体含量较高,能使管道系统产生淤积和堵塞现象,也可使污水泵站的设备损坏。如果不处理直接排入受纳水体,能造成水生动物窒息,破坏生态。

(三)污水的化学性质及指标

1. 无机物指标

无机物指标主要包括氮、磷、无机盐类和重金属离子及酸碱度等。

污水中的氮、磷为植物的营养物质,对于高等植物的生长,氮、磷是宝贵物质;而对于天然水体中的藻类,虽然是生长物质,但藻类的大量生长和繁殖,能使水体产生富营养化现象。

污水中的无机盐类主要指污水中的硫酸盐、氯化物和氰化物等。硫酸盐来自人类排泄物及一些工矿企业废水,如洗矿、化工、制药、造纸等工业废水。污水中的硫酸盐用 SO_4^{2-} 表示,可以在缺氧状态下,在硫酸盐还原菌和反硫化菌的作用下,还原成 H_2S。硫化物主要来自人类排泄物。某些工业废水含有较高的氰化物,它对管道及设备有腐蚀作用。污水中的氰化物主要来自电镀、焦化、制革、塑料、农药等工业废水。氰化物为剧毒物质,在污水中以无机氰和有机腈两种类型存在。除此以外,城市污水中还存在一些无机有毒物质,如无机砷化物,主要以亚砷酸和砷酸盐形式存在。砷会在人体内积累,属致癌物质。

污水中的重金属离子主要有汞、镉、铅、铬、锌、铜、镍、锡等。重金属离子以离子状态存在时毒性最大,这些离子不能被生物降解,通常可以通过食物链在动物或人体内富集,产生中毒现象。上述金属离子在低浓度时,有益于微生物的生长。有机离子对人类也有益,但其浓度超过一定值后,即有毒害作用。需要说明的是,有些重金属具有放射性,在其原子裂变的过程中会释放一些对人体有害的射线,主要有 α 射线、β 射线、γ 射线及质子束等。产生这些放射物质的金属主要是镧系和锕系元素,这些物质在生活污水中很少见,在某些工业废水如采矿业及核工业废水中会出现,一般在城市污水中的含量极低。放射性物质能诱发白血病等疾病。

酸碱污染物主要由排入城市管网的工业废水形成。水中的酸碱度以 pH 反映其含量。酸性废水的危害在于其有较大的腐蚀性;碱性废水易产生泡沫,使土壤盐碱化。一般情况下,城市污水的酸碱性变化不大,微生物生长的酸碱度以中性偏碱为最佳,pH 超出 6~9 的范围,会对人畜造成危害。

2. 有机物指标

城市污水中含有大量的有机物,主要是碳水化合物、蛋白质、脂肪等物质。有机物种类极其复杂,难以逐一定量。但上述有机物都有被氧化的共性,即在氧化分解中需要消耗大量的氧,所以可以用氧化过程消耗的氧量作为有机物的指标。所以在实际工作中经常采用生物化学需氧量(BOD)、化学需氧量(COD)、总有机碳(TOC)、总需氧量(TOD)等指标来反映污水中有机物的含量。

(1)生物化学需氧量 BOD。在一定条件下(水温 20 ℃),好氧微生物将有机物氧化成无机物(主要是水、二氧化碳和氨)所消耗的溶解氧量,称为生物化学需氧量,单位为 mg/L。

污水中的有机物分解一般分两个阶段进行。在第一阶段,主要是将有机物氧化分解为无机的水、二氧化碳和氨,称碳氧化阶段;在第二阶段,氨被转化为亚硝酸盐和硝酸盐,称硝化阶段。生活污水中的有机物一般需要 20 d 左右才能完成第一阶段,完成两个阶段的氧化分解需要 100 d 以上。在实际工作中常用五日生化需氧量(BOD_5)作为可生物降解有机物的综合浓度指标。五日生化需氧量(BOD_5)占总生化需氧量(BOD_u)的 70%~80%,即测得 BOD_5 后,基本能折算出 BOD_u 的总量。

(2)化学需氧量 COD。污水中的有机物按被微生物降解的难易程度可分为两类:可生物降解有机物和难以被生物降解有机物。这两类有机物都能被氧化成无机物,但氧化的方法完全不同。可生物降解有机物在有氧、温度一定的条件下,可以用 BOD 测定出其含量,而难以被微生物降解的有机物不能直接用 BOD 表现出来,所以 BOD 不能准确地反映污水中有机污染物质的含量。

化学需氧量(COD)是用化学氧化剂氧化污水中有机污染物质,氧化成 CO_2 和 H_2O,测定其消耗的氧化剂量,单位为 mg/L。常用的氧化剂有两种,即重铬酸钾和高锰酸钾。重铬酸钾的氧化性略高于高锰酸钾。以重铬酸钾作氧化剂时,测得的值称 COD_{Cr};用高锰酸钾作氧化剂测得的值为 COD_{Mn}。

化学需氧量(COD)能反映出易于被微生物降解的有机物含量,同时又反映难以被微生物降解的有机物含量,能较精确地表示污水中有机物的含量。

对于同一种水样,如果同时测定 BOD 和 COD,两个数值有较大的差别。COD 数值大于 BOD,两者的差值大致等于难以被生物降解的有机物量。差值越大,表明污水中难以被生物降解的有机物量越多,越不宜采用生物处理方法。BOD_5/COD 的比值是用来判断污水是否可以生化处理的标志。一般认为比值大于 0.3 的污水,基本能采用生物处理方法。据统计,城市污水 BOD_5/COD 的比值一般为 0.4~0.65。

COD 的测试需要时间较短,一般几个小时即可测得,较测 BOD 方便。但 COD 值只能反映总有机物的含量,并不能判别易于被生物降解的有机物和难以被生物降解的有机物所占的比例,所以在工程实际中,要同时测试 BOD_5 与 COD 两项指标作为污水处理领域的重要指标。

(3)总有机碳 TOC。TOC 的测定原理为:将一定数量的水样,经过酸化后,注入含氧量已知的氧气流中,再通过铂作为触媒的燃烧管,在 900 ℃高温下燃烧,把有机物所含的碳氧化成 CO_2,用红外线气体分析记录 CO_2 的数量,折算成含碳量即为总有机碳。在进入燃烧管之前,需用压缩空气吹脱经酸化水样中的无机碳酸盐,排除测试干扰。单位为 mg/L。

(4)总需氧量 TOD。有机物的主要组成元素为碳、氢、氧、氮、硫等。将其氧化后,分别产生 CO_2、H_2O、NO_2 和 SO_2 等物质,所消耗的氧量称为总需氧量,以 mg/L 表示。TOD 和 TOC 都是通过燃烧化学反应,测定原理相同,但有机物数量表示方法不同,TOC 用含碳量表示,TOD 用消耗的氧量表示。对于水质条件较稳定的污水,其测得的各种指标在数值上有下列排序:

$$TOD > COD_{Cr} > BOD_u > BOD_5 > TOC$$

(四)生物性质及其指标

污水中生物污染物是指能致病的微生物,以细菌和病毒为主,主要来自生活污水、制革污水、医院污水等含有病原菌、寄生虫卵及病毒的污水。污水中的绝大多数微生物是无害的,但有一部分能引起疾病,如肝炎、伤寒、霍乱、痢疾、脑炎、脊髓灰质炎、麻疹等。

1.2 水质标准

水质标准是用水对象所要求的各项水质参数应达到的指标和限值。不同的用水对象,要求的水质标准不同。

一、给水水质标准

(一)地表水环境质量标准

国家环保总局于1999年颁布《地表水环境质量标准》(GHZB—1999)。该标准规定项目为75项,其中基本项目31项,特定项目4项,控制地表水Ⅰ、Ⅱ、Ⅲ类水与有机化学物质项目40项。

依据地表水使用目的和保护目标,水域划分为五类:

Ⅰ类　主要适用于源头水,国家自然保护区。

Ⅱ类　主要适用于集中式生活饮用水水源地一级保护区、珍贵鱼类保护区、鱼虾产卵场等。

Ⅲ类　主要适用于集中式生活饮用水水源地二级保护区、一般鱼类保护区及游泳区。

Ⅳ类　主要适用于一般工业用水及人体非直接接触的娱乐用水区。

Ⅴ类　主要适用于农业用水区及一般景观要求水域。

如 GB 3838—2002 标准限值[单位(mg/L)]:

水质指标	Ⅱ类	Ⅲ类	Ⅴ类
COD_{Cr}	15	20	40
COD_{Mn}	4	6	15
BOD_5	3	4	10
NH_3-N	0.5	1.0	2.0

(二)城市供水行业水质标准

建设部根据我国各地区发展不平衡及城市的规模,于1992年将自来水公司(以下简称"水司")划分为四类。

第一类为最高日供水量超过100万 m^3/d 的直辖市、对外开放城市、重点旅游城市和国家一级企业的水司;

第二类为最高日供水量超过50万 m^3/d 的城市、省会城市和国家二级企业的水司;

第三类为最高日供水量为10万 m^3/d 以上、50万 m^3/d 以下的水司;

第四类为最高日供水量小于10万 m^3/d 的水司。

同时建设部组织编制了《城市供水行业2000年技术进步发展规划》,规定了四类水司的水质标准,其中对三、四类水司的出水标准的要求基本与国家标准(GB 5749—85)相同,此标准代表我国20世纪80年代国内水平;二类水司标准参照世界卫生组织(WHO)的水质,代表20世纪80年代国际水平;一类水司标准指标值取欧洲共同体(EC)标准,其中包括感官性状指标4项、物理及物理化学指标15项、不希望过量的物质指标24项、有毒物质指标13项、微生物指标6项、硬度有关指标4项,共66项,该水质标准反映了20世纪80年代国际先进水平。

(三)生活饮用水标准

生活饮用水标准所列的水质项目主要有四类。第一类为感官性状指标。主要包括水的浊度、色度、嗅味及肉眼可见物等。这类指标虽然对人体健康无直接危害,但能引起使用者的厌恶感。第二类指标为化学物质指标。水中含有一些如钠、钾、钙、铁、锌、镁、氯等人体必需的化学元素,但这些物质的浓度较高,会对人们的正常使用产生不良影响。第三类为毒理学指标。主要由水源污染造成,如水源中含有汞、镉、铬、氰化物、砷及氯仿等物质,这些物质对人体的危害极大,常规的给水处理工艺很难去除这些杂质,因此,要想控制这些有害物质在饮用水中的浓度,应主要控制水源的污染。第四类指标为细菌学指标。这类指标主要列出细菌总数及总大肠菌数和游离余氯量。另外还有一类为放射性指标,这类指标含两项,即总 α 放射性、总 β 放射性。放射性指标为最近两次水质标准修订所增项目,当两项指标过高时能使人体患白血病及引起生理变异等。

卫生部 2001 年颁布《生活饮用水水质卫生规范》,着重规定了饮用水水源中有害物质的最高容许浓度,共计 64 项;规定了生活饮用水及其水源水水质卫生要求,适用于城市生活饮用集中式供水(包括自建集中式供水)及二次供水。

(四)工业用水标准

不同的工矿企业用水,对水质的要求各不相同,即使是同一种工业,不同生产工艺过程对水质的要求也有差异。一般应该根据生产工艺的具体要求,对原水进行必要的处理以保证工业生产的需要。

食品工业用水的水质标准与生活饮用水基本相同。

在纺织和造纸工业中,水直接与产品接触,要求水质清澈,否则会使产品产生斑点,铁锰过多能使产品产生锈斑。

石油化工、电厂、钢铁等企业需要大量的冷却水。这类水主要对水温有一定要求,同时易于发生沉淀的悬浮物和溶解性盐类不宜过高,以防止堵塞管道和设备,藻类和微生物的滋长也要控制,还要求水质对工业设备无腐蚀作用。

电子工业用水要求较高,半导体器件洗涤用水及药液的配制都需要高纯水。

二、排水水质标准

为了保障天然水体不受污染,必须严格限制污水排放,并要在排放前进行无害化处理,以保证不对天然水体水质造成污染。

我国排放标准分为两类:第一类为一般排放标准,第二类为行业排放标准。一般排放标准包括《工业"三废"排放试行标准》(GBJ 4—73)、《污水综合排放标准》(GB 8978—96)、《农用污泥中污染物指标》(GB 4284—84)等。行业排放标准包括《制浆造纸工业水污染物排放标准》(GB 3544—2008)、《船舶污染物排放标准》(GB 3553—83)、《纺织染整工业水污染物排放标准》(GB 4287—2012)、《肉类加工工业水污染物排放标准》(GB 13457—92)等。这些行业标准可作为规划、设计、管理与监测的依据。

(一)污水综合排放标准

《污水综合排放标准》规定了污水排入地面水域的水质要求,包括标准分级、标准值、排水定额、水的循环利用率、标准实施和取样、监测等,适用于排放污水和废水的一切企事业单位。

按地面水域使用功能要求(特殊保护水域、重点保护水域、一般保护水域)和污水排放去向,对向地面水水域排放分别执行一、二级标准。

排入Ⅲ类水域(主要适用于集中式生活饮用水水源地二级保护区、一般鱼类保护区及游泳区,本分级将划定的保护区和游泳区除外)和排入《海水水质标准》(GB 3097—82)中二类海域的污水,执行一级标准。

排入Ⅳ类水域(主要适用于一般工业用水区及人体非直接接触的娱乐用水区)、Ⅴ类水域(主要适用于农业用水区及一般景观要求水域)和排入《海水水质标准》(GB 3097—82)中三类海域的污水,执行二级标准。

排入设置二级污水处理厂的城镇排水系统的污水,执行三级标准。

对排入未设置二级污水处理厂的城镇下水道的污水,必须根据下水道出水受纳水体的功能类别,分别执行一级或二级标准。

本标准将排放的污染物按其性质分为两类。

第一类污染物指能在环境或动物体内蓄积,对人体健康产生长远不良影响的污染物质。含有此类有害污染物质的污水,不分行业和污水排放方式,也不分受纳水体的功能类别,一律在车间或车间处理设施排出口取样,其最高允许排放浓度必须符合有关规定。

第二类污染物指其长远影响小于第一类污染物的污染物质。在排污单位排出口取样,其最高允许排放浓度和部分行业最高允许排水定额必须符合如下有关规定(单位:mg/L):

水质指标	一级 A	一级 B	二级	三级
COD	50	60	100	120
BOD_5	10	20	30	60
SS	10	20	30	50

(二)排入城市下水道的污水水质标准

CJ 343—2010 对排入城市下水道的污水进行了一般规定,其水质标准和水质监测等适用于向城市下水道排放污水的所有单位和污水水质控制。污水排入城市下水道的一般规定主要包括:

(1)严禁排入腐蚀下水道设施的污水。

(2)严禁向城市下水道倾倒垃圾、积雪、粪便、工业废渣和排放易于凝集、堵塞的物质。

(3)严禁向城市下水道排放剧毒物质(氰化钠、氰化钾等)、易燃易爆物质(汽油、重油、润滑油、煤焦油、苯系物、醚类及其他有机溶剂等)和有害气体。

(4)医疗卫生、生物制品、科学研究、肉类加工等含有病原体的污水必须经过严格消毒处理,除遵守本标准外,还必须按有关专业标准执行。

(5)放射性物质向城市下水道排放,除遵守本标准外,还必须按《放射防护规定》(GBJ 8—74)执行。

(6)水质超过标准要求的污水,不得用稀释法降低其浓度,排入城市下水道。

(三)城镇污水处理厂污染物的排放标准

国家环境保护总局和中华人民共和国质量监督检测检疫总局联合发布了《城镇污水处理厂污染物排放标准》(GB 18918—2002)。该标准分年限规定了城镇污水处理厂出水、废气和污泥中污染物的控制项目和标准值,居民小区和工业企业内独立的生活污水处理设施的污染物排放管理也按该标准执行。对于排入城镇污水处理厂的工业废水和医院污水,应达到《污水综合排放标准》、相应行业的国家排放标准、地方排放标准的限值及地方总量控制要求。

《城镇污水处理厂污染物排放标准》根据污染物的来源及性质,将污染物控制项目分为基本控制项目和选择控制项目两类。基本控制项目主要包括影响水环境但城镇污水处理厂一般处理工艺可以去除的常规污染物,以及部分一类污染物,共19项。选择性控制项目包括对环境有较长期影响或毒性较大的污染物,共计43项。对于基本控制项目必须执行。选择控制项目,由地方环境保护行政主管部门根据污水处理厂接纳的工业污染物的类别和水环境质量要求选择性控制。

任务二 污水处理技术

> **启发引导:**
> 给学生播放一段天然水体污染的视频录像和水体污染的照片,同时举例说明水体污染对人类和环境造成的影响,使学生直观感受到水体污染的现象和危害。

1.3 水环境容量及水体自净化

一、水环境容量

环境容量通常是指不破坏区域生态环境,环境体系中各污染指标不超过环境标准时可以容纳各种杂质的最大量。不考虑环境自净化功能时称为静容量,考虑自净化时称为动容量。多年来,人类一直利用水体处理生活污水和工业废水。在水体正常生物循环中能够同化有机废物的最大数量,称为水体动容量或水体自净容量。当污水负荷低于河流的自净容量时,水中正常的植物和动物可以生存并有利于人类。一旦排入河流的污水超过河流的自净容量,正常生物循环或生态平衡将被破坏,河流即被污染。一般情况下,维持河川正常的生态平衡的关键是水中的溶解氧,当水中有机物的浓度逐渐增加时,细菌大量繁殖而消耗水中的溶解氧。当溶解氧降到3 mg/L以下时,鱼类生活就会大受影响,甚至不能生存;当溶解氧继续降低,甲壳类动物、轮虫和原生动物等也将陆续死亡,最后只剩下细菌。由于缺氧,厌氧菌大量繁殖,因而使水变黑并散发出恶臭,污染了环境,并有害于人体。

二、水体自净化

污染物质排入自然水体后,破坏了水体中原有的物质平衡;同时,污染物质参与水体中的物质转化和循环过程,通过一系列物理、化学、物理化学和生物化学反应,污染物质被分离和分解,水体基本上或完全恢复到原有的状态,使原有的生态平衡得到恢复,这个过程就是水体自净过程。水体受污染后能自行恢复原有状态的能力称水体自净能力。

水体自净过程复杂,从机理来看,水体自净由下列几个过程组成:

(一)物理过程

物理过程包括稀释、扩散、挥发、沉淀等过程,在一系列过程的作用下,污染物浓度得以降低。

(二)化学和物理化学过程

污染物质通过氧化、还原、吸附、凝聚、中和等反应,使污染物浓度得到降低。

(三)生物化学过程

污染物质中的有机物质被水中微生物的代谢活动分解、氧化,转为无害、稳定的无机物,使污染物浓度降低。

实际水体中,这几项作用交织在一起互相影响、互相制约,如图 1-1 所示。

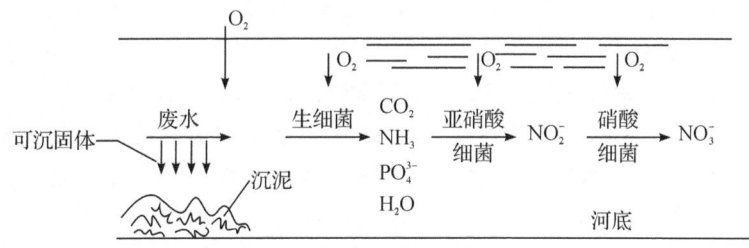

图 1-1 河水自净示意图

排入水体中的污染物质经稀释和扩散后,其污染物的浓度已降低,但总量并没减少。水中的好氧微生物在有溶解氧的情况下,可以氧化分解水中的有机物,最后的产物为 H_2O、CO_2、NH_3 等无机物质,这一过程能使水体得到净化,同时,污染物质的量得以降低。

好氧微生物的呼吸作用消耗了水中的溶解氧(DO),消耗溶解氧的速度与水体中的有机物浓度成正比(一级反应)。而水中的溶解氧的含量受温度和压力等因素的影响,如温度不变,压力不变,水中溶解氧是一个定值。如果水中的微生物将溶解氧全部耗尽,则水体将出现无氧状态,此时,厌氧菌起主导作用,水体变坏。河流水体中的溶解氧主要来自大气,亦可能来自水生植物的光合作用,但以大气补充为主,这一过程称为复氧作用。显然,水中的实际溶解氧含量应与该时刻水中的耗氧速度与大气复氧作用的速度有关,耗氧和溶氧同时进行,决定水体中溶解氧的含量。污水总溶解氧的变化是复杂的,但有规律性,如图 1-2 所示。

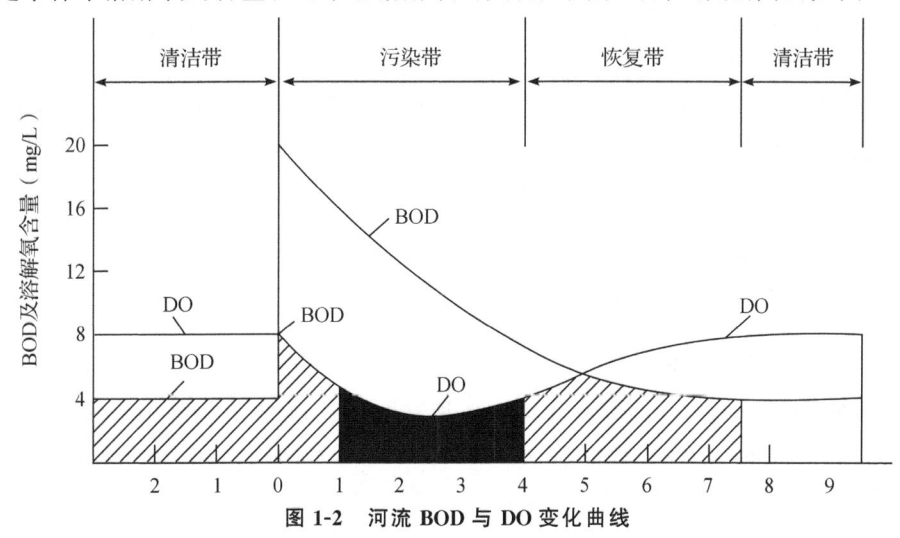

图 1-2 河流 BOD 与 DO 变化曲线

受污点下游河段中,溶解氧及污染物质(BOD)的变化曲线反映了河段的受污染状态和自然规律,是水体物理、化学、生物自净过程的综合特征。

有机物排入水体后,由于微生物降解有机物而将水中的溶解氧消耗殆尽,使河水出现氧不足现象,或称亏氧状态,而与此同时,大气向水体不断溶氧,又使得水体中的溶解氧逐步得到恢复。将耗氧过程和溶氧过程进行数学叠加计算得到水中实际溶解氧的变化规律,形成的曲线称为氧垂曲线。

1.4 水污染控制的原则和方法

水质净化与水污染控制工程的主要任务是研究控制水体污染、保护和改善水环境质量、合理利用水资源以及提供不同用途和要求的用水等的工艺技术和工程措施。它的主要内容应包括:①水体污染和自净规律;②城市污水与工业废水的处理和利用;③生活饮用水和工业给水处理;④城市、区域或水系的水污染综合防治和受污染水体修复等。

由于近年来环境污染问题日趋严重,很多地表水水体和不少地下水都不同程度地受到了污染。因此,给水处理与废水处理之间的界限已变得模糊起来。尤其是它们的一些处理技术机理和处理构筑物有着许多类似之处,故人们往往将给水处理和废水处理合称为水处理工程。又由于它们所讨论和研究的核心目标和内容是水质的保障与改善及其工程技术和措施,也有人称之为水质工程。

一、给水处理的基本方法

饮用水处理是给水处理的一个主要任务。其目的是通过必要的处理工艺,改善取自天然水源的水质,使之符合生活饮用水水质标准。

当以地表水作为饮用水水源时,处理工艺常包括混凝、沉淀、过滤和消毒。先在水中投加混凝剂,使其与原水充分混合,逐步长成絮状沉淀物(通常称为絮凝体或矾花),再进入沉淀池和滤池,除去矾花和其他颗粒杂质,再加药剂消毒,出水即可送入给水管网,供应用户。

当以地下水作为饮用水水源时,一般只需采用消毒处理后即可满足水质的要求。个别地下水中铁、锰含量较高,还需做除铁、除锰处理。

近年来,由于某些地面水或地下水源受到不同程度的污染,以上常规处理流程已不能满足要求,为此,往往需要在常规处理基础上增加预处理和深度处理。例如,在混凝或消毒工艺之前,增加了氧化(包括化学氧化、生物氧化)、吸附或膜技术等处理工艺,以进一步去除水中的污染物质,确保处理后的水质达到生活饮用水卫生标准的要求。

此外,为满足不同工业用户对水质的特殊要求,还要根据情况对水质进行软化、除盐、冷却、控制结垢与腐蚀等处理。

二、废水处理的基本方法

(一)解决废水问题的主要原则

众所周知,生活污水和工业废水中含有各种有毒物质,如果不加处理而任意排放,会污染环境,造成公害,必须加以妥善控制与治理。在解决废水问题时,应当考虑下面一些主要原则:

1. 改革生产工艺，大力推进清洁生产，减少废物排放量

环境工程师在解决工业废水问题时，应当首先深入到工业生产工艺中去，与工艺人员相结合，力求革新生产工艺，尽量不用水或少用水，使用清洁的原料、助剂、添加剂，采用先进的设备及生产方法，以减少废水的排放量和废水中污染物的种类与浓度，减轻处理构筑物的负担，节省处理费用。例如，采用无水印染工艺，可以消除印染废水的排放；采用无氰电镀可使废水中不再含氰；将水熄焦改为冷氮气"气浴"干熄焦，不仅可消灭废水，减少粉尘，提高焦炭质量，而且升温后的氮气进入热交换器，还成了清洁能源；采用酶法制革代替灰碱法，不仅避免产生危害大的碱性废水，而且酶法脱毛废水稍加处理，即可成为灌溉农田的肥水。因此，改革生产工艺，实行清洁生产是应该首先考虑的原则。

2. 重复利用废水

尽量采用重复用水和循环用水系统，使废水排放量减至最少。根据不同生产工艺对水质的要求，可将甲工段排出的废水送往乙工段使用，实现一水二用或一水多用，即重复用水。例如，利用轻度污染的废水作为锅炉的水力排渣用水。将工业废水经过适当处理后，送回本工段再次利用，即循环用水。例如，高炉煤气洗涤废水经沉淀、冷却后可不断循环使用，只需补充少量的水以补偿循环中的损失。城市污水经深度处理后亦可用作某些工业用水或冲厕、洗车、绿化、景观等生活用水。

3. 回收有用物质

工业废水中的污染物质都是在生产过程中进入水中的原料、半成品、成品、工作介质和能源物质。如果能将这些物质加以回收，便可变废为宝，化害为利，既防止污染危害，又创造了财富。例如，造纸废液中回收碱和木质素；含酚废水用蒸气吹脱法回收酚；染料中间体废液萃取法回收有用物质。此外，还可厂际协作，变一厂废料为他厂原料，综合利用，实现循环经济。例如，某纸浆厂利用染化厂的含蒽衍生物废液作为蒸煮助剂，利用印染厂废碱替代部分蒸煮用碱，可降低成本，减少污染。近年来，这种综合利用已经扩展到所谓的"工业生态园"，即在一个工业园区内，模拟自然生态系统形成园内企业间的共生网络，通过企业成员间副产品和废物交换，能量和水资源逐级利用，实现整个园区经济与环境的协调发展。

4. 对废水进行妥善处理

废水经过回收利用后，可能还有一些有害物质随水流出，也有一些目前尚无回收价值的废水直接排出。对于这些废水，还必须加以妥善处理，使其无害化，不致污染水体，恶化环境。

5. 经济可行

选择处理工艺与方法时，必须经济合理，并尽量采用先进技术。

(二) 污水处理技术

污水处理实质上是采用各种手段和技术，将污水中的污染物质分离出来，或将其转化为无害的物质，使污水得到净化。

污水中含有各种有害物质和有用物质，如果不加处理而排放，不仅是一种浪费，而且会成为社会公害。

1. 污水处理方法

现代污水处理技术，按原理可分为物理处理法、化学处理法和生物化学处理法。

(1) 物理处理法。利用物理作用分离污水中呈悬浮状态的固体污染物质。方法有筛滤

法、沉淀法、上浮法、气浮法、过滤法和反渗透法等。

(2)化学处理法。利用化学反应,分离回收污水中处于各种形态的污染物质(包括悬浮的、溶解的、胶体的)。主要方法有中和、混凝、电解、氧化还原、气提、萃取、吸附、离子交换和电渗析等。化学处理法多用于处理生产污水。

(3)生物化学处理法。此法是利用微生物的代谢作用,使污水中呈溶解、胶体状态的有机污染物转化为稳定的无害物质。主要方法可分为两大类,即利用好氧微生物作用的好氧法(好氧氧化法)和利用厌氧微生物作用的厌氧法(厌氧还原法)。前者广泛用于处理城市污水及有机性生产污水,有活性污泥法和生物膜法两种;后者多用于处理高浓度有机污水与污水处理过程中产生的污泥,现在也开始用于处理城市污水。

2. 污水处理程度

污水处理技术按处理程度划分,可分为一级、二级和三级处理。

(1)一级处理。主要去除污水中呈悬浮状态的固体污染物质,物理处理法大部分只能完成一级处理的要求。经过一级处理后的污水,BOD 一般可去除 30% 左右,达不到排放标准。一级处理属于二级处理的预处理。

(2)二级处理。主要去除污水中呈胶体和溶解状态的有机污染物质(BOD、COD 物质),去除率可达 90% 以上,使有机污染物达到排放标准。

(3)三级处理。是在一级、二级处理后,进一步处理难降解的有机物、磷和氮等能够导致水体富营养化的可溶性无机物等。主要方法有生物脱氮除磷法、混凝沉淀法、砂滤法、活性炭吸附法、离子交换法和电渗析法等。

污泥是污水处理过程中的产物。城市污水处理产生的污泥中含有大量有机物,富有肥分,可以作为农肥使用,但又含有大量细菌、寄生虫卵以及从生产污水中带来的重金属离子等,需要做稳定与无害化处理。污泥处理的主要方法是减量处理(如浓缩法、脱水等)、稳定处理(如厌氧消化法、好氧消化法等)、综合利用(如消化气利用、污泥农业利用等)、最终处置(如干燥焚烧、填地投海、建筑材料等)。

3. 污水处理工艺流程

确定合理的处理流程,需要根据污水的水质与水量、受纳水体的具体条件以及回收其中的有用物质的可能性和经济性等多方面考虑。一般通过试验确定污水性质,进行经济技术比较,最后确定工艺流程。

(1)城市污水处理流程。城市污水的性质以有机物为主,典型处理流程如图 1-3 所示。

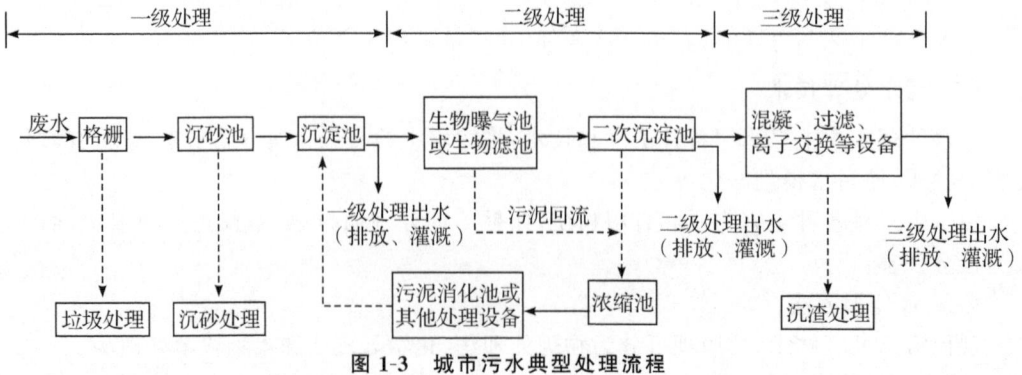

图 1-3　城市污水典型处理流程

(2)工业废水处理流程。各种工业废水的水质千差万别,水量也不恒定,并且要处理的要求也不相同,因此,对工业废水处理一般采用的处理流程为:污水→澄清→回收有毒物质处理→再用或排放。

对于某一种污水来说,究竟采用哪些方法或哪几种方法联合使用,需根据国家的建设方针、污水的水质和水量、回收的经济价值、排放标准、处理方法的特点等,通过调查、分析和比较后决定。必要时,要进行试验研究。调查研究和科学试验是确定处理、利用方法的重要途径。

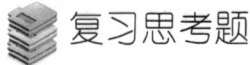

复习思考题

一、名词解释

水资源　水的自然循环　水的社会循环　水体污染　生活污水　BOD_5　COD　水体自净

二、问答题

1. 我国水资源有何特点?
2. 水体污染的危害和类型有哪些?
3. 城镇污水处理厂污染物排放标准主要包括哪些指标?
4. 污水的来源主要有哪些?
5. 地表水环境质量标准是如何分类的?
6. 测定污水的BOD、COD有何意义?怎样测定?对工程设计有何指导意义?
7. 简述河流水体中BOD与DO的变化规律。
8. 试述水污染控制的原则。
9. 试述水处理技术的分类和方法。
10. 描述城市污水处理的典型工艺流程。

学习情境 2

污水处理工艺的一级处理

（载体：悬浮物）

任务一 调　节

启发引导：
　　配制大量污水，让学生通过自己的思考来找到调节的方法。

2.1 调节

一、调节的作用

　　无论是工业废水，还是城市污水或生活污水，水量和水质在 24 小时之内都有波动。一般来说，工业废水的波动比城市污水大，中小型工程的波动就更大，甚至在一日内或班产之间可能有很大的变化。这种变化对污水处理设备，特别是生物处理设备正常发挥其净水功能是不利的，甚至还可能遭到破坏。同样对物化处理设备，水量和水质的波动越大，过程参数难以控制，处理效果越不稳定；反之，波动越小，效果越稳定。在这种情况下，应在废水处理系统之前，设置均化调节池，用以进行水量的调节和水质的均化，以保证废水处理的正常处理。此外，酸性废水和碱性废水可以在调节池内中和；短期排出的高温废水可以通过调节以平衡水温。另外，调节池设置是否合理，对后需处理设施的处理能力、基建投资、运转费用等都有较大的影响。

　　废水处理设施中调节作用的目的是：
　　(1)提供对有机物负荷的缓冲能力，防止生物处理系统负荷的急剧变化；
　　(2)控制 pH 值，以减小中和作用中的化学品的用量；
　　(3)减小对物理化学处理系统的流量波动，使化学品添加速率适合加料设备的定额；
　　(4)当工厂停产时，仍能对生物处理系统继续输入废水；
　　(5)控制向市政系统的废水排放，以缓解废水负荷分布的变化；
　　(6)防止高浓度有毒物质进入生物处理系统。

二、调节池的类型

　　均化是尽量减小污水处理厂的进水水量和水质波动的过程。其构筑物为均化池，亦称调节池。调节池的形式和容量的大小，随废水排放的类型、特征和后续污水处理系统对调节、均化要求的不同而异。

主要起均化水量作用的均化池,称为水量均化池,简称均量池;主要起均化水质作用的均化池,称为水质均化池,简称均质池。

一般常有一种误解,认为沉淀池也可以起到均量或均质的作用,实际上沉淀池的作用主要是分离固体,既不能均量,均质的作用也很小,且无保证。

(一)均量池

常用均量池实际是一座变水位的贮水池,来水为重力流,出水用泵抽。池中最高水位不高于来水管的设计水位,水深一般 2 m 左右,最低水位为死水位。

可采用旁通贮留方式。贮留池移到泵后的旁通线上,泵房主泵按平均流量配置,多余的水量用辅助泵抽入贮池,在来水量低于平均流量时再回流入泵房集水井。这种做法适用于工程两班生产而污水处理厂 24 h 运行的情况。优点是贮留池不受来水管高程限制,一般为半地上式,施工和维护排渣均较方便;缺点是贮留池水量两次抽升,多耗了能源。

(二)均质池

最常见的一种均质池可称异程式均质池,为常水位,重力流。与沉淀池主要不同之处在于沉淀池水流每一个质点流程都相同;而均质池中水流每一质点的流程则由短到长,都不相同,再结合进出水槽的配合布置,使前后时程的水得以相互混合,取得随机均质的效果。根据试验和工程实验,其效果是肯定的,这种均质池设在泵前、泵后均可。但应注意,这种池只能均质,不能均量。

由于均质的机理有很大的随机性,故均质池的设计在于从构造上使周期内先后到达的废水有机会充分混合。常用的池型有同心圆平面布置方式、矩形平面布置方式、方形平面布置方式。以上均质池有大量隔板,在水质清时,虽能保证均质作用,但当废水含杂质多时有维护问题,故隔板底宜距池底一定距离。在正方形及其他较小规模的均质池中,隔板可以取消,而仍有明显均质效果。

(三)均化池(均量、均质)

均化池既能均量又能均质,在池中设置搅拌装置,出水泵的流量用仪表控制。池前需设置格栅、沉砂池,以及(或)磨碎机,以去除沙砾及其他杂质。池后可接二级或三级处理。线内设置,池设在流程线内;线外设置,池设在旁通线上。线内设置的均量、均质效果最好;线外设置使泵抽水量大为减少,但均质效果降低。

当水量规模较小时,可以设间歇贮水、间歇运行的均化池,池可分为二或三格,交替使用。池中设搅拌装置。池的总容量可根据具体情况,按一至二个周期设置。

在均化池内通常要进行混合,其目的是保证调节作用。通过混合与曝气,防止可沉降的固体物质在池中沉降下来和出现厌氧情况。还有预曝气的作用,废水中的还原性物质还可以被氧化,吹脱去除可挥发性物质,而 BOD 可因空气气提而减少,减轻曝气池负荷。此外还能改进初沉效果。

常用的混合方法包括:
(1)水泵强制循环;
(2)空气搅拌;
(3)机械搅拌;

(4) 穿孔导流槽引水。

水泵强制循环在调节池底设穿孔管，穿孔管与水泵压水管相连，用压力水进行搅拌，不需要在均化池内安装特殊的机械设备，简单易行，混合也比较完全，但动力消耗较多。

空气搅拌是在池底多设穿孔管，穿孔管与鼓风机空气相连，用压缩空气进行搅拌。机械搅拌是在池内安装机械搅拌装置。机械搅拌设备有多种形式，如桨式、推进式、涡流式等。在均化池中，如采用穿孔管曝气时可取 $2\sim 3 \text{ m}^3/(\text{h}\cdot\text{m})$ 或 $5\sim 6 \text{ m}^3/(\text{h}\cdot\text{m})$，当进水悬浮物含量约 200 mg/L 时，保持悬浮状态所需动力在 $4\sim 8 \text{ W/m}^3$ 废水。为使废水保持好气状态，所需空气量均 $0.6\sim 0.9 \text{ m}^3/(\text{h}\cdot\text{m})$。空气搅拌和机械搅拌的效果良好，能够防止水中悬浮物的沉积，且兼有预曝气及脱硫的效果。此外，动力消耗也较前者少。但是，这种混合方式的管路和设备常年浸于水中，易遭腐蚀，且有使挥发性物质逸散到空气中的不良后果。此外，运行费用也较高。

采用穿孔导流槽引水方式进行均化，虽然能排除上述缺点，但均化效果不够稳定，而且构筑物结构复杂，特别是池底的排泥设备，目前还缺乏效果良好的构造形式。

上述四种方式各有利弊，由于简单易行，效果良好，工程上常用的混合方式是第二种，即空气搅拌。

(四) 事故池

有的工厂为了防止水质出现恶性事故而设置事故池，贮留事故出水。这是一种变相的均化池，事故池的进水阀门必须自动控制，否则无法及时发现事故。

这种池平时必须保持泄空，由于处于终端，容积必须足够，国内有达万吨水量者，而利用率极低。因此，为了保证应付恶性事故，首先必须由上游层层把关，对可能发生事故的污染源——采取措施，必要时可在工段、车间设分散的事故池。只有在上游采取了充分的措施以后仍有必要在终端做最后把关时，才考虑设置这种终端事故池。

三、调节池的设计

调节池的设计主要是确定其容积，可根据污水浓度和流量变化的规律，以及要求的调节均和程度来计算。

对于水量调节，计算平均流量作为出水流量，再根据流量的波动情况计算出所需调节池的容积。

在一般场合，往往水质和水量都要考虑，而且有时水质的均和更重要些，此时调节池容积可按流量和浓度比较大的连续 $4\sim 8 \text{ h}$ 的污水水量计算。若水质水量变化大时，可取 $10\sim 12 \text{ h}$ 的流量，甚至采取 24 h 的流量计算。采用的调节时间越长，污水水质越均匀，但调节池的容积也大，工程造价也高。应根据具体条件和处理要求来选定合适的调节时间。

任务二 拦截悬浮物

> **启发引导：**
> 配制含有大量悬浮物的污水,让学生通过自己的思考来找到去除水中悬浮物的方法,并比较每种方法的特点。

2.2 格栅与筛网

一、格栅

(一)格栅的结构与类型

1. 格栅的作用

在给水排水工程中,格栅的作用是去除可能堵塞水泵机组及管道阀门等水处理设备的较粗大的悬浮物,并保证后续的水处理设备正常运行。

2. 格栅的构造

格栅一般由互相平行的格栅条、格栅框和清渣耙三部分组成,倾斜或直立在进水渠道中。

3. 格栅的分类

(1)按格栅间距分:粗格栅,栅条间隙 50~100 mm;中格栅,栅条间隙 10~40 mm;细格栅,栅条间隙 3~10 mm。

(2)按清渣方式分:人工清渣格栅,主要是小型水处理厂的粗格栅或每日栅渣量<0.2 m^3 的情况;机械清渣格栅,用于每日栅渣量>0.2 m^3 的情况。

(3)按构造形状特点分:平板式格栅,垂直或倾斜安装;曲面格栅,迎水面为曲面;回转式格栅,栅条由数排循环运动的钩齿组成,倾斜安装;阶梯式格栅,栅条由数排格子状循环运动的薄金属片组成。

(二)格栅的选择

为提高处理效率,在水处理中,一般选取粗、细两道格栅配合使用。《室外排水设计规范》(GB 50014—2006)中规定:污水处理系统或水泵前,必须设置格栅,格栅栅条间隙宽度应符合下列要求:

(1)粗格栅:机械清除时宜为 16~25 mm,人工清除时宜为 25~40 mm,特殊情况下,最大间隙可为 100 mm。

(2)细格栅:宜为 1.5~10 mm。

(3)水泵前,应根据水泵要求确定。

(三)格栅的设计

格栅本身是一定规格的标准设备,只需要根据要求选择(包括格栅类型、栅条断面、栅条间隙和栅渣的清除方式)。在水处理中,格栅设计的内容主要是计算所需格栅的尺寸,并进一步确定栅室、栅槽、工作平台尺寸与布置。如图 2-1 所示。

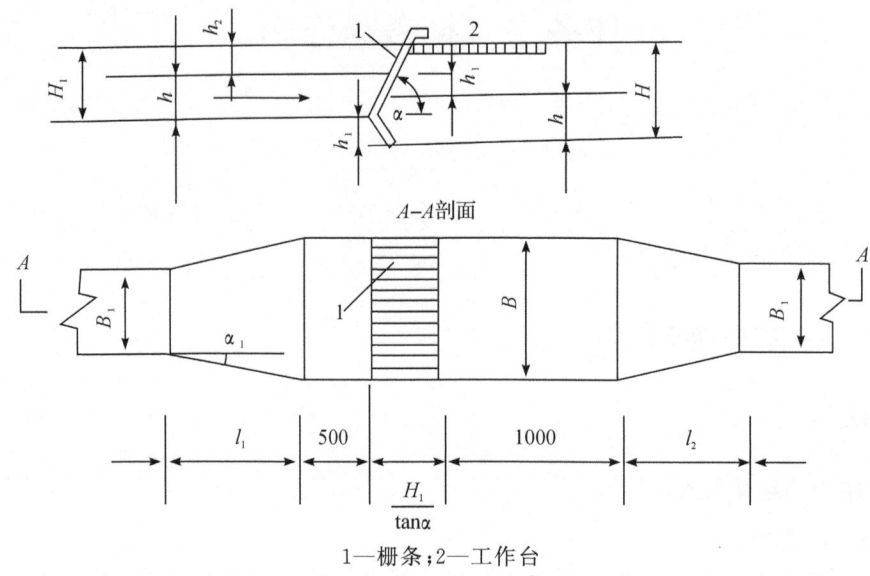

1—栅条；2—工作台
图 2-1 人工清污格栅结构图

(1) 栅渣量与地区的特点、格栅的间隙大小、污水流量以及下水道系统的类型等因素有关。在无当地运行资料时,可采用:

1 格栅间隙 16～25 mm,0.10～0.05 $m^3/10^3\ m^3$（栅渣/污水）；

2 格栅间隙 30～50 mm,0.03～0.01 $m^3/10^3\ m^3$（栅渣/污水）。

栅渣的含水率一般为 80%,容量约为 960 kg/m^3。

(2) 大型污水处理厂或泵站前的大型格栅（每日栅渣量大于 0.2 m^3）一般采用机械清渣。

(3) 机械格栅不宜少于 2 台,如为 1 台时,应设人工清除格栅备用。

(4) 过栅流速一般采用 0.6～1.0 m/s。

(5) 格栅前渠道内的水流速度一般采用 0.4～0.9 m/s。

(6) 格栅倾角一般采用 45°～75°。人工清除格栅倾角小时,较省力,但占地面积大。

(7) 通过格栅的水头损失一般采用 0.08～0.15 m。

(8) 格栅间必须设置工作台,台面应高出栅前最高设计水位 0.5 m。工作台上应有安全和冲洗设施。

(9) 格栅间工作台两侧过道宽度不应小于 0.7 m,工作台正面过道宽度：

① 人工清除：不应小于 1.2 m；

② 机械清除：不应小于 1.5 m。

(10) 机械格栅的动力装置一般宜设在室内,或采取其他保护设备的措施。

(11) 设备格栅装置的构筑物,必须考虑设有良好的通风设施。

(12) 格栅间内应安设吊运设备,以进行格栅及其他设备的检修和栅渣的日常清除。

二、筛网

筛网指利用金属丝或化学纤维编制的网状介质,它的孔隙比格栅更小,能截留格栅不能去除的纤维状污染物,既可作为预处理,也可作为污水的深度处理。

筛网在国外的工业废水与城市污水处理中应用非常广泛,国内则多用于纺织、造纸、化纤等类的工业废水处理。近年来,在国内城市污水处理中,为了有效地拦截纤维状污染物,也越来越多地使用筛网。

由于筛网可截留更小的包括有机物在内的悬浮物,因此,使用筛网可减少后续处理设施的工作负荷及维护工作量,另外还可使后续处理中的污泥更为均质,更容易处理。不过由于筛网过水能力较低,为避免网前雍水,必须并联设置多个筛网。

筛网的规格、种类很多,命名方法也不统一。也有人根据其产品的具体用途,将产品称为捞毛机、毛发捕集器等。在污水处理中,还常将筛孔尺寸小于0.1 mm的筛网称为微滤机(与一般膜处理行业所讲的"微滤"不同。一般膜处理行业的微滤孔径是 $0.1 \sim 10\ \mu m$,而且其滤膜组成结构也不同于筛网,过滤压力也比较大,由于膜的价格比较贵,处理起来成本较高,一般不会作为预处理用在城镇污水处理上)。

用于污水处理的筛网可按网眼尺寸分为粗筛网(>1 mm)、中筛网($1 \sim 0.05$ mm)和微筛网(<0.05 mm)三类。城市污水处理中,常采用粗、中筛网。另外,按运行方式分类,筛网可分为固定式和旋转式两种。其中,旋转式筛网按筛网形状又可分为转鼓式、回转式和带式等。

固定曲面式筛网一般由上而下分三种倾角,逐渐变缓安置,网眼尺寸一般为$0.25 \sim 1.5$ mm,污水由上向下流过筛网曲面,并穿过筛网流出,网渣则沿曲面下滑落入输送管或收集容器中。固定筛网用于城市污水时,水力负荷每米筛网宽为 $35 \sim 150\ m^3/h$,去除$5\% \sim 25\%$的悬浮物,网渣量为 $0.2 \sim 0.4\ m^3/10^3\ m^3$ 污水,水头损失为 $1.2 \sim 2.2$ m。为消除油脂堵塞,常用热水或蒸气定期清洗。

旋转带式筛网结构简单,通常倾斜设置在污水渠上,自下而上旋转,通过冲洗或刮渣设备清除网渣。

近些年,筛网设备发展比较快,技术越来越成熟,陆续出现了很多新产品。使用单位只需根据生产需要,按生产厂家的产品说明选用即可,其安装和使用都很方便。

任务三　去除可沉物质

2.3　沉淀

沉淀法是水处理中最基本的方法之一,它是利用水中悬浮物颗粒的可沉降性,在重力作用下发生下沉而达到固液分离的一种物理过程。按照废水的性质和处理要求的不同,沉淀处理工艺可以应用于废水的预处理、废水生物处理前的初步处理、生物处理后的固液分离以及污泥处理阶段的污泥浓缩等。

一、沉淀的基本理论

(一)沉淀的类型

按照水中悬浮物颗粒的浓度、性质及絮凝性能的不同,沉淀可分为以下几种类型。

1. 自由沉淀

悬浮物颗粒的浓度低,在沉淀过程中呈离散状态,互不黏合,不改变颗粒的形状、尺寸及密度,各自完成独立的沉淀过程。这种类型多发生在沉砂池、初沉池初期。

2. 絮凝沉淀

悬浮颗粒的浓度比较高(50～500 mg/L),在沉淀过程中能发生絮凝作用,使悬浮颗粒互相碰撞凝结,颗粒质量逐渐增加,沉降速度逐渐加快。经过混凝处理的水中颗粒的沉淀、初沉池后期、生物膜法二沉池、活性污泥法二沉池初期等均属絮凝沉淀。

3. 拥挤沉淀

悬浮颗粒的浓度很高(大于500 mg/L),在沉降过程中,产生颗粒互相干扰的现象,在清水与浑水之间形成明显的交界面(混液面),并逐渐向下移动,因此又称成层沉淀。活性污泥二沉池的后期、浓缩池上部等均属拥挤沉淀。

4. 压缩沉淀

悬浮颗粒浓度特高(以至于不再称水中颗粒浓度,而称固体中的含水率)。在沉降过程中,颗粒相互接触,靠重力压缩下层颗粒,使下层颗粒间隙中的液体被挤出界面上流,固体颗粒群被浓缩。活性污泥二沉池污泥斗中、浓缩池中污泥的浓缩过程属此类型。

(二)悬浮物在静水中的沉淀

1. 沉淀速度公式

为了说明影响颗粒沉淀的主要因素,现以单位球形颗粒的自由沉淀为例加以说明。颗粒在重力、浮力的作用下,开始下降(或者上浮),由于水的阻力作用,短时间内很快达到受力平衡,以匀速下沉。

在大多数情况下,$Re<1$(Re 为雷诺数),颗粒下降引起周围水流的扰动,处于层流状态。在层流时,沉降速度

$$u = \frac{g(\rho_s - \rho_1)d^2}{18\mu}$$

式中,ρ_s、ρ_1——颗粒和水的密度,g/cm³;

g——重力加速度,cm/s²;

d——颗粒直径,cm;

μ——水的动力黏度,Pa·s。

2. 沉淀试验

沉淀试验用来判定水中颗粒的沉淀性能,并根据所要求的沉降效率确定沉降时间和沉降速度这两个基本的设计参数。

(三)理想沉淀池的沉淀原理

悬浮颗粒在静水中沉淀试验与实际沉淀池的差别比较大,为了分析悬浮颗粒在实际沉淀中的运动规律及其沉淀效果,提出一种理想沉淀池的模式。理想沉淀池由流入区、沉降区、流出区和污泥区四部分组成(图2-2)。

1. 理想沉淀池的三种假定

(1)污水在池内呈推流式水平流动,沿水流方向任意横断面上任意一点的水流速度均等于 v。

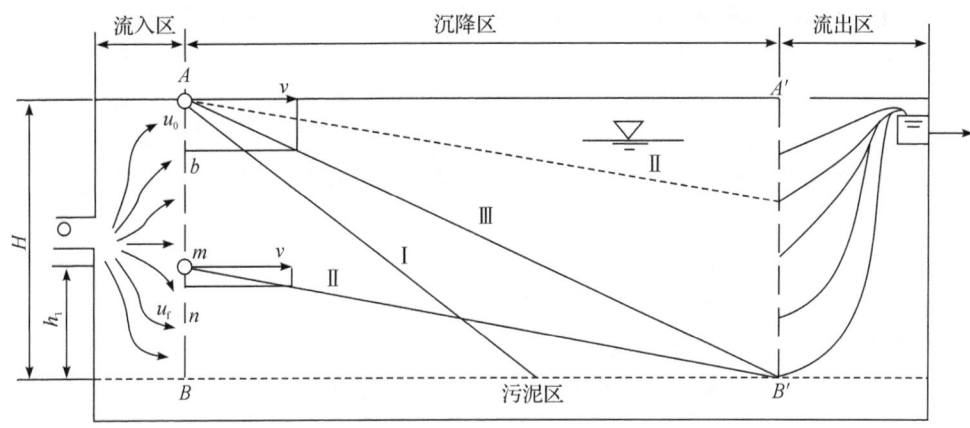

图 2-2 理想沉淀池的模式

(2) 入口断面 AB 处污水中悬浮颗粒的浓度和粒度分布均匀,悬浮颗粒的水平流速等于水流流速 v,悬浮颗粒处于自由沉淀状态,沉淀速度 u 固定不变。

(3) 悬浮颗粒沉到池底即认为被除去。

2. 理想沉淀池理论分析

按照上述假设,悬浮颗粒在沉淀池内的运动轨迹是一系列倾斜的直线,污水从进口到出口的流动时间就是沉淀历时 $t(t=L/v)$。下面分三种情况讨论。

(1) 从 A 点进入的颗粒中,肯定存在某一粒径的颗粒,在沉淀历时 t 内,刚好沉淀到池底(沉降高度 H),见图 2-2 中沉降轨迹Ⅲ,该颗粒的沉降速度称为截流沉速 u_0。

(2) 如果颗粒沉降速度 $u>u_0$,则在沉淀历时 t 内,可沉降高度大于池深 H,能够沉于池底部 B' 点以前,见图 2-2 中沉淀轨迹Ⅰ。

(3) 如果沉速 $u<u_0$,则在沉淀历时 t 内,可沉降高度 h 小于池深 H,将出现两种情况:其中靠近水面的颗粒,无法沉到池底,会被水带出,见图 2-2 中沉降轨迹Ⅱ虚线;而另一部分接近池底的颗粒(离池底高度小于 H),能沉于池底,见图 2-2 中沉降轨迹Ⅱ实线。

可见,对于一定尺寸的理想沉淀池,池内的水平流速只与沉淀历时有关,并不影响悬浮颗粒物的沉降性能。截流沉速 u_0 的含义可以理解为:具有该沉降速度的颗粒是能全部去除的最小颗粒。所以截流沉速 u_0 是设计沉淀池时首先要确定的一个参数。

在理想沉淀池中,水平流速 v 和沉速 u_0 都与沉淀时间 t 有关。

表面负荷率表示在单位时间内通过沉淀池单位表面积的流量,单位 $m^3/(m^2 \cdot s)$ 或 $m^3/(m^2 \cdot h)$,其数值等于截留沉速,但含义不同。

3. 综合分析结论

(1) 沉淀池的沉淀效率只与设定的截流沉速(或沉淀池的表面负荷)和悬浮颗粒的粒度分布有关,设定的截流沉速越小,悬浮颗粒粒径越大,则沉降效率越高。

(2) 沉淀池容积一定时,降低池深,则可增大表面积,进而可降低表面负荷,提高沉淀池的沉降效率,这就是"浅池理论",也是斜板(管)沉淀池的理论基础。

应该注意,在实际沉淀池中,由于紊流、水温、进出口水流不匀等因素的影响,污水在池内流动、沉淀情况与理想沉淀的假设条件有出入。在实际设计沉淀池时,常采用对静态沉淀实验数据加修正系数的方法来确定设计参数。实际运行的沉淀池与理想沉淀池是有区别的,横向速度分布不匀比竖向速度分布不匀更降低沉淀效率。一些沉淀池还存在死水区。由于水温变化及悬浮物浓度的变化,进入的水可能在池内形成股流。如进水温度比池内低,进水密度比池内大,则形成潜流;相反,则出现浮流状态。由于紊流扩散与脉动,颗粒的沉淀受到干扰。

衡量水流状态常采用雷诺数(Re)、弗罗德数(Fr)及容积利用系数这几种指标。

雷诺数是水流紊乱状态的指标,控制雷诺数在 500 以下,水流处于层流状态。容积利用系数是水在池内的实际停留时间与理论停留时间的比值,如有股流或偏流存在,或者池内存在死水区,实际的池内停留时间将远小于用池容积和流量相除所得的理论停留时间。容积利用系数可作为考察沉淀池设计及运行好坏的指标。

由于实际沉淀池受各种因素的影响,采用沉淀试验数据时,应考虑相应的放大系数。设计的表面负荷应为试验值的 $\frac{1}{1.25} \sim \frac{1}{1.7}$ 倍。

二、沉淀装置

作为依靠重力作用进行固液分离的沉淀,其沉淀物称为泥(与水的密度差相对较小);而以沉淀无机固体为主的装置,通称为沉砂池,其沉淀物主要是砂粒、煤渣等密度较大的无机颗粒。

(一)沉淀池

1. 沉淀池的类型

在污水处理中按沉淀池的用途和工艺布置不同,可粗略分为:

(1)初次沉淀池。设置在沉砂池之后,作为化学处理与生物处理的预处理,可降低污水有机负荷。

(2)二次沉淀池。用于化学处理或生物处理后,分离化学沉淀物、活性污泥或生物膜。

(3)污泥浓缩池。设在污泥处理段,用于剩余污泥的浓缩脱水。

按沉淀池内水流方向不同,可分为平流式沉淀池、竖流式沉淀池、辐流式沉淀池。

另外,还有根据"浅池理论"发展起来的斜板(管)沉淀池。斜板沉淀池又可根据其水流方向分为同向流(水流与污泥方向相同)、异向流(水流与污泥方向相反)、侧向流(水流与污泥方向垂直)三种形式。

2. 沉淀池的选用

在选用沉淀池之前,一定要先了解每一种沉淀池的特点和适用情况,然后再结合使用要求和本地的具体情况选择沉淀池,一般可从以下几个方面考虑:

(1)原水的水质、水量,以及出水的要求。

(2)能提供的场地条件。不同类型沉淀池选用时会受到场地条件的限制,有的平面面积较大而池深较小,有的池深较大而平面面积较小。

(3)气候条件。温度较低时,水的黏度大,沉降性能不好;寒冷地区冬季的结冰问题。

(4)运行操作要求。

(5)投入建设经费和运行费用要求。

(二)沉砂池

沉砂池的作用是从废水中分离密度较大的无机颗粒。它一般设在污水处理厂的前端,保护水泵和管道免受磨损,缩小污泥处理构建物容积,提高污泥有机组分的含率,提高污泥作为肥料的价值。

1. 沉砂池或沉砂设备的类型

一般规定:

(1)城市污水处理厂一般均应设置沉砂池。

(2)沉砂池去除相对密度2.65、粒径0.2 mm以上的砂粒。

(3)设计流量应按分期建设考虑:

①当污水为自流进入时,应按每期最大的设计流量计算;

②当污水为提升进入时,应按每期工作水泵的最大组合流量计算;

③在合流制处理系统中,应按降雨时的设计流量计算。

(4)沉砂池个数或分格数不应少于2个,并宜按并联系列设计。当污水量较小时,可考虑一格工作,一格备用。

(5)城市污水的沉砂量可按 10^6 m^3 污水沉砂 30 m^3 计算,其含水率为60%,容重为1500 kg/m^3;合流制污水的沉砂量应根据实际情况而定。

(6)砂斗容积应按不大于2 d的沉砂量计算,斗壁与水平面的倾角不应小于55°。

(7)除砂一般宜采用机械方法,并设置贮砂池或晒砂场。采用人工排砂时,排砂管直径不应小于200 mm。

(8)当采用重力排砂时,沉砂池或贮砂池应尽量靠近,以缩短排砂管长度,并设排砂闸门与管的首端,使排砂管畅通并易于养护管理。

(9)沉砂池的超高不宜小于0.3 m。

2. 平流式沉砂池

平流式沉砂池是常用的型式,污水在池内沿水平方向流动。平流式沉砂池由入流渠、出流渠、闸板、水流部分及沉砂斗组成。它具有截留无机颗粒效果较好、工作稳定、构造简单和拍沉砂等优点。

设计参数:

(1)最大流速为0.3 m/s,最小流速为0.15 m/s;

(2)最大流量时停留时间不小于30 s,一般采用30~60 s;

(3)有效水深应不大于1.2 m,一般采用0.25~1 m,每格宽度不宜小于0.6 m;

(4)进水头部应采取消能和整流措施;

(5)池底坡度一般为0.01~0.02,当设置除砂设备时,可根据设备要求考虑池底形状。

平流式沉砂池的效率较高,应用广泛,其构造如图2-3所示。

平流式沉砂池的过水部分是一条明渠,渠的两端用闸板控制水量,渠底有贮砂斗,斗数一般为两个。贮砂斗下部设带有阀门的排砂管,以排除贮砂斗内的积砂。也可以用射流泵或螺旋泵排砂。

为了保证沉砂池既能很好地沉淀砂粒,又使密度较小的有机悬浮物颗粒不被截留,应严格控制水流速度。一般沉砂池的水平流速在0.15~0.3 m/s为宜,停留时间不少于30 s。沉砂池应不少于两个,以便可以切换工作。池内有效水深不大于1.2 m,合格沉砂池渠宽不小于0.60 m,池内超高为0.30 m。设计时应采用最大过流量,用最小流量作校核。

当废水含砂量较大时,沉淀池的贮砂斗应按不超过两日砂量计算。所沉污泥的含水率

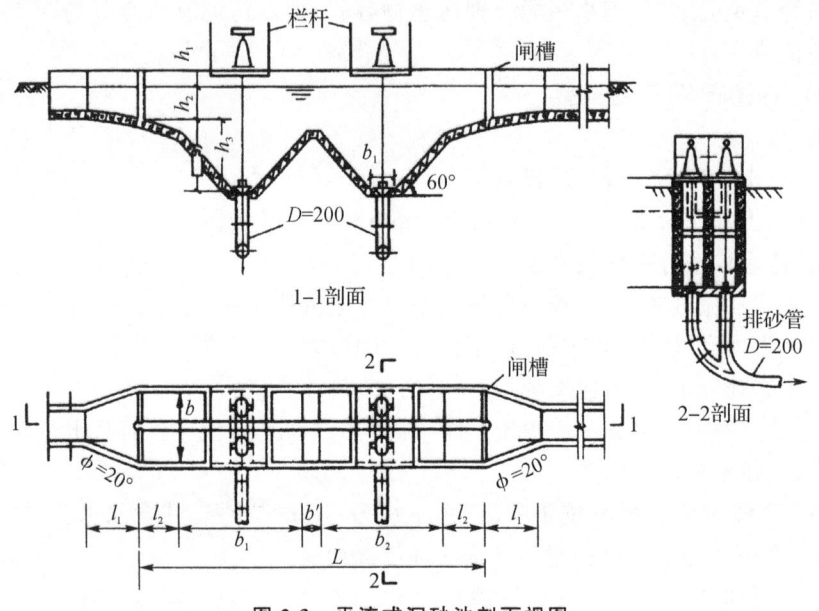

图 2-3 平流式沉砂池剖面视图

近似为60%，容量为1500 kg/m³。为了能使砂粒在贮砂斗内自动滑行，贮砂斗的坡角不应小于55°，下部排泥管管径不小于200 mm。

一般平流式沉砂池的最大缺点是：尽管控制了水流速度及停留时间，废水中一部分有机悬浮物仍然会在沉砂池内沉积下来，或者由于有机物附着在砂粒表面，随砂粒沉淀而沉积下来。为了克服这个缺点，目前有采用曝气流砂池，即在沉砂池的侧壁下部鼓入压缩空气，使池内水流呈螺旋状运动。由于有机物的密度小，故能在曝气的作用下长期处于悬浮状态，同时，在旋流过程中，砂粒之间互相摩擦、碰撞，附在砂粒表面的有机物也能被洗脱下来。通常曝气沉淀池采用穿孔管曝气，穿孔管内孔眼直径为2.5~6 mm，空气用量为2~3 m³/m²（池面），螺旋形水流周边最大旋转速度为0.25~0.3 m/s，池内水流前进速度为0.01~0.1 m/s，停留时间为1.5~3.0 min。

3. 竖流式沉砂池

竖流式沉砂池是污水由中心管进入池内后自下而上流动，无机颗粒借重力沉于池底，处理效果一般较差。

设计参数：

(1) 最大流速为0.1 m/s，最小流速为0.02 m/s；

(2) 最大流量时停留时间不小于20 s，一般采用30~60 s；

(3) 进水中心管最大流速为0.3 m/s。

4. 曝气沉砂池

普通沉砂池的主要缺点是沉砂中含有15%的有机物，使沉砂的后续处理难度增加。采用曝气沉砂池可以克服这一缺点。曝气沉砂池断面图呈矩形，池底一侧设有集砂槽。曝气装置在集砂槽一侧，使池内水流产生与主流垂直的横向旋流。在旋流产生的离心力作用下，密度较大的无机颗粒被甩向外部沉入集砂槽。另外，由于水的旋流运动，增加了无机颗粒之间的相互碰撞与摩擦的机会，把表面附着的有机物除去，使沉砂中的有机物含量低于10%。

曝气沉砂池的优点是通过调节曝气量,可以控制污水的旋流速度,使沉砂效率较稳定,受流量变化的影响较小。同时,还对污水起预曝气作用。

设计参数:

(1)旋流速度应保持 0.2~0.3 m/s;

(2)水平流速为 0.06~0.12 m/s;

(3)最大流量时停留时间为 1~3 min;

(4)有效水深为 2~3 m,宽深比一般采用 1~2;

(5)长宽比可达 5,当池长比池宽大得多时,应考虑设置横向挡板;

(6)1 m^3 污水的曝气量为 0.2 m^3 空气;

(7)空气扩散装置设在池的一侧,距池底 0.6~0.9 m,送气管应设置调节气量的闸门;

(8)池子的形状应尽可能不产生偏流或死角,在集砂槽附件可安装纵向挡板;

(9)池子的进口和出口布置,应防止发生短路,进水方向应与池中旋流方向一致,出水方向应与进水方向垂直,并宜考虑设置挡板;

(10)池内应考虑设消泡装置。

5. 钟式沉砂池

钟式沉砂池是利用机械力控制流态与流速,加速砂粒的沉淀,并使有机物随水流带走的沉砂装置。

沉砂池由流入口、流出口、沉砂区、砂斗、砂提升管、排砂管、电动机和变速箱组成。污水由流入口沿切线方向流入沉砂区。利用电动机及传动装置带动转盘和斜坡式叶片旋转,在离心力的作用下,污水中密度较大的砂粒被甩向池壁,掉入砂斗,有机物则被留在污水中,调整转速,可达最佳沉砂效果。沉砂用压缩空气经砂提升管、排砂管清洗后排出,清洗水回流至沉砂区。

(三)平流式沉淀池

1. 基本构造

平流式沉淀池的构造与理想沉淀池最为相似,为一长方形水池,水在池内水平流动,从一端流入,从另一端流出。平流式沉淀池由进水装置、出水装置、沉淀区、缓冲区、污泥区及排泥装置等组成。如图 2-4 所示为链带式平流式沉淀池。

(1)进水装置。进水装置一般由配水槽和挡流板组成,与絮凝池合建时,常采用穿孔墙。其作用是消能,使水流均匀地分布在整个进水断面上,并尽量减少扰动。挡流板入水深不小于 0.25 m,一般为 0.5~1.0 m,高出水面 0.15~0.2 m,距进入槽 0.5~1.0 mm。穿孔墙的孔口流速一般不宜大于 0.15~0.2 m/s,孔洞断面沿水流方向渐次扩大,以减小进水口射流,防止絮凝体破碎。

(2)出水装置。出水装置一般由流出槽与挡板组成,在流出槽上设自由溢流堰、锯齿形堰或孔口出流等。其作用是控制沉淀池内的水面高度,且对池内水流的均匀分布有着直接影响,挡板主要是防止浮渣随水流走。挡板入水深 0.3~0.4 m,距溢流堰 0.25~0.5 m。溢流堰要求严格水平,堰口最大负荷:初次沉淀池不宜大于 2.9 L/(s·m),二次沉淀池不宜大于 1.7 L/(s·m),混凝沉淀池不宜大于 5.8 L/(s·m)。如果出水负荷较大,可以增加出水堰长,常用的方法是采用多槽出水。采用孔口出流不需挡板,孔口在水面下 12~15 cm,孔口出流流速为 0.6~0.7 m/s,孔径 20~30 mm。

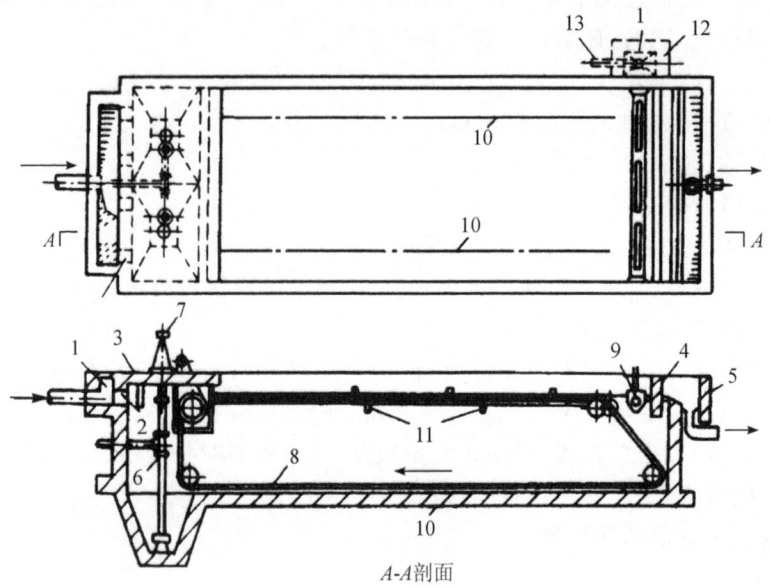

1—进水槽；2—进水孔；3—进水挡板；4—出水挡板；5—出水槽；6—排泥管；7—排泥闸门；
8—链带；9—可转动的排渣管槽；10—导轨；11—支撑；12—浮渣室；13—浮渣管

图 2-4　链带式平流式沉淀池

（3）沉淀区。进水装置和出水装置之间的区域，用于可沉颗粒与水的分离。有效水深一般为 2～4 m，每格沉淀池的长宽比不小于 4，长深比不小于 8，如果采用机械排泥，应考虑排泥设备的跨度。

（4）缓冲层。在沉淀区下面 0.5 m 左右的区域，作用是避免已沉淀污泥被水流搅起以及缓冲冲击负荷。采用重力排泥时缓冲层的高度设为 0.5 m，机械排泥时缓冲层的上缘高出刮泥板 0.3 m。

（5）污泥区。位于沉淀池的最底部，其作用是贮存、浓缩和排出污泥。一般在池的前部设有污泥斗，池底有一定坡度坡向的污泥斗，坡度不宜小于 0.01，以保证污泥顺底坡流入污泥斗中。为减少池深，也可采用多斗排泥。污泥斗斜壁与水平面的倾角为：方斗 60°，圆斗 55°。排泥方法一般有静水压力排泥和机械排泥。

静水压力排泥是依靠池内静水压力将污泥通过污泥管排出池外。其排泥装置由排泥管和泥斗组成。静水压力要求为：初沉池不小于 1.5 m，生物膜法后的二沉池不小于 1.2 m，生物反应池后的二沉池不小于 0.9 m，排泥管管径不小于 200 mm。

目前平流式沉淀池一般都采用机械排泥。机械排泥是利用机械装置，通过排泥泵或虹吸将池底积泥排至池外。机械排泥装置有链带式刮泥机、行车式刮泥机、泵吸式排泥和虹吸式排泥装置等。吸泥机式排泥与行车式刮泥机有点相似，吸泥机安装在一桁架上，吸泥口插入污泥区，整个桁架利用电机和传动机构在沉淀池壁顶的轨道行走，在行进过程中，将沉淀池底部的积泥吸出并排入排泥沟。采用吸泥机可使集泥与排泥同时完成，沉淀池底部不需坡度，也不用设污泥斗。机械排泥装置的行进速度一般为 0.3～1.2 m/min。

2. 平流式沉淀池的设计

平流式沉淀池的设计应符合《室外排水设计规范》(GB 50014—2006) 的要求。平流式沉淀池的设计,主要是确定沉淀区、污泥斗的尺寸,池总深度,进、出口设备及排泥设备等。

沉淀区的计算:在无沉淀试验资料时,可按沉淀时间(t)及出水流速(u)计算。

池底坡度:如采用刮泥机时,纵坡的坡度为 0.01~0.02,横坡的坡度为 0.05。

为了保证所沉积污泥不被重新卷走,沉淀区以下与污泥区应保持一定的缓冲层高度,如无机械排泥措施时,采用 0.5 m,如有机械排泥时,缓冲层上缘应高出刮泥板 0.3 m。

(四)竖流式沉淀池

竖流式沉淀池在平面图形上一般呈圆形或正方形,原水通常由设在池中央的中心管流入,在中心管的下端经反射板拦阻,均匀散开折向上流,水中沉速超过上升流速的悬浮颗粒则向下沉降到污泥斗中,清水从池的顶部周边流出。由于水流在沉降区的流动方向是由池的下面向上作竖向流动,故称竖流池。其基本结构如图 2-5 所示。

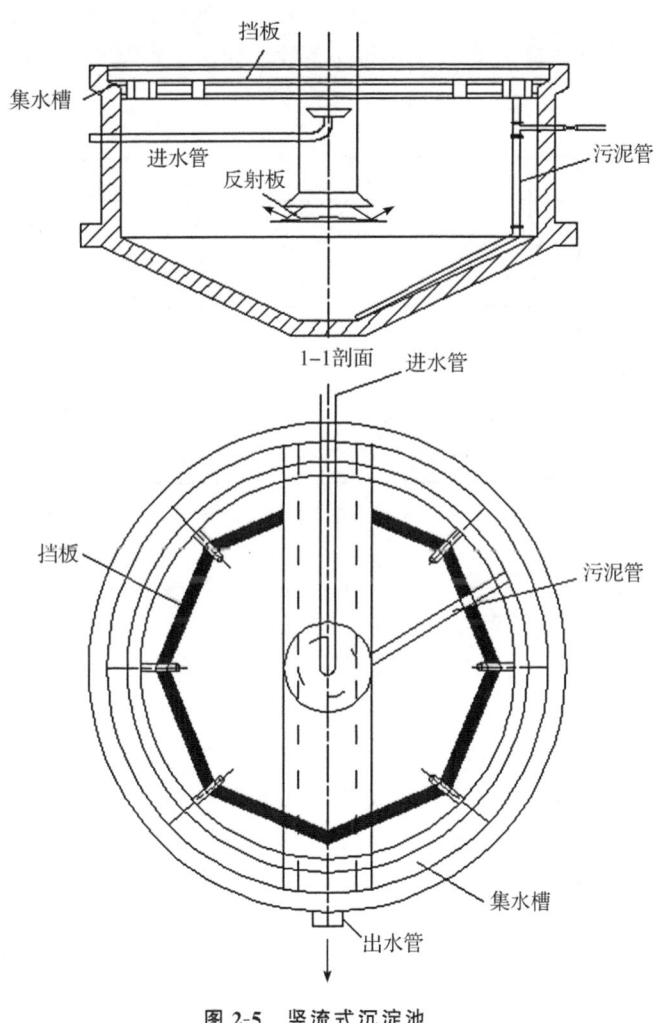

图 2-5 竖流式沉淀池

为了达到池内水流均匀分布的目的,直径或边长不能太大,一般为 4~7 m,不大于 10 m。池径或边长与有效水深的比值不大于 3。中心管内的流速不宜大于 30 mm/s,中心管口下应设有喇叭口及反射板。反射板板底距泥面至少 0.3 m。如果池子直径大于 7 m,为了使池内水流分布均匀,可增设辐射方向的流出槽,依靠静水压力将污泥从排泥管中排出，排泥管直径、污泥斗尺寸、排泥静水压力等参数同前。

(五)斜板(管)式沉淀池

1. 基本构造

根据浅池理论,沉淀池容积一定时,减小池深,则可增大表面积,进而可降低表面负荷,提高沉淀池的沉降效率。为了减小池深,增加沉淀面积,可考虑在沉淀池内加水平隔板将其分成 n 层,这相当于 n 个浅沉淀池组合在一起,于是就可将沉淀面积增加 n 倍。为了解决排泥的问题,在具体应用时将水平隔板改为倾角为 $60°$ 斜板或斜管,这就是斜板(管)式沉淀池。在需要挖掘原有沉淀池潜力或建造沉淀池面积受限制时,常用到斜板(管)式沉淀池。

斜板(管)式沉淀池的沉淀效率高,不但有浅池理论作依据,而且由于平板的间距(或管道的管径)较小,各层又相互隔开,互不干扰,能够很好地满足水流紊动性和稳定性的要求,也为水中固体颗粒的沉降提供了十分有利的条件。如图 2-6 为升流式斜板式沉淀池。

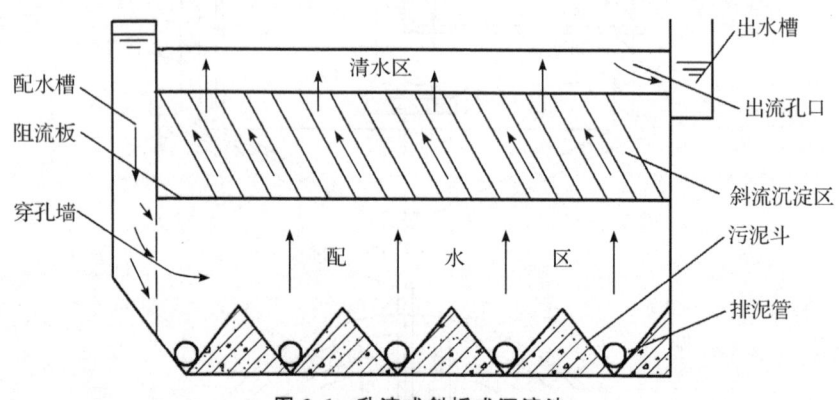

图 2-6 升流式斜板式沉淀池

斜板式沉淀池按水流方向,可分为同向流(水流与污泥方向相同)、异向流(水流与污泥方向相反)、侧向流(水流与污泥方向垂直)三种形式。斜管式沉淀池只有同向流和异向流两种。在这几种形式中,以异向流应用得最广。在异向流斜板(管)式沉淀池中,水流向上流动,污泥下滑。

斜板(管)区下面的缓冲层高度为 1.0 m。斜板(管)区上面的清水区高度为 0.7~1.0 m。斜板(管)斜长为 1.0~1.2 m,倾角为 $60°$,斜板净距(或斜管孔径)为 80~100 mm。板(管)材要求轻质、坚固、无毒、价廉,目前较多采用聚丙烯塑料。斜板(管)上容易积泥或滋生藻类而引起堵塞,因此,斜板(管)式沉淀池应设冲洗设施。

2. 设计计算

斜板(管)与水平面间的倾角一般采用 $50°\sim60°$,此时总沉淀面积为所有斜板在水平方向的投影面积之和,即

$$A = \sum_{i=1}^{n} A_i \cos \alpha$$

式中,A_i——每块斜板的表面积,m^3;

α——斜板与水平平面的夹角。

斜板（管）式沉淀池大多采用异向流形式，即水流在斜板（管）内的流动方向与颗粒沉淀和滑行方向相反，也可以采用同向流及横向流的形式。

斜板（管）之间的间距一般不小于 0.5～0.7 mm/s。斜板大多采用聚氯乙烯平板或波纹板，斜管多为黏合塑料蜂窝管，常以一种组装形式安装。斜板（管）长一般为 1.0～1.2 m。

斜板（管）的上层应有 0.5～1.0 m 的水深，斜板（管）下为废水分布区，一般高度不小于 0.5 m，布水区下部为污泥区。

斜板（管）沉淀池可采用多斗排泥，也可以采用钢丝绳牵引的刮泥车，刮泥车在斜板（管）下来回运动，将池底的污泥汇集至污泥斗。

任务四　去除可浮物质

2.4　气浮

在有充足空气的情况下，气体在水中的饱和值增加。将这一含饱和气体的液体通过一个减压阀，将压力降到大气压力，由于降压，溶液中会释放出大量的细小气泡，这些气泡能使悬浮固体或液态颗粒如油类等浮起，上升到池子表面。这样浓集的悬浮固体就可从表面用机械方法除掉。其处理对象是：靠自然沉降或上浮难以去除的乳化油或相对密度接近于 1 的微小悬浮物颗粒。

在水处理中，气浮法广泛应用于：(1)分离水中的细小悬浮物、藻类及微生物絮体；(2)回收工业废水中的有用物质，如造纸厂废水中的纸浆纤维及填料等；(3)代替二次沉淀池，分离和浓缩剩余活性污泥，特别适用于那些易于产生污泥膨胀的生化处理过程；(4)分离回收含油废水中的悬浮油和乳化油；(5)分离回收以分子或离子状态存在的目的物，如表面活性物质和金属离子等。

一、气浮的原理

水中悬浮颗粒的疏水性是气浮的最基本条件。微小气泡与水中悬浮的疏水性颗粒黏附，形成水—气—颗粒三相混合体系，颗粒黏附上气泡后，其平均密度小于水而上浮至水面，形成浮渣层。

水中通入气泡后，并非任何悬浮物都能与之黏附。这取决于该物质的润湿性，即被水润湿的程度。水对各种物质的润湿性的大小，可用它们与水的接触角 θ 来衡量（图 2-7）。通常把容易被水润湿的物质称为亲水性物质（$\theta<90°$）；反之，难以被水润湿的物质称为疏水性物质（$\theta>90°$）。

若 $\theta>90°$，则颗粒为疏水性，容易与气泡黏附，可直接用气浮法去除，当 $\theta\rightarrow 180°$时，这种物质最易被气浮；若 $\theta<90°$，则颗粒为亲水性，不易与气泡黏附，当 $\theta\rightarrow 0°$时，这种物质不能气浮。对于细小的亲水性颗粒，若用气浮法进行分离，需要投加浮选剂，使其表面特征变成疏水性，才可与气泡黏附（浮选剂是一种能改变水中悬浮颗粒表面润湿性的表面活性物质，通常由极性基团及非极性基团组成，为双亲性分子，即对亲水、疏水性物质都具有亲和作用）。浮选剂的极性基团能选择性地被亲水物质所吸附，非极性基团则指向水相，这样，亲水性

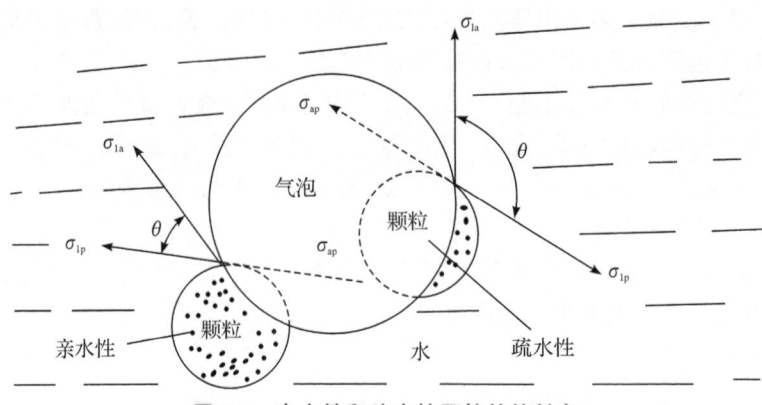

图 2-7　亲水性和疏水性颗粒的接触角

物质的表面则具有疏水性,能黏附在气泡上,并随气泡一起上浮至水面形成浮渣而被除去)。

气浮法处理工艺必须具备的条件有:能向水中提供足够量的细微气泡;污水中的污染物质能形成悬浮状态;气泡与悬浮的物质产生黏附作用。

气浮效果的影响因素包括水中空气的溶解量、饱和度,气泡的分散程度及稳定性。它们均与溶解气压有关。运用气浮法,水面上的泡沫应保持一定程度的稳定性,但又不能过于稳定,过于稳定的泡沫难以运送和脱水。泡沫最适宜的稳定时间为数分钟。为此,在污水中应含有一定浓度表面活性物质。

二、气浮法的分类

(一)加压溶气气浮

加压溶气气浮法是目前常用的气浮法。加压溶气气浮法即在加压情况下将空气溶解在污水中达到饱和状态,然后突然减至常压,这时溶解在水中的空气就处于过饱和状态,以极微小的气泡释放出来。悬浮颗粒就黏附于气泡周围而随其上浮,在水面上形成气泡,然后由刮泡器清除,使污水得到净化。

根据污水中所含悬浮物的浓度、种类、性质、处理水净化程度和加压方式的不同,基本流程有以下三种。

1. 全溶气气浮法

全溶气气浮法是将全部污水用水泵加压,在泵前或泵后注入空气。如图 2-8 所示。全部污水在溶气罐内加压至 0.3~0.4 MPa,使空气溶解于污水中,然后通过减压阀将污水送入气浮池。污水中形成许多微小气泡,黏附于污水中的悬浮物表面而溢出水面,在水面上形成浮渣。用刮板将浮渣连续排入浮渣槽,经浮渣槽管排出池外,处理后的污水通过溢流堰和水管排出。

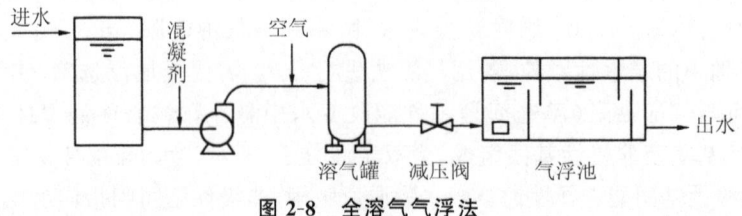

图 2-8　全溶气气浮法

全溶气气浮法的特点:(1)溶气量大,增加了悬浮颗粒与气泡的接触机会;(2)在处理水量相同的条件下,它较部分回流溶气气浮法所需的气浮池小,从而减少了基建投资;(3)若处理含油污水,因全部污水加压,增加了含油污水的乳化程度,而且所需的压力泵和溶气罐的容量均较大,因此投资和运转动力消耗较大;(4)若气浮前进行混凝处理,则混凝处理所形成的絮凝体在加压与减压过程中破碎,影响混凝效果。

2. 部分溶气气浮法

部分溶气气浮法是取部分污水(通常占总水量15%～40%)加压和溶气,其余污水直接进入气浮池中与溶气污水混合。

其特点为:较全溶气气浮法所需的压力泵小,故动力消耗低;压力泵所造成的乳化油量较全溶气气浮法低。

气浮池的大小与全溶气气浮法相同,但较部分回流溶气气浮法小。

3. 部分回流溶气气浮法

部分回流溶气气浮法是取一部分处理后的澄清出水回流进行加压和溶气,减压后直接进入气浮池,与入流污水混合浮选,如图2-9。回流量一般为污水量的25%～50%

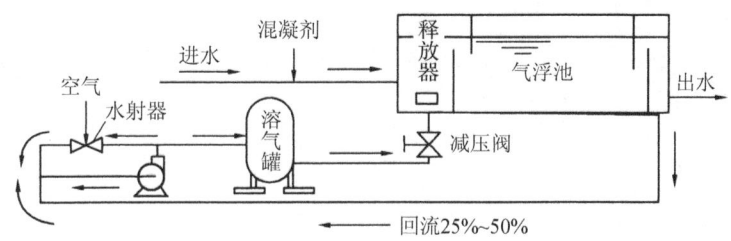

图 2-9　部分回流溶气气浮法

其特点为:(1)加压的水量少,动力消耗少;(2)若处理含油污水,气浮过程中不促进乳化;(3)若气浮前进行混凝处理,对混凝处理的效果影响小;(4)气浮池的容积较前两种大。

为了提高气浮的处理效果,往往向污水中加入混凝剂或浮选剂,投加量因水质不同而异,一般由实验确定。

目前常用的加压溶气气浮池有平流式和竖流式,均为敞口式水池。

(二)叶轮充气气浮

此法靠叶轮高速旋转时在叶轮中心部分形成负压,从空气管中吸入空气,使进入废水中的空气与循环水流充分混合,成为细小的气泡甩出,经过稳流板,气泡垂直上升,进行气浮,形成的浮渣不断被缓慢旋转的刮板刮出槽外。此法适用于悬浮物浓度高的废水,效率一般为80%左右。

此法的优点是设备不易堵塞,适用于处理水量不大、污染物浓度较高的污水,除油效果可达80%左右;缺点是其产生的气泡较大,气浮效果较低。

三、气浮设备及其设计计算

(一)气浮池

平流式气浮池池深一般为1.5～2.0 mm,不超过2.5 m。池深与池宽之比大于0.3。

气浮池表面负荷通常取 5~10 m³/h，总停留时间为 30~40 min。

为了防止进口区水流对颗粒上浮的干扰，在气浮池的前部均设置隔板，使已附着气泡的颗粒向池表面浮升，隔板与水平面夹角为 60°，板顶离水面约 3.0 m。在隔板前面的部分称为接触区，在隔板后面的则称为分离区。在接触区隔板下端的水流上升流速一般可取 20 mm/s 左右，而隔板上端的水流上升流速则一般为 5~20 mm/s，接触室的停留时间不少于 2 min。分离区的作用是使附着气泡的颗粒与水分离，并上浮至池面。清水从分离区的底部排出，产生一个向下流速。显然，当颗粒上浮速度大于下流速度时，固—液可以分离；当颗粒上浮速度小于下流速度时，颗粒则下沉而随水流排出，因此，分离区的大小实际上受向下流速的控制，设计时向下流速可取 1.0~3.0 mm/s。

浮集于水面的浮渣的厚度与浮渣性质和刮渣周期有关。一般都用机械方法刮渣，刮渣机的水平移动速度为 5 m/min。采用逆水流方向刮渣可防止浮渣下沉。收集的浮渣如泡沫很多，可经加热处理消泡。

竖流式气浮池的高度可取 4~5 m，长度或直径一般为 9~10 m。中央进水室、刮渣板和刮泥耙都安装在中心转轴上，依靠电机驱动以同样速度旋转。

(二) 溶气量与溶气水量的估算

在加压溶气系统设计中，常用的基本参数是气固比 (G/S)，即空气析出量 G 与原水中悬浮固体量 S 的比值，定义为

$$\frac{G}{S} = \frac{q(a_1 - a_2)}{Qc_0}$$

式中，q——加压溶气水量，m³/h，如全部进水加压，则 $q = Q$；

a_1、a_2——分别为溶气罐内和气浮池出水中的空气溶解量，mg/L；

c_0——废水中欲除去的污染物浓度，mg/L。

根据亨利定律，上式可写为

$$\frac{G}{S} = \frac{qa_0(fp - 1)}{Qc_0}$$

式中，a_0——大气压下空气在水中的饱和溶解度，mg/L，其值与温度有关；

f——溶气水中空气的饱和系数，其值与溶气罐结构、溶气压力和时间有关，一般为 0.5~0.8；

p——溶气罐中的绝对压力，kg/cm²。

实验表明，参数 G/S 对气浮效果影响很大。对同一种废水，G/S 值增大，出水悬浮物浓度降低，浮渣固体含量提高，而不同的废水，其气浮特性不同。因此，合适的 G/S 值应由试验确定，当无实测数据时，一般可选用 0.005~0.060，原水的悬浮物含量高时取下限，低时取上限。

根据实验或公式计算确定 G/S 值后，可用下式计算所需要的空气量 V_0。

$$V_0 = \frac{(G/S)c_0 + a_1}{f}$$

当确定了气固比 G/S 和溶气压力 p 后，可由上面第二式计算溶气水量 q。

复习思考题

一、名词解释
自由沉淀　截流沉速　深层过滤　不均匀系数　离心分离因数

二、填空题
1. 按主要调节功能来分,调节池可分为_____、_____两类。
2. 沉淀的类型有_____、_____、_____、_____。
3. 废水中的油类按其存在状态可分为_____、_____、_____、_____。
4. 实现气浮必须满足的两个基本条件是_____、_____。
5. 过滤的机理可归纳为_____、_____、_____三个作用。
6. 避免滤层出现负水头现象的方法有_____、_____。

三、单项选择题
1. 乳化油态污染物一般采用(　　)去除。
   A. 气提法　　　B. 萃取法　　　C. 气浮法　　　D. 吹脱法
2. 污水过格栅流速采用(　　)m/s。
   A. 0.3~0.6　　B. 0.6~1.0　　C. 1.0~1.5　　D. 1.5~2.0
3. 城市污水处理厂,曝气沉砂池水平流速为(　　)m/s。
   A. 0.1　　　　B. 0.2　　　　C. 0.3　　　　D. 0.4
4. 辐流沉淀池的设计,应符合下列要求:池子直径(或正方形的一边)与有效水深的比值宜为(　　)。
   A. 2~6　　　　B. 6~12　　　C. 4~10　　　D. 5~15
5. 为了分析悬浮物颗粒在实际沉淀池内的运动规律和沉淀效果,提出了"理想沉淀法"这一概念。不属于该过程中理想沉淀池的假设条件是(　　)。
   A. 污水在池内沿水平方向做等速流动,水平流速为 v,从入口到出口的流动时间为 t
   B. 污染物被絮凝以后沉淀即认为被去除
   C. 在流入区,颗粒沿垂直截面均匀分布并处于自由沉淀状态,颗粒的水平分速等于水平流速 v
   D. 颗粒沉到池底即认为被去除
6. Q 表示表面水力负荷,A 表示沉淀区水面积,Q_{max} 表示最大设计流量,按照表面水力负荷计算法,沉淀池的沉淀区水面积计算公式为(　　)。
   A. $A=KQ_{max}/q$　　B. $A=Q_{max}/q^2$　　C. $A=Q_{max}/q$　　D. $A=qQ_{max}$

四、问答题
1. 平面格栅、回转式格栅、阶梯式格栅各有什么特点?
2. 自由沉淀、絮凝沉淀、拥挤沉淀、压缩沉淀各有什么特点?一般都发生在水处理的哪些过程中?
3. 为什么斜板(管)沉淀池的沉淀效率较高?
4. 平流式沉淀池、辐流式沉淀池和竖流式沉淀池各有什么特点?分别适用于哪些情况?

5. 为什么气浮处理一般都加浮选剂？

五、综合题

某污水处理厂的最大设计流量为 $Q_{max}=0.4$ m/s，总变化系数 $K_Z=1.39$，格栅设两组，设栅前水深 $h=0.4$ m，过栅流速为 0.9 m/s，栅条间隙 $b=21$ mm，格栅倾角 α 为 60°，格栅断面为锐边矩形断面，栅条宽度为 10 mm。计算：

(1) 栅条间隙数；

(2) 通过格栅的水头损失 h_1；

(3) 每日栅渣量 W。

学习情境 3

污水处理工艺的二级处理

（载体：有机物）

任务一 高浓度有机物处理

> **启发引导：**
> 根据高浓度有机废水的特点，选择适宜的处理方式。

3.1 废水厌氧生物处理

废水厌氧生物处理是指在没有分子氧的条件下通过厌氧微生物（包括兼氧微生物）的作用，将废水中各种复杂有机物分解转化成甲烷和二氧化碳等物质的过程。在厌氧生物处理过程中，复杂的有机物被降解，转化为简单稳定的化合物，同时释放出能量。而其中大部分能量以甲烷的形式出现，甲烷作为一种可燃性气体，具有很大的综合利用价值。因此，废水的厌氧生物处理是环境工程与能源工程中的一项重要技术，在过去主要用于处理城市污水处理厂污泥，但近年来随着各种新型厌氧处理设备和工艺的出现，其在高浓度有机废水处理中的优势逐渐显现出来，也越来越受到人们关注。

一、厌氧生物处理概述

(一) 厌氧生物处理的基本生物过程

厌氧生物处理是一个复杂的生物化学过程，目前较准确的描述为"三阶段理论"，即主要依靠水解产酸细菌、产氢产乙酸细菌和产甲烷细菌的联合作用完成，因而可将厌氧生物过程划分为三个连续阶段，即水解酸化阶段、产氢产乙酸阶段和产甲烷阶段。如图 3-1 所示。

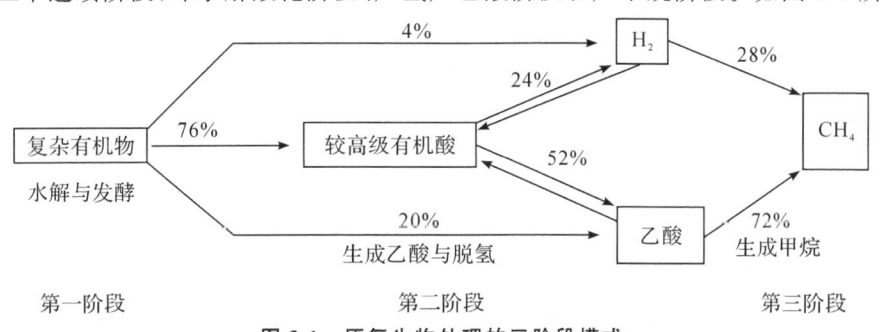

图 3-1 厌氧生物处理的三阶段模式

1. 第一阶段——水解酸化阶段

本阶段主要功能是水解和酸化,即复杂的大分子、不溶性有机物先在细菌胞外酶的作用下水解为小分子、溶解性有机物,然后渗入细胞内,分解产生挥发性有机酸、醇类、醛类以及 CO_2 和 H_2 等。其中,水解过程较缓慢,并受多种因素影响,有时会成为厌氧反应的限速步骤;产酸反应的速率较快。第一阶段主要产物为较高级脂肪酸。

2. 第二阶段——产氢产乙酸阶段

在产氢产乙酸细菌的作用下,第一段产生的各种有机酸和醇类被分解转化成乙酸和 H_2 及 CO_2。

3. 第三阶段——产甲烷阶段

产甲烷细菌将乙酸(乙酸盐)、CO_2 和 H_2 等转化为甲烷。此过程由两类生理功能截然不同的产甲烷细菌完成:一类靠分解乙酸产生 CH_4,厌氧生物处理过程中约有70%的 CH_4 来自这一过程;其余的 CH_4 则全部来自另一类产甲烷菌把 H_2 和 CO_2 转化成甲烷。

上述三个阶段的反应速率依废水性质而异,在以含纤维素、半纤维素、果胶和脂类等污染物为主的废水中,水解作用易成为限速步骤;简单的糖类、淀粉、氨基酸和一般的蛋白质均能被微生物迅速分解,对以含这类有机物为主的废水,产甲烷反应易成为限速阶段。虽然厌氧消化过程从理论上可以分为以上三个阶段,但是在厌氧反应器中,这三个阶段是同时进行的,并保持着某种程度的动态平衡。这种动态平衡一旦被 pH、温度、有机负荷等外加因素破坏,则首先将使产甲烷阶段受到抑制,其结果会导致低级脂肪酸的积存和厌氧进程的异常变化,甚至会导致整个厌氧消化过程停滞。

(二) 厌氧生物处理中的微生物

厌氧生物处理中的微生物按代谢过程对氧的要求,可分为两种:一种是只要有氧存在就不能生长繁殖的细菌,称为专性厌氧菌;另一种是不论有氧存在与否都能繁殖的细菌,称为兼性厌氧细菌。

1. 发酵细菌(产酸细菌)

参与第一阶段的微生物包括细菌、真菌和原生物,统称发酵菌或产酸细菌,大多数为专性厌氧菌,也有不少兼性厌氧菌,这些兼性厌氧菌能够起到保护专性厌氧菌免受氧的损害的作用。主要的发酵细菌有梭细菌、拟杆菌属、丁酸弧菌属、双歧杆菌属等;按功能来分包括纤维素分解菌、半纤维素分解菌、淀粉分解菌、蛋白质分解菌、脂肪分解菌等。

2. 产氢产乙酸菌

参与第二阶段的微生物是一群极为重要的菌种——产氢产乙酸菌以及同型乙酸菌(包括互营单细胞菌属、互营杆菌属、梭菌属、暗杆菌属等),多数是专性厌氧菌或兼性厌氧菌。产氢产乙酸细菌的主要功能是将各种高级脂肪酸和醇类氧化分解为乙酸和 H_2,为产甲烷细菌提供合适的基质,在厌氧系统中常常与产甲烷细菌处于共生互营关系;同型乙酸菌的种属有乙酸杆菌,它们能够将 CO_2、H_2 转化成乙酸,也能将甲醛、甲醇转化为乙酸。同型乙酸菌的存在,可促进乙酸形成甲烷的进程。

3. 产甲烷菌

参与厌氧消化第三阶段的菌种是甲烷菌或称为产甲烷菌,属于专性厌氧菌。其主要功能是将产氢产乙酸菌的产物——乙酸和 H_2/CO_2 转化为 CH_4 和 CO_2,使厌氧消化过程得以顺利进行。主要可分为两大类——乙酸营养型和 H_2 营养型产甲烷菌,或称为嗜乙酸产甲烷细菌和嗜氢产甲烷细菌。一般来说,在自然界中,乙酸营养型产甲烷菌的种类较少,只有产甲烷八叠球菌和产甲烷丝状菌,这两种产甲烷菌在厌氧反应器中居多,特别是后者,因为在厌氧反应器中乙酸是主要的产甲烷基质。一般来说,有70%左右的甲烷来自乙酸的氧化分解。

(三)厌氧生物处理的影响因素

在参与厌氧生物处理过程的微生物中,产甲烷菌是一群非常特殊的、专性厌氧的细菌,它们对生长环境条件的要求比其他细菌更严格,而且其繁殖的世代期更长,因此,产甲烷菌是决定厌氧效果和厌氧生物处理成败的主要微生物。一般来说,在讨论厌氧生物处理的影响因素时,主要讨论影响产甲烷菌的各项因素,主要影响因素有温度、pH、氧化还原电位、营养物质、F/M 比、有毒物质等。

1. 温度

温度对厌氧微生物的影响尤为显著。厌氧细菌可分为嗜热菌(或高温菌)、嗜温菌(中温菌);相应地,厌氧消化分为高温消化(55 ℃左右)和中温消化(35 ℃左右),高温消化的反应速率约为中温消化的 1.5～1.9 倍,产气率也较高,但气体中甲烷含量较低。当处理含有病原菌和寄生虫卵的废水或污泥时,高温消化可取得较好的卫生效果,消化后污泥的脱水性能也较好。随着新型厌氧反应器的开发研究和应用,温度对厌氧消化的影响不再非常重要,因此可以在常温条件下(20～25 ℃)进行,以节省能量和运行费用。

2. pH 和碱度

pH 是厌氧消化过程中最重要的影响因素。原因是产甲烷对 pH 的变化非常敏感,其最适 pH 范围为 6.8～7.2,在 pH<6.5 或 >8.2 时,产甲烷菌的正常生理活动会受到严重抑制,而进一步导致整个厌氧消化过程的恶化。厌氧体系中的 pH 受多种因素的影响,如进水水质、生化反应、酸碱平衡、气固液相间的溶解平衡等。厌氧体系是一个 pH 的缓冲体系,主要由碳酸盐体系控制,一般来说,系统中脂肪酸含量的增加,消耗 HCO_3^-,使系统的 pH 回升。

碱度在厌氧消化中曾一度被认为是一个至关重要的影响因素,但实际上其作用主要是保证厌氧体系具有一定的缓冲能力,维持合适的 pH;厌氧体系一旦发生酸化,则需要很长的时间才能恢复。

3. 氧化还原电位

严格的厌氧环境是产甲烷菌进行正常生理活动的基本条件。产甲烷菌对氧和氧化剂非常敏感,这是因为它不像好氧菌那样具有过氧化氢酶。对厌氧反应器介质中的氧浓度可根据浓度与电位的关系判断,即由氧化还原电位表达。非产甲烷菌可以在氧化还原电位为 +100～-100 mV 的环境中正常生长和活动;而产甲烷菌的最适氧化还原电位为 -150～-400 mV,在培养产甲烷菌的初期,氧化还原电位不能高于 -330 mV。

4. 营养要求

厌氧微生物对 N、P 等营养物质的要求略低于好氧微生物,其要求 COD:N:P=200:5:1。多数厌氧菌不具有合成某些必要的维生素或氨基酸的功能,所以有时需要投加 K、Na、Ca 等金属盐类,Ni、Co、Mo、Fe 等微量元素,酵母浸出膏、生物素、维生素等有机微量物质。

5. F/M 比

厌氧生物处理的有机物负荷较好氧生物处理更高,一般可达 5～10 kg COD/($m^3 \cdot d$),

甚至可达 50~80 kg COD/(m^3·d);无传氧的限制,可以积聚更高的生物量。产酸阶段的反应速率远高于产甲烷阶段,因此必须十分谨慎地选择有机负荷。

6. 有毒物质

厌氧生物处理系统中常见的抑制性物质有硫化物、氨氮、重金属、氰化物及某些有机物。

(1)硫化物和硫酸盐。硫酸盐和其他硫的氧化物很容易在厌氧消化过程中被还原成硫化物,可溶的硫化物达到一定浓度时,会对厌氧消化过程主要是产甲烷过程产生抑制作用。投加某些金属如 Fe 可以去除 S,或从系统中吹脱 H_2S 以减轻硫化物的抑制作用。

(2)氨氮。氨氮是厌氧消化的缓冲剂,但浓度过高,会对厌氧消化过程产生毒害作用。抑制浓度为 50~200 mg/L,但驯化后,适应能力会得到加强。

(3)重金属被认为是使反应器失效的最普遍及最主要的因素,它通过与微生物酶中巯基、胺基、羧基等相结合,使酶失活,或者通过金属氢氧化物的絮凝作用使酶沉淀。据研究表明,金属离子对产甲烷菌的影响按 Cr>Cu>Zn>Cd>Ni 的顺序减小。

(四)厌氧生物处理的特点

1. 厌氧生物处理方法的主要优点

(1)能耗大大降低,而且还可以回收生物能(沼气)。因为厌氧生物处理工艺无须为微生物提供氧气,所以不需要鼓风曝气,减少了能耗,而且厌氧生物处理工艺在大量降低废水中的有机物的同时,还会产生大量的沼气(主要的有效成分是甲烷,是一种可以燃烧的气体,具有很高的利用价值,可以直接用于锅炉燃烧或发电)。

(2)污泥产量很低。这是由于在厌氧生物处理过程中废水中的大部分有机污染物都被用来产生沼气——甲烷和二氧化碳了,用于细胞合成的有机物相对来说要少得多;同时,厌氧微生物的增殖速率比好氧微生物低得多,产酸菌的产率 Y 为 0.15~0.34 kg VSS/kg COD,产甲烷菌的产率 Y 为 0.03 kg VSS/kg COD 左右,而好氧微生物的产率为 0.25~0.6 kg VSS/kg COD。

(3)厌氧微生物有可能对好氧微生物不能降解的一些有机物进行降解或部分降解。因此,对于某些含有难降解有机物的废水,利用厌氧工艺进行处理可以获得更好的处理效果,或者利用厌氧工艺作为预处理工艺,可以提高废水的可生化性,提高后续好氧处理工艺的处理效果。

2. 厌氧生物处理过程中的主要缺点

(1)厌氧生物处理过程中所涉及的生化反应过程较为复杂,因为厌氧消化过程是一个由多种不同性质、不同功能的厌氧微生物协同工作的连续生化过程,不同种属间细菌的相互配合或平衡较难控制,因此在运行厌氧反应器的过程中需要很高的技术要求。

(2)厌氧微生物特别是其中产甲烷细菌对温度、pH 等环境因素非常敏感,也使得厌氧反应器的运行和应用受到很多限制。

(3)虽然厌氧生物处理工艺在处理高浓度的工业废水时常常可以达到很高的处理效率,但其出水水质通常较差,一般需要利用好氧工艺进行进一步的处理。

(4)厌氧生物的处理气味较大。

(5)对氨氮的去除效果不好。一般认为在厌氧条件下氨氮不会降低,而且还可能由于原废水中含有的有机氮在厌氧条件下转化导致氨氮浓度上升。

(五)厌氧消化过程中沼气产量的估算

糖类、脂类和蛋白质等有机物经过厌氧消化能转化为甲烷和 CO_2 等气体,这样的混合气体统称为沼气。产生沼气的数量和成分取决于被消化的有机物的化学组成,一般可以用下式进行估算:

$$C_nH_aO_b + \left(n - \frac{a}{4} - \frac{b}{2}\right)H_2O \rightarrow \left(\frac{n}{2} - \frac{a}{8} + \frac{b}{4}\right)CO_2 + \left(\frac{n}{2} + \frac{a}{8} - \frac{b}{4}\right)CH_4$$

理论上认为,1 g COD 在厌氧条件下完全降解可以生成 0.25 g CH_4,相当于标准状态下的 0.35 L;沼气中 CO_2 和 CH_4 的百分含量不仅与有机物的化学组成有关,还与其各自的溶解度有关。由于一部分沼气(主要是其中的 CO_2)会溶解在出水中而被带走,同时,一小部分有机物还会被用于微生物细胞的合成,所以实际的产气量要比理论产气量小。

二、污泥的厌氧生物处理

污泥的厌氧消化是污泥稳定化处理最通用的方法,其主要处理对象是初次沉淀池污泥、腐殖污泥、剩余活性污泥。污泥厌氧消化的主要作用是:(1)将污泥中的一部分有机物转化为沼气;(2)将污泥中的一部分有机物转化成为稳定性良好的腐殖质;(3)提高污泥的脱水性能;(4)使污泥的体积减小 1/2 以上;(5)使污泥中的致病微生物得到一定程度的灭活,有利于污泥的进一步处理和利用。厌氧消化法的主要构筑物为污泥消化池。

(一)污泥消化池

污泥消化池的主体由集气罩、池盖、池体及锥体四部分组成,并附设新鲜污泥投配系统、熟污泥的排出系统、溢流系统、沼气排出收集及贮存系统和加温及搅拌设备。

1. 基本构造

池的基本形状有圆柱形和蛋形两种。图 3-2 为圆柱形,池径一般为 6～35 m,柱体的高度约为直径的一半,总高度与池径之比为 0.8～1.0,池底、池盖倾斜角度一般取 15°～20°;为检查方便,池盖上设置 1 个或 2 个 ϕ0.7 m 的入孔,池顶集气罩直径取 2～5 m,高 1～3 m。蛋形消化池侧壁为圆形弧,直径远小于池高。大型消化池可采用蛋形,容积可做到 10000 m^3 以上。蛋形消化池在工艺与结构方面有如下特点:(1)搅拌充分、均匀,可以有效地防止池底积泥面结壳;(2)池体接近球形,在池容相等的条件下,池子总表面积比圆柱形小,散热面积小,故热量损失小,可节省能源。国内建造的大型消化池多为圆柱形。

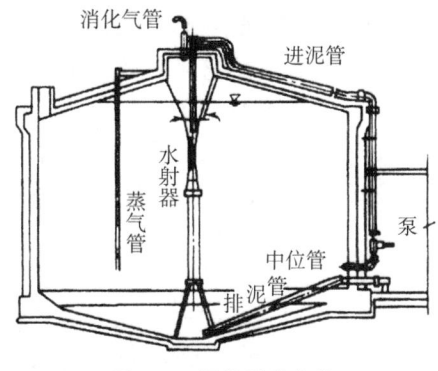

图 3-2　圆柱形消化池

2. 沼气的收集与贮存设备

由于产气量和用气量常常不平衡，所以必须设贮气柜进行调节。贮气柜有低压浮盖式与高压球形罐两种。贮气柜的容积一般按照平均日产气量的 25%～40%，即 6～10 h 的产气量计算。低压浮盖式的浮盖重量决定柜内气压，柜内气压一般为 1177～1961 Pa，最高可达到 3432～4904 Pa，气压的大小可用盖顶加减铸铁块的数量进行调节。浮盖的直径与高度比一般为 1.5：1，浮盖插入水封柜以免沼气外泄。

当需要长距离输送沼气时，可采用高压球形罐。贮气柜中的压力决定了消化池气室和输气管道的压力，此压力一般保持在 2000～3000 Pa，不宜太高。

沼气从集气管通过沼气管输送到贮气柜。沼气管的管径按日平均产量计算，管内流速按 7～15 m/s 计，当消化池采用沼气循环搅拌时，则计算管径时应当加入搅拌循环所需沼气。管道坡度应与气流方向一致，其坡度为 0.005，在最低点应设置凝结水罐，并可及时排出积水。为了减少凝结水量，防止沼气管冻裂，沼气管应该保温。在沼气输送管道的适当地点设置必要的水封罐，以便调整和稳定气压，并在消化池、贮气柜、压缩机、锅炉房等设备之间起隔绝作用，确保安全。

消化池的气室及沼气管道均应在常压下工作，通常压力为 2000～3000 Pa，不准许出现负压。沼气中由于 H_2S 饱和蒸气存在，对消化池顶集气罩与沼气管有腐蚀作用，所以必须对其进行防腐处理，沼气管一般采用防腐蚀锌钢管或铸铁管。

由于沼气中含有少量 H_2S，一般含量为 0.005%～0.015%，在有水分条件下，当沼气中 H_2S 含量超过百万分之一（1 ppm）时，对沼气发动机有很强的腐蚀性。根据煤气燃料规定，H_2S 的准许含量应小于 20 mg/m³，如果沼气中硫含量太高，必须进行沼气脱硫。

3. 污泥投配、排泥与溢流系统

(1) 污泥投配

生污泥（包括初沉污泥、腐殖污泥及经过浓缩的剩余污泥）需先排入消化池的污泥投配池，然后用污泥泵抽送至消化池。污泥投配池一般为矩形，至少设两个，池容根据生污泥量及投配方式确定，常按 12 h 的贮泥量设计。投配池应加盖，设排气管、上清液排放管和溢流管。如果采用消化池外加热生污泥的方式，则投配池可兼作污泥加热池。一般消化池的进泥口布置在泥位上层，其进泥点及进泥口的形式应有利于搅拌均匀和破碎浮渣的需要。

(2) 排泥装置

消化池的排泥管设在池底，出泥口布置在池底中央或在池底分散设在数处。污泥管是依靠消化池内的净水压力将熟污泥排至污泥后续处理的装置。放空管通常与排泥管合并使用，也可单独设立。污泥的投配管和排泥管的直径一般为 150～200 mm。为了能在最适当的高度除去上清液，可在池子的不同高度设置若干排出口，最小直径为 75 mm。

此外，还设有取样管，一般取样管设置在池顶，最少为两个：一个在池子中部，一个在池边。取样管的长度至少应深入最低泥位以下 0.5 m，最小为 100 mm。还备有清洗水或蒸气的进口及清洗污泥管道的设备。

(3) 溢流装置

消化池的污泥投配过量、排泥不及时或沼气产量与用量不平衡等情况发生时，沼气室内的沼气压缩，气压增加，甚至可能压破池顶盖。因此消化池必须设置溢流装置，及时溢流，以保持沼气室压力恒定。确定溢流管的溢流高度必须考虑是在池内受压状态下工作。在非溢流工作状态或泥位下降时,溢流管仍需保持泥封状态。溢流装置常用的形式有倒虹管式、大气压式及水封式等三种。溢流装置的管径一般不小于 200 mm。

倒虹管式的池内段必须插入污泥面,保持淹没状,池外端插入排水槽也需保持淹没状。当池内污泥面上升、沼气受压时,污泥或上清液可从倒虹管排出。对于大气压式的装置,当池内沼气受压,压力超过 Δh(Δh 为 U 形管内水层厚度)时,即产生溢流。水封式溢流装置由溢流管、水封管与上下管组成。溢流管从消化池盖插入设计污泥面以下,水封管上端与大气相通,下流管的上端水平轴线标高高于设计污泥面,下端接入排水槽。当沼气受压时,污泥或上清液通过溢流管经水封管、下流管排入水槽。

排出的上清液及溢流出泥应重新导入初次沉淀池进行处理。设计沉淀池时,应计入此项污染物。

4. 消化池的加热与搅拌

(1) 消化池的加热

为了使消化池内的消化温度恒定(中温或高温消化),必须对污泥进行加热,加热的热源尽可能利用锅炉或其他生产设备的余热。加热方法主要有池外预热与池内蒸气直接加热两种。池外预热法是把新鲜污泥预先加热后,投配到消化池中。这种方法的优点是:预热的污泥只是新鲜污泥,数量较少,易于控制,预热达到的温度较高,有利于杀灭寄生虫卵,以改善消化污泥的卫生条件,不会使消化池中的产甲烷细菌受到过热的影响,因此是一种较好的加温方法。缺点是加温的设备比较复杂。

池外预热法可分为热交换器预热与投配池内预热两种方法。热交换器预热法是在消化池外用热交换器将新鲜污泥预热后,送入消化池。投配池内预热法即在投配池内,用蒸气把新鲜污泥预热到所需温度后,一次投入消化池。

池内蒸气直接加热法就是利用插在消化池内的蒸气竖管,直接向消化池送入蒸气,加热污泥。蒸气在竖管中的流速一般为 3~5 m/s。这种加热方法比较简单,热效率高。但竖管周围的污泥易过热,从而影响产甲烷细菌的正常活动。由于增加了冷凝水,消化污泥的含水率稍有提高,消化池的容积需增加 5%~7%。此外,为减少热量损失,还必须对消化污泥采取保温措施。常采用的保温材料有泡沫混凝土、膨胀珍珠岩、聚苯乙烯泡沫塑料和聚氨酯泡沫塑料等。

(2) 消化池的搅拌

在污泥的厌氧消化过程中,让消化池中的生污泥和熟污泥搅拌混合、充分接触,将使得整个反应器中的物质传递、转化过程加速,故搅拌设备也是消化池的重要组成部分。消化池常用的搅拌方法有泵加水射器搅拌、沼气搅拌及联合搅拌等。搅拌设备至少应在 2~5 h 将全池搅拌一次。

① 泵加水射器搅拌

生污泥用污泥泵加压后,射入水射器。水射器顶端浸没在污泥面下 0.2~0.3 m,污泥泵加压力大于 0.2 MPa,生污泥量与吸入水射器的污泥量之比为 1:5~1:3。消化池径大于 10 m 时,可设 2 个或 2 个以上水射器。

② 联合搅拌

联合搅拌的特点是把生污泥加温、沼气搅拌联合在一个装置内完成(图 3-3)。经空气压缩机加压后的沼气以及经污泥泵加压后的污泥分别是从热交换器(兼作生、熟污泥与沼气的混合器)的下端射入,并把消化池内的熟污泥抽吸出来,共同在热交换器中加热混合,然后从消化池的上部污泥面下喷入,完成加温搅拌过程。

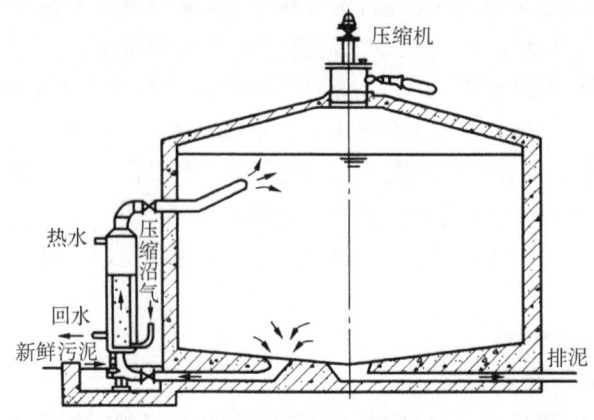

图 3-3　联合搅拌装置

加热混合器污泥管直径为 150 mm,外套管直径为 250 mm,加热所接触面积可以用热交换量计算。消化池直径在 9 m 以下,可用一个热交换器;直径在 15 m 以下,可用 3 个热交换器均匀分布在池外。

③沼气搅拌

沼气搅拌的优点是没有机械磨损,故障少,搅拌力大,不受液面变化的影响,并可促进厌氧分解,缩短消化时间。沼气搅拌装置如图 3-4 所示,用空气压机将贮气罐中的一部分消化气抽出,经稳压罐送入消化池进行搅拌。消化气通过消化池顶盖上面的配气环管,进入每根立管,立管数量根据搅拌气量及立管内的气流速度决定。搅拌气量按每 1000 m^3 池容 5～7 m^3/min 计,气流速度按 7～15 m/s 计。立管末端在同一平面上,距池底 1～2 m,或在池壁与池底连接面上。

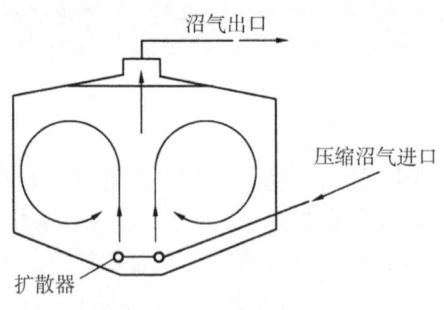

图 3-4　沼气搅拌装置

(二)消化工艺

1. 传统消化池工艺

最早使用的消化池称为传统消化池,又称低速消化池,是一个单级过程,称为一级消化工艺,污泥的消化和浓缩均在单个池内同时完成。这种消化池一般不设加热和搅拌设备,所以有分层现象,一般分为浮渣层、上清液层、活性层、熟污泥层等,仅一部分池内容积起有机物的分解作用。由于微生物不能与有机物充分接触,消化时间很长,一般为 30~60 d,因此池子的容积很大,且有效利用率低。目前这种消化工艺已很少使用。

2. 高速消化池工艺

与传统消化池不同,在高速消化池中设有加热和/或搅拌装置,因此缩短了有机物稳定所需的时间,也提高了沼气产量,在中温(30~35 ℃)下,其水力停留时间(HRT)可以缩短为 15 d 左右,运行效果稳定;但搅拌使高速消化池内的污泥得不到浓缩,上清液与熟污泥不易分离。

3. 两级消化池工艺

两级消化池工艺(图 3-5)为两个消化池串联运行。第一级采用高速消化池,通过加热与搅拌,使池内污泥保持完全混合状态,温度维持在 34 ℃左右,提高了消化速率,缩短了消化时间,有机物的分解主要在一级消化池中进行,产气量占总产气量的 80%。第二级则采用不设搅拌和加热的传统消化,利用一级消化池排出的污泥的余热继续消化。其温度一般可保持在 20~26 ℃,主要起沉淀浓缩和贮存熟污泥的作用,并分离和排出上清液。二者 HRT 的比值可采用 1∶1~1∶4,一般为 1∶2。

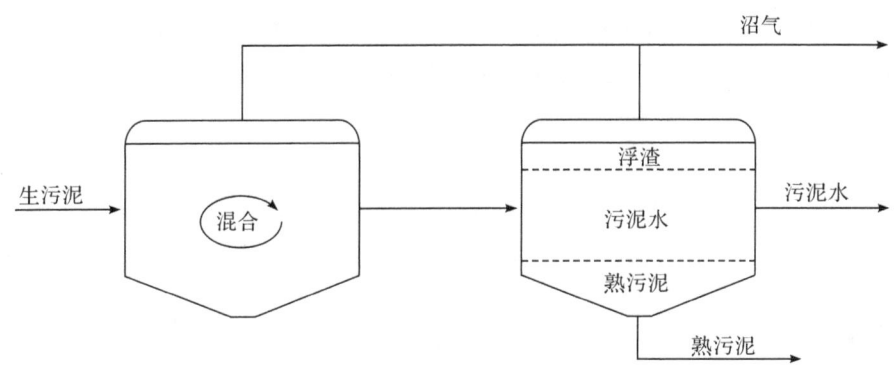

图 3-5 两级消化池工艺系统示意图

(三)消化池容积的计算

污泥投配率是指每日投加新鲜污泥体积占消化池有效体积的百分数。它是消化池设计的重要参数。投配率过高,消化池内脂肪酸可能积累,pH 下降,污泥消化不完全,产气率低;投配率过低,污泥消化完全,产气率较高,消化池容积大,基建费用高。根据我国污水处理厂的运行经验,城市污水处理厂污泥中温消化的投配率以 5%~8%为宜,相应的消化时间为 12.5~20 d。

目前我国一般按污泥投配率确定消化池有效容积。其计算公式为

$$V = V'/P \times 100$$

式中,V——消化池有效容积,m^3。

V'——每日需处理的污泥量,m^3/d。

P——污泥投配率,最好通过试验或调研确定。一般对于生活污水污泥,高速消化池可采用 5%~12%,传统消化池可采用 2%~3%。

用投配率确定消化池的有效容积,方法虽然简单,但是并不理想,因为在消化池中进行分解的只是有机物,而各种污泥的有机物含量是不相同的,即使是同种污泥,由于含水率不

同,有机物的浓度也不同,有机物多,消化时间就长,反之亦然。所以用有机物的投加量计算比较合理。美国长期以来是按污泥的挥发分计算的。对于生活污水污泥,中温消化和传统消化的挥发性固体负荷率 p 可采用 $0.5 \sim 1.6$ kg MLVSS/(m^3池·d),高速消化的负荷率可采用 $1.6 \sim 6.5$ kg MLVSS/(m^3池·d)。

三、有机废水的厌氧生物处理

有机废水的厌氧消化工艺有多种。按微生物生长状态分为厌氧活性污泥法和厌氧生物膜法;按投料、出料及运行方式分为分批式、连续式和半连续式;根据厌氧消化中物质转化反应的总过程是否在同一反应器中并在同一工艺条件下完成,又可分为一步厌氧消化和两步厌氧消化等。

(一)厌氧接触法

1. 工艺流程

厌氧接触法是为了克服传统消化池不能持留或补充厌氧活性污泥的缺点而发展起来的,该工艺主要参考了好氧活性污泥的工艺形式,在高速消化池之后增设了二次沉淀池和污泥回流系统,从而使得污泥不流失,出水水质稳定,同时提高了消化池内污泥浓度,保证了设备高的有机负荷和处理效率。厌氧接触法的工艺流程如图 3-6 所示。

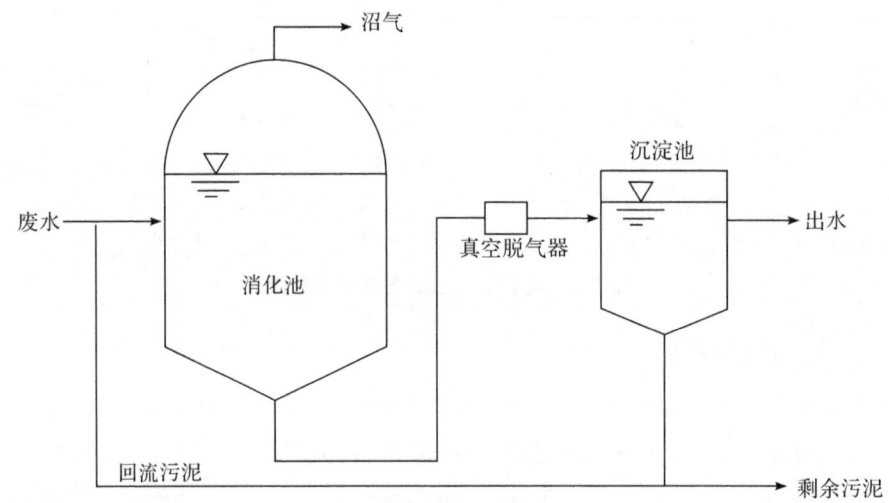

图 3-6　厌氧接触法工艺流程图

从上述的工艺流程图中可以看出,厌氧接触法工艺的最大特点是污泥回流,由于增加了污泥回流,消化池的 HRT 与 SRT(固体停留时间)得以分离,从而实现了 HRT 的缩短与 SRT 的延长。该工艺类似于好氧活性污泥法的基本工艺流程,所不同的是,在消化与沉淀池之间增设了真空脱气器,以脱除污泥上附着的微小沼气气泡,提高沉淀池泥水的分离效果。

2. 厌氧接触法的特点

(1)通过污泥回流使消化池内污泥浓度较高,一般为 $10 \sim 15$ g/L,耐冲击能力强。

(2)容积负荷较普通消化池高,中温消化时,一般为 $2 \sim 10$ kg COD/(m^3·d),HRT 较普通消化池大大缩短。

(3)可以直接处理悬浮物固体含量较高或颗粒较大的料液,不存在堵塞问题。

(4)增设了沉淀池、污泥回流系统和真空脱气设备,流程较复杂。

3. 运行中存在的问题和解决措施

从消化池排出的混合液在沉淀池中固液分离存在一定困难。其原因是:一方面由于混合液中污泥上附着大量微小沼气气泡,易引起污泥上浮;另一方面,由于混合液中污泥仍具有产甲烷的活性,在沉淀过程中仍能继续产气,从而妨碍污泥颗粒的沉降和压缩。

为了提高沉淀池中混合液的固液分离效果,目前采用以下几种措施:

(1)真空脱气。由消化池排出的混合液经真空脱气器(真空度为 0.005 MPa)将污泥絮体上的气泡除去,改善污泥的沉淀性能。

(2)热交换器急冷法。将从消化池排出的混合液进行急速冷却,如中温消化液 35 ℃冷却到 15~25 ℃,可以控制污泥继续产气,使厌氧污泥有效沉淀。

(3)絮凝沉淀。向混合液中投加絮凝剂,使厌氧污泥凝聚成大颗粒,加速沉降。

(4)用超滤器代替沉淀池,以改善固液分离效果。

此外,为了保证沉淀池分离效果,在设计时,沉淀池内表面负荷比一般废水沉淀池表面负荷小,一般不大于 1 m/h,混合液在沉淀池内停留时间比一般废水沉淀时间要长,采用 4 h。

采用厌氧接触工艺可以处理含有少量悬浮物的废水。但悬浮物的积累同样会影响污泥的分离,同时悬浮物的积累会引起污泥中细胞物质比例的下降,从而会降低反应器处理效率。因此,对含悬浮物浓度较高的废水,在厌氧接触工艺之前采用预分离处理是必要的。

(二)升流式厌氧污泥床反应器

升流式厌氧污泥床(Upflow Anaerobic Sludge Blanket,UASB)反应器是由荷兰的 G. Lettnga 等人在 20 世纪 70 年代初研制开发的。该处理技术一出现很快便获得广泛的关注和认可,到目前,其处理的废水几乎囊括了所有有机废水,成为世界上应用最为广泛的厌氧生物处理技术。

1. 工作原理

图 3-7 是 UASB 反应器工作原理的图示,废水从反应器的底部均匀引入,污水向上通过包含颗粒污泥和絮凝污泥的污泥床,在与污泥的充分接触过程中,微生物分解废水中的有机物,产生沼气,引起内部循环,有利于颗粒污泥的形成和维持。部分气体以气泡的形式附着在污泥颗粒上,附着和没有附着的气体向反应器顶部上升,上升到表面的颗粒碰击气体发射板底部,引起附着气泡的污泥絮体脱气,气泡释放的同时,污泥颗粒将沉淀到污泥床的表面,气体被收集到反应器顶部的集气室。置于集气室单元缝隙之下的挡板的作用是作为气体反射器和防止沼气气泡进入沉淀区,否则将引起沉淀区的紊动,阻碍颗粒沉淀,使得包含一些剩余固体和污泥颗粒的液体经过分离器缝隙进入沉淀区。

由于分离器的斜壁沉淀区的过流面积沿接近水面的方向逐渐增加,因此上升流速逐渐降低,由于流速降低,污泥絮体易于形成。积累在三相分离器上的污泥絮体在一定程度上将克服其在斜壁上受的摩擦力,而返回反应区。

三相分离器是 UASB 反应器中最重要的设备,这一设备安装在反应器的顶部,并将反应器分为下部的反应区和上部的沉淀区。为了在沉淀区中取得对上升流中污泥絮体/颗粒满意的沉淀效果,三相分离器的首要目的就是尽可能有效地分离从污泥床(层)中产生的沼

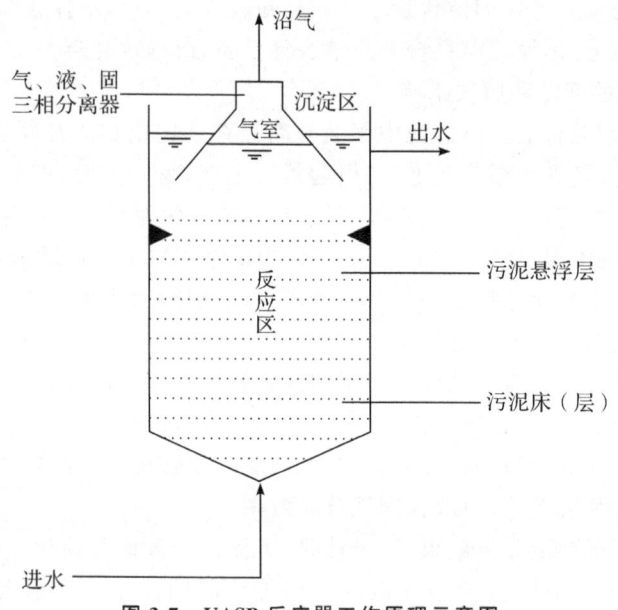

图 3-7　UASB 反应器工作原理示意图

气,特别是在高负荷的情况下。气室下面的反射板的作用是防止沼气通过气室之间的缝隙逸出到沉淀区,另外挡板还有利于减少反应区内高产气量所造成的液体紊动。UASB 反应器的原理是在形成沉降性能良好的污泥絮凝体基础上,结合在反应器内设置的污泥沉淀系统,使气相、液相和固相三相得到分离,形成污泥和保持沉淀性能(颗粒污泥或絮状污泥)是 UASB 反应器运行良好的根本保证。

2. UASB 反应器的构造

UASB 反应器可分为开敞式和封闭式两种。开敞式 UASB 反应器的顶部不加密封,出水水面敞开,主要适用于处理中低浓度的有机废水,如图 3-8 所示。封闭式 UASB 反应器的顶部加盖密封,主要适用于处理高浓度有机废水或含较多硫酸盐的有机废水,如图 3-9 所示。

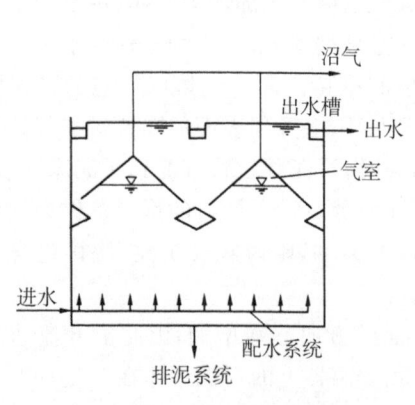

图 3-8　开敞式 UASB 反应器

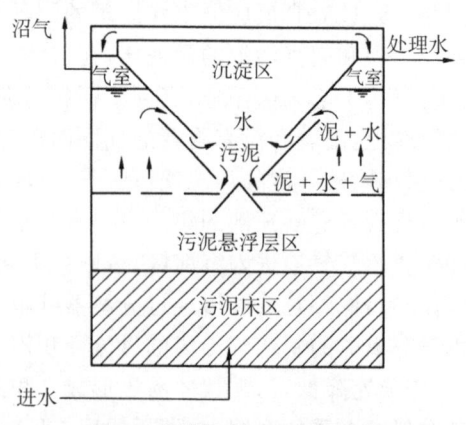

图 3-9　封闭式 UASB 反应器

UASB 反应器断面一般为圆形或矩形,圆形结构一般为钢结构,矩形结构一般为钢筋混凝土结构。UASB 反应器主要由下列几部分组成。

(1)布水器。即进水配水系统,其功能主要有两个方面:①将废水均匀地分配到整个反应器的底部;②水力搅拌。一个有效的进水配水系统是保证UASB反应器高效运行的关键之一。

(2)反应区。其中包括污泥床和污泥悬浮层,污泥床位于污泥悬浮层的底部,其污泥多为颗粒污泥,高度约为反应区总高度的1/3,但其污泥量约占全部污泥量的2/3以上。由于污泥床中的污泥量比污泥悬浮层多,底物浓度高,酶的活性也高,有机物的代谢速度较快,因此,大部分有机物在污泥床中被去除。污泥悬浮层位于泥床之上,污泥多呈絮状,高度约为反应区总高度的1/3。

(3)三相分离器。三相分离器是UASB反应器最具特征的组成部分。由沉淀区、回流缝和气封组成。其功能是把气体(沼气)、固体(污泥)和液体分开,保证出水水质与系统中的生物量,并有利于污泥颗粒化。三相分离器的分离效果将直接影响分离器的处理效果。

(4)出水系统。其作用是把沉淀区水面处理过的水均匀地排出反应器。

(5)气室。也称集气罩,其作用是收集沼气。

(6)浮渣清除系统。其作用是清除沉淀区液面和气室液面的浮渣,如浮渣不多可省去。

(7)排泥系统。其功能是均匀地排出反应区的剩余污泥。

3. UASB反应器的特性

UASB反应器是现在高效厌氧反应器的典型代表,其特征主要体现在以下几个方面:

(1)UASB反应器的上部设置气、液、固三相分离器,通过高效的三相分离,保证了出水水质,收集了沼气,同时在省去污泥回流系统的情况下,使反应器保持很高的污泥浓度。

(2)UASB反应器内污泥浓度高,污泥龄长,有机容积负荷大[一般为10~20 kg COD/($m^3 \cdot d$)],HRT大大缩短,反应器容积相对较小,且集生物反应和沉淀分离于一体,结构紧凑,有效节省了基建的运行费用。

(3)UASB反应器无混合搅拌设备,投产运行正常以后,利用本身产生的沼气和进水来搅拌,构造简单,运行管理方便。

(4)UASB反应器不仅适于处理高、中浓度的有机废水,也可用于处理如城市污水这样的低浓度有机废水。

4. UASB反应器的设计参数

(1)有机容积负荷

当反应器内平均污泥浓度为25 kg MLVSS/m^3时,容积负荷应根据水质和反应温度确定。

(2)沉淀区表面水力负荷

对主要含溶解性有机物的废水,沉淀区表面水力负荷采用3 m^3/($m^2 \cdot h$)以下,含悬浮物较多的有机废水表面水力负荷可采用1~1.5 m^3/($m^2 \cdot h$)。

(3)配水系统每个喷嘴的服务面积

高负荷配水系统采用2~5 m^2/个,低负荷配水系统采用0.5~2 m^2/个。

(4)反应器高度

对低浓度(COD浓度在1000 mg/L以下)有机废水,反应器的高度可采用3~5 m;对中浓度(COD浓度在2000~3000 mg/L),可采用5~7 m,最大不超过10 m。

(5)回流循环水量

UASB 反应器中 COD 浓度超过 15000 mg/L 时,需进行回流以降低进水 COD 浓度。

(6)预处理

进水悬浮物最高允许浓度为 8000 mg/L,达到此值时处理效果明显恶化,超过 8000 mg/L,则反应器难以运行。

5. UASB 反应器的投产启动

能在反应器内形成沉淀降性能良好、活性高的颗粒污泥是 UASB 反应器的重要特征,颗粒污泥的形成与成熟,也是保证其高效、稳定运行的前提。UASB 反应器的投产启动过程主要是颗粒污泥的培养与驯化过程。

(1)颗粒污泥的外观、组成与特征

颗粒污泥的外观多种多样,有卵形、球形、丝形等;其平均直径为 1 mm,一般为 0.1～2 mm。颗粒污泥多以无机粒子为核心,外包生物膜,其核心多为黑色,生物膜的表层则呈灰白色、淡黄色或暗绿色等。反应区上部的颗粒污泥的挥发性相对较高。颗粒污泥质软,有一定的韧性和黏性。

多种研究表明,颗粒污泥中的细菌是成层分布的,即外层中占优势的细菌是水解发酵菌,而内层则是产甲烷菌。颗粒污泥实际上是一种生物与环境条件相互依存和彼此优化的生态系统,各种细菌形成了一条很完整的食物链,有利于种间氢和乙酸的传递,因此其活性很好。

(2)UASB 反应器的启动运行方式

一般 UASB 反应器的启动有以下两种方式:

①直接启动:用颗粒污泥接种,只需进行颗粒污泥的驯化,所需时间较短,负荷上升较快。

②间接启动:用絮状污泥启动,首先需要培养颗粒污泥,反应器中培养出高浓度高活性的颗粒污泥,一般需要 1~3 个月。

(三)厌氧生物滤池

厌氧生物滤池又称厌氧固定膜反应器,是 20 世纪 60 年代末出现的新型高效厌氧处理装置。它所处理的废水的 COD 范围较宽(300～85000 mg/L),处理效果良好,运行管理方便。与好氧生物滤池相似,厌氧生物滤池是填装滤料的厌氧反应器。厌氧微生物以生物膜的形态生长在滤料表面,废水流过滤料时,在生物膜的吸附作用和微生物的代谢作用下,其中的有机污染被去除。产生的沼气则聚集于池顶部集气罩内,并从顶部引出。处理水则从旁侧流出。为了分离处理水携带的生物膜,一般在处理后需设沉淀池。

1. 厌氧生物滤池的类型与特点

根据废水在厌氧生物滤池中的流向不同,可分为升流式厌氧生物滤池、降流式厌氧生物滤池和升流式混合型厌氧生物滤池三种形式,如图 3-10 所示。

厌氧生物滤池具有如下特点:

(1)由于填料为微生物附着生长提供了较大的表面积,滤池中的微生物量较高,又因生物膜停留时间长,平均停留时间长达 100 d 左右,因而可承受的有机容积负荷高,COD 容积负荷为 2~16 kg COD/($m^3 \cdot d$),且耐冲击负荷能力强。

(2)废水与生物膜两相接触面大,强化了传质过程,因而有机物去除速度快。

(3)微生物以固着生长为主,不易流失,因此不需要污泥回流和搅拌设备。

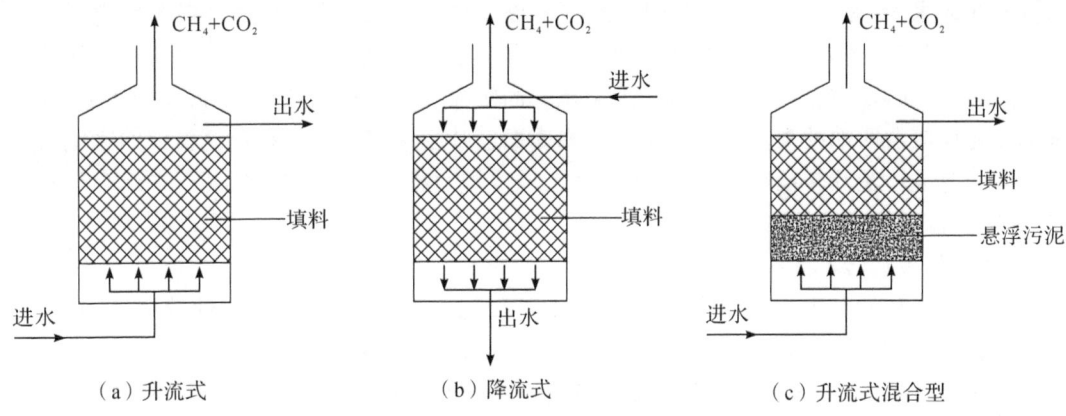

图 3-10 厌氧生物滤池的类型

(4) 启动或停止运行后再启动比前述厌氧工艺法时间短。

(5) 处理含悬浮物浓度高的有机废水,易发生堵塞,尤以进水部位最严重。因此,进水悬浮物浓度不应超过 200 mg/L。

2. 厌氧生物滤池的组成

(1) 滤料

滤料是厌氧生物滤池的主体,其主要作用是提供微生物附着生长的表面及悬浮生长的空间,厌氧生物滤池对滤料的基本要求与好氧生物滤池相同,如比表面积大,孔隙率高,机械强度高等。厌氧生物滤池经常使用的滤料有以下几种:

① 空心块状滤料。多用塑料制成,呈圆柱形或球形,内部有不同大小的空隙,比表面积和空隙率都较大。

② 管流型滤料。包括塑料波纹板和蜂窝填料等,比表面积为 $100\sim200\ m^2/m^3$,空隙率可达 $80\%\sim90\%$,有机负荷可达 $5\sim15\ kg\ COD/(m^3\cdot d)$。

③ 纤维滤料。包括软性尼龙纤维滤料,半软性聚乙烯、聚丙烯滤料,弹性聚苯乙烯填料,比表面积和空隙率都较大,偶有纤维结团现象,价格较低,应用普遍。

(2) 布水系统

在厌氧生物滤池中,布水系统的作用是将进水均匀配于全池,因此在设计计算时应特别注意孔口的大小和流速。与好氧生物滤池不同的是,因为需要收集所产生的沼气,厌氧生物滤池多是封闭式的,即其内部的水位应高于滤料层,将滤料层完全淹没。其中升流式厌氧生物滤池的布水系统应设置在滤池底部,这种形成在实际应用中较为广泛,一般滤池的直径为 $6\sim26\ m$,高为 $3\sim13\ m$;而降流式厌氧生物滤池的水流方向正好与之相反。升流式混合型厌氧生物滤池的特点是减小了滤池层的厚度,留出了一定空间,以便悬浮状态的颗粒污泥在其中生长和积累。

(3) 沼气收集系统

厌氧生物滤池的沼气收集系统基本与厌氧消化池的类似。

(四) 厌氧生物转盘和挡板反应器

1. 厌氧生物转盘

(1) 厌氧生物转盘的构造与工作原理

厌氧生物转盘的构造与好氧生物转盘相似,不同之处在于盘片大部分(70% 以上)或全部浸没在废水中,为保证厌氧条件和收集沼气,整个生物转盘设在一个密闭的容器内。厌氧生物转盘由盘片、密封的反应槽、转轴及驱动装置等组成。盘片分为固定盘片(挡板)和转动盘片,相间排列,以防盘片间生物膜粘连堵塞。固定盘片一般在首端;转动盘片用转轴串联,轴安装在反应器两端的支架上。废水处理靠表面盘片生物膜和悬浮在反应槽中的厌氧活性污泥共同完成。盘片转动时,作用在生物膜上的剪切力将老化的生物膜剥下,在水中呈悬浮状态,随水流出槽外,沼气则从槽顶排出。

(2)厌氧生物转盘的特点

①厌氧生物转盘内微生物浓度高,抗冲击负荷能力强,处理过程稳定性较高;同时高的生物量保证了高的有机容积负荷,HRT 短,相应的有机物去除率可达 90%左右;

②转盘转动,促使老化生物膜不断脱落,使生物膜经常保持较高的活性,同时转盘的转动具有促进水流流动的作用,不需要提升废水,具有节能意义;

③可处理含悬浮固体量较高的废水,不存在堵塞问题,一般不需要回流,动力消耗低;

④可采用多种串联,各级微生物可处于最佳的条件下,便于运行管理;

⑤盘片的成本较高,使整个装置造价很高。

2. 厌氧挡板反应器

(1)厌氧挡板反应器的构造与工作原理

厌氧挡板反应器是从研究厌氧生物转盘发展而来的,生物转盘的转动盘不动,并全为固定盘,这样就产生了厌氧挡板反应器,或者说厌氧挡板反应器是在厌氧生物转盘的基础上减少盘片数,并省去转动装置。

如图 3-11 所示,在反应器内垂直于水流方向设多块挡板来保持反应器内较高的污泥浓度以缩短 HRT。挡板把反应器分为若干上向流室和下向流室。上向流室比较宽,便于污泥聚集;下向流室比较窄,通往上向流室的导板下部边缘处加 60°的导流板,便于将水送至上向流室的中心,使泥水充分混合以保持较高的污泥浓度。当废水 COD 较高时,为避免出现挥发性有机酸浓度过高,减少缓冲剂的投加量及减少反应器前端形成的细菌胶质的生长,将处理后的水进行回流,使进水 COD 稀释至 5~10 g/L,当废水 COD 较低时,无须进行回流。

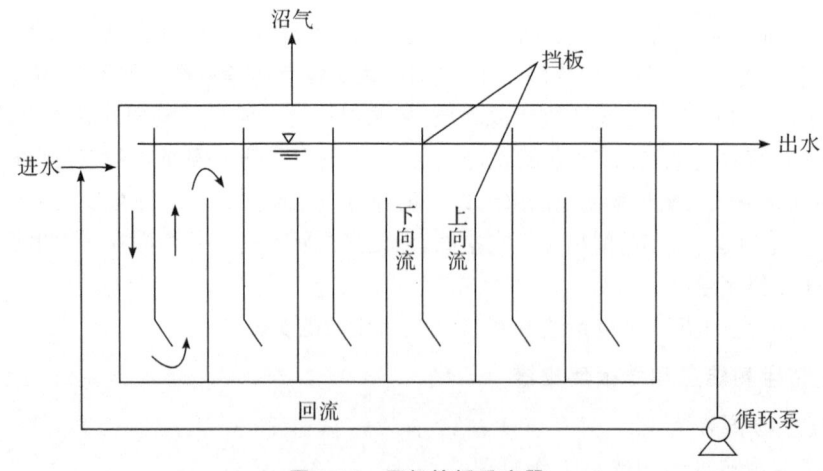

图 3-11 厌氧挡板反应器

厌氧挡板反应器实质上是一系列的升流式厌氧污泥床,由于挡板的截留,流失的污泥比升流式污泥床少,反应器内不设三相分离器。

(3)厌氧挡板反应器的特点

与厌氧生物转盘相比,厌氧挡板反应器可省去转动装置;与 UASB 反应器相比,可不设三相分离器而截流污泥;反应器启动运行时间较短,运行较稳定;无须设置混合搅拌装置;不存在污泥堵塞问题。

(五)两相厌氧生物处理

1. 基本原理与工艺流程

两相厌氧消化工艺是在 20 世纪 70 年代后期随着厌氧生物学的研究不断深入而发展起来的,它着重于工艺流程的变革,而不是像上述多种现代高速厌氧反应器那样着重于反应器结构的变革。其基本出发点是:在单相反应器中,存在着脂肪酸的产生与被利用之间的平衡,维持这一平衡往往不易。两相厌氧消化工艺就是为了克服单相厌氧消化工艺的缺点而提出的。

该工艺把厌氧生物处理的三阶段分开在两个不同的反应器中进行,第一阶段(水解与发酵阶段)与第二、三阶段(产氢产乙酸阶段与产甲烷阶段)分别在两个反应罐中进行,并控制不同的运行参数,使各自在最佳环境条件下进行反应。

(1)酸化罐

有机物的水解酸化部分一般采用完全混合方式厌氧(或缺氧)反应器,这样不仅可使物料在反应器中均匀分布,而且即使进水中含一定量悬浮固体,亦不至于影响反应器的正常运行。反应后的混合液经沉淀进行固液分离后,部分污泥回流至酸化罐,以保持罐内有一定的污泥浓度,剩余污泥排放。上清液由沉淀池上部流出,作为下一步反应器(气化罐)的进水。

(2)气化罐

有机物水解、酸化后,继续分解产气(沼气)的两部分一般采用上流式厌氧污泥床反应器或厌氧过滤床、膨化床等。在这里,厌氧菌利用有机物酸化产物(有机物、醇类)为养料进行发酵产气,故称这一部分的反应器为甲烷反应器。反应过程中产生的沼气自气化罐顶部收集后引出利用。

2. 两相厌氧生物处理的工艺特点

(1)有机负荷比单相工艺明显提高,使得反应器的总容积比较小。

(2)产酸菌和产甲烷菌各自在最佳的条件下生长,运行更加稳定,承受冲击负荷的能力更强,产甲烷菌活性得到提高,产气量增加。

(3)当废水中含有 SO_4^{2-} 等抑制性物质时,其对产甲烷菌的影响由于相的分离而减弱。

(4)对于复杂有机物(如纤维素等)可以提高其水解反应速率,因而提高了其厌氧消化的效果。

3. 两相厌氧生物处理的设计运行参数

两相厌氧处理系统的总有机负荷率较高,使得反应器的总容积比较小。

第一相消化池(酸化罐)容积的设计:投配率采用 100%,即停留时间为 1 d,有机容积负荷为 25~60 kg COD/(m^3·d)(相当于厌氧产气反应器的 3~4 倍),有机物去除率为 20%~25%。

第二相消化池(气化罐)容积投配率为 15%~17%,停留时间 6~6.5 d,有机物总去除

率可达 90% 左右，总产生率达 3 m³/(m³·d)左右。

(六)厌氧污泥膨胀床反应器和内循环厌氧反应器

1. 厌氧污泥膨胀床(EGSB)反应器

厌氧污泥膨胀床(Expanded Granular Sludge Bed, EGSB)反应器虽然在结构形式、污泥形态等方面与 UASB 反应器非常相似，但其工作运行方式与 UASB 反应器显然不同，主要表现在 EGSB 反应器一般采用 2.5～6 m/h 的液体表面上升流速(最高可达 10 m/h)，高 COD 容积负荷[8～15 kg COD/(m³·d)]。高的液体表面上升流速使颗粒污泥床层处于膨胀状态，不仅能使进水与颗粒污泥充分接触，提高了传质效率，而且有利于基质和代谢产物在颗粒污泥内外的扩散、传送，保证了反应器在较高的容积负荷条件下正常运行。EGSB 反应器实质上是固体流态化技术在有机废水生物处理领域的具体应用。EGSB 反应器的工作区为流态化的初期，即膨胀阶段(容积膨胀率为 10%～30%)，在此条件下，进水流速较低，一方面可保证进水基质与污泥颗粒的充分接触混合，加速生化反应过程；另一方面有利于减轻或削弱静态床(如 UASB 反应器)中常见的底部负荷过量的状况，增加反应器对有机负荷特别是对毒性物质的承受能力。EGSB 反应器适用范围广，可用于 SS 含量高和对微生物有抑制性的废水处理，在低温和处理低浓度有机废水时有明显优势。

2. 内循环厌氧(IC)反应器

(1)内循环厌氧反应器具有很大的高径比，一般可达 4～8，反应器的高度达到 20 m 左右。整个反应器由第一厌氧反应室和第二厌氧反应室叠加而成。每个厌氧反应室的顶部各设一个气、固、液三相分离器。第一级三相分离器分离沼气和水，第二级三相分离器主要分离污泥和水；反应器中心设置上升管与下降管，保证内循环的正常进行。

进水经过布水器输入反应器，与下降管循环来的污泥和出水均匀混合，进入第一个反应区内，在那里，大部分 COD 被降解为沼气，由第一级三相分离器收集和分离，并产生气体提升。气体被提升的同时，带动水和污泥向上运动，经过一级上升管到达位于反应器顶部的气体/液体分离器，在这里，沼气与水和污泥分离，离开整个反应器。水和污泥混合，经过同心的下降管直接滑落到反应器底部形成内部循环流。第一级分离区的出水在第二阶段低负荷处理区内被深度处理，在那里，剩余 COD 被去除，在上层分离区产生的沼气被顶部的三相分离器收集，并沿第二级上升管输送到顶部旋流式/液体分离器，实现沼气分离和收集；同时，厌氧出水经过水堰离开反应器自流进入后续处理中。

(2)内循环厌氧反应器的特点

内循环厌氧反应器具有极高的 COD 负荷[15～25 kg COD/(m³·d)]，结构紧凑，节省占地面积；借沼气内能提升实现内循环，不必外加动力；抗冲击负荷能力强，具有缓冲 pH 的能力；出水稳定性好，可靠性高；基建投资低。

四、厌氧生物处理工艺的运行管理

(一)厌氧生物处理装置的启动

1. 污泥消化池的投产启动

污泥消化池建成后，应按以下几个步骤进行投产启动：

(1)清水试验，检查漏水和气密性；

(2)投加接种污泥,一般要求用滤网过滤(2 mm×2 mm 或 5 mm×5 mm);

(3)开始少量投加浓缩后的生污泥;

(4)测定产气量、沼气成分、VFA、pH 等;

(5)正常消化后,逐渐增加投泥量,直至达到设计的污泥投配率,这一过程一般需要 50~60 d。

2. UASB 反应器的投产启动

一般 UASB 反应器的启动运行有两种方式,即:

(1)直接启动:用颗粒污泥接种,所需时间较短,负荷上升较快。

(2)间接启动:用絮状污泥启动,首先需要培养颗粒污泥。颗粒污泥的培养对于反应器的稳定高效运行十分关键,一般需要按以下步骤进行:

①投加接种污泥:厌氧消化污泥或剩余活性污泥等;接种量一般为 10~20 kg VSS/m³。

②启动初期的污泥负荷应低于 0.1~0.2 kg COD/(kg SS·d),容积负荷应小于 0.5 kg COD/(m³·d)。

③保证一定的水力上升流速,一般要求大于 1 m³/(m²·d),当其大于 0.25 m³/(m²·h) 时,就会产生水力分级作用。

④进水浓度过高时,可采取回流或稀释等措施。

⑤一般要求溶解性 COD 的去除率大于 80% 时,应及时提高负荷。

⑥出水 VFA 浓度一般应控制在 1000 mg/L 以下。

(二)运行管理指标

废水厌氧生物处理的运行管理指标主要有 COD 去除率、有机容积负荷、有机污泥负荷、水力停留时间、剩余污泥产量、产气量等。

(三)水质管理指标

水质管理指标又称为监测项目,即通过水质监测,对厌氧反应器进行管理,使其达到运行要求。主要有进水量、进出水水质(COD、BOD、SS、pH、VFA 等)、污泥浓度、温度、产气量、气体成分等。

任务二　中低浓度有机物处理

> **启发引导:**
> 将学生带入水处理实验室,让学生亲自观察活性污泥,了解活性污泥性状、颜色、气味等性质,给学生直观的感受,以加深对课程的理解。

3.2　生物处理法

在自然界中,存在着大量以有机物为营养物质而生活的微生物。它们不但能够分解氧化一般的有机物并将其转化为稳定的化合物,而且还能转化某些有毒的有机物,如酚、醛和腈等,以及由微生物营养元素构成的有毒无机物,如氰化物和硫化物等。

一、废水的生物处理

污水生物处理就是利用微生物分解氧化有机物的这一功能,并采取一定的人工措施,创造有利于微生物生长和繁殖的环境,获得大量具有高生物活性的微生物,以提高其分解氧化有机物效率的一种污水处理方法。

污水生物处理分为好氧生物处理和厌氧生物处理两大类。好氧生物处理的进行需要有氧的供应,而厌氧生物处理则需保证无氧环境。

常用的人工好氧生物处理法有活性污泥法和生物膜法两种。活性污泥法是天然生物处理中水体自净的人工化,是使微生物群体在反应器(曝气池)内呈悬浮状,并与污水接触得到净化的方法,所以活性污泥法又称为悬浮生长法。生物膜法是天然生物处理法中土壤自净的人工化,是微生物群体附着于其他物体表面上呈膜状,并与污水接触而使污水得到净化的方法,所以生物膜法又称固定生长法。由于好氧生物处理效率高,使用比较广泛,通常说的活性污泥法和生物膜法均指好氧生物处理。

生物处理主要用来去除水中溶解状态和胶体状态的有机物,悬浮状态的污染则可以通过沉淀等方法加以去除。

二、微生物的代谢过程

在生命细胞中发生的物质化学转变过程称为代谢。代谢是生命活动的基本特征之一,生命活动的任何过程都离不开代谢,代谢一旦停止,生命随之结束。在微生物的代谢过程中,细胞不断从外部环境中摄取生长需要的能源和营养物质,同时不断将代谢产物排泄到外部环境中去,因此代谢又称为新陈代谢。微生物要靠代谢维持其生命活动,如生长、繁殖、运动等。

(一)好氧代谢

好氧代谢是在有游离氧(分子氧)的条件下,好氧微生物和兼性厌氧微生物将有机物分解为 CO_2 和 H_2O,同时合成自身细胞物质并贮存能量的过程。有机物在微生物好氧代谢中的最终转化情况可用图 3-12 表示。

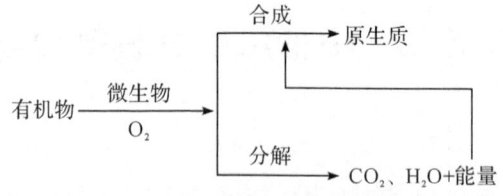

图 3-12 好氧代谢中有机物的转化示意图

有机物被微生物摄取后,通过好氧代谢活动,约有 1/3 被分解稳定,并提供其生理活动所需的能量;约有 2/3 被转化,合成为新的原生质(细胞质),即进行微生物自身生长繁殖。后者就是污水生化处理中的活性污泥或生物膜的增长部分,通常称其为剩余污泥或腐殖污泥。

好氧代谢的反应速度较快,所需的反应时间较短,故好氧微生物处理所用的构筑物容积较小,且处理过程中散发的臭味较少。因此,目前对中、低浓度的有机废水(后者 $BOD_5 <$

500 mg/L),基本上采用好氧生物处理法。

(二) 厌氧代谢

厌氧代谢是厌氧微生物和兼性厌氧微生物在无氧的条件下,将复杂的有机物分解成简单的有机物和无机物,如有机酸、醇、CO_2 等,再被产甲烷菌进一步转化为甲烷和 CO_2 等,同时合成微生物自身细胞物质并贮存能量的过程。有机物在微生物厌氧代谢中的最终转化情况可用图 3-13 表示。

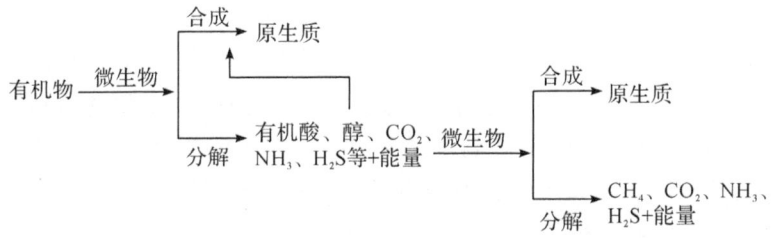

图 3-13 厌氧代谢中有机物转化示意图

在微生物的厌氧代谢中,复杂的有机物被降解转化为简单的化合物,同时释放能量。在这个过程中有机物的转化分为三部分:一部分转化为 CH_4,作为能源物质,可回收利用;一部分被分解为 CO_2、NH_3、H_2S、H_2O 等无机物,并为细胞合成提供能量;少量有机物被转化、合成为新的原生质的组成部分。由于仅有少量有机物用于合成,故相对于好氧生物处理法,其污泥增长率小得多。

由于污水厌氧生物处理过程无须另加氧源,故运行费用较低。此外,它还具有剩余污泥量少、可回收能源(CH_4)等优点。其主要缺点是反应速度较慢,反应时间长,处理构筑物容积大等。但通过对新型构筑物的研究开发,其容积可缩小。此外,为维持较高的反应速度,需维持较高的反应温度,也要消耗能量。

对于有机物污泥和高浓度有机废水(一般 $BOD_5 \geqslant 2000$ mg/L)可采用厌氧生物处理法,由于微生物厌氧代谢中有机物氧化不彻底,用于处理污水时,不能达到排放要求,还需要进一步处理。

三、影响好氧生物处理的主要因素

(一) 溶解氧(DO)

对于推流式活性污泥法,氧的最大需要量出现在污水与污泥开始混合的曝气池首端,常供氧不足。供氧不足会出现厌氧状态,妨碍正常的代谢过程,滋长丝状菌。供氧多少一般用混合液溶解氧的浓度表示。

活性污泥絮凝体的大小不同,所需要的最小溶解氧浓度也就不一样。絮凝体越小,与污水的接触面积越大,也越利于对氧的摄取,所需要的溶解氧浓度就小。反之絮凝体大,则所需的溶解氧浓度就大。

为了使沉降分离性能良好,较大的絮凝体是所期望的,因此溶解氧浓度以 2 mg/L 左右为宜。

(二) 水温

是重要因素之一,在一定范围内,随着温度的升高,生化反应的速率加快,增殖速率也加快;细胞的组成物如蛋白质、核酸等对温度很敏感,温度突升或降并超过一定限度时,会有不可逆的破坏。最适宜温度为15~30 ℃;>40 ℃或<10 ℃后,会有不利影响。

(三)营养物质

细胞组成中,C、H、O、N 约占90%~97%;其余3%~10%为无机元素,主要是P。生活污水一般不需再投加营养物质,而某些工业废水则需要,一般对于好氧生物处理工艺,应按BOD∶N∶P＝100∶5∶1投加 N 和 P。

(四)pH 值

一般好氧微生物的最适宜 pH 在6.5~8.5之间。pH 值低于6.5,真菌即开始与细菌竞争;pH<4.5时,真菌将占优势,引起污泥膨胀。另一方面,微生物的活动也会影响混合液的 pH 值。pH 值超过9.0时,代谢速度受到阻碍。对于碱性废水,生化反应可以起缓冲作用。对于以有机酸为主的酸性废水,生化反应也可以起缓冲作用。

(五)有毒物质(抑制物质)

对生物处理有毒害作用的物质很多。毒物大致可分为重金属、氰化物、H_2S、卤族元素及其化合物,以及酚、醇、醛等。

这些物质对细菌的毒害作用,或是破坏细菌细胞某些必要的生理结构,或是抑制细菌的代谢进程。

毒物的毒害作用还与 pH 值、水温、溶解氧,有无其他毒物,有无微生物及其是否驯化等有很大关系。

(六)有机负荷率

污水中的有机物本来是微生物的食物,但太多时,也会不利于微生物繁殖生长。

(七)氧化还原电位

好氧细菌:＋300~400 mV,至少要求大于＋100 mV;厌氧细菌:要求小于＋100 mV,对于严格厌氧细菌,则<－100 mV,甚至<－300 mV。

四、活性污泥的增殖规律及其应用

活性污泥中微生物的增殖是活性污泥在曝气池内发生反应、有机物被降解的必然结果,而微生物增殖的结果则是活性污泥的增长。

(一)活性污泥增长曲线

见图3-14。

1. 适应期

是活性污泥微生物对于新的环境条件、污水中有机物污染物的种类等的一个短暂的适应过程;经过适应期后,微生物数量上可能没有增殖,但发生了一些质的变化:(1)菌体体积有所增大;(2)酶系统也已做了相应调整;(3)产生了一些适应新环境的变异。BOD_5、COD 等各项污染指标可能并无较大变化。

2. 对数增长期

F/M 值高[>2.2 kg BOD_5/(kg VSS·d)],所以有机底物非常丰富,营养物质不是微生物增殖的控制因素;微生物的增长速率与基质浓度无关,呈零级反应,它仅由微生物本身

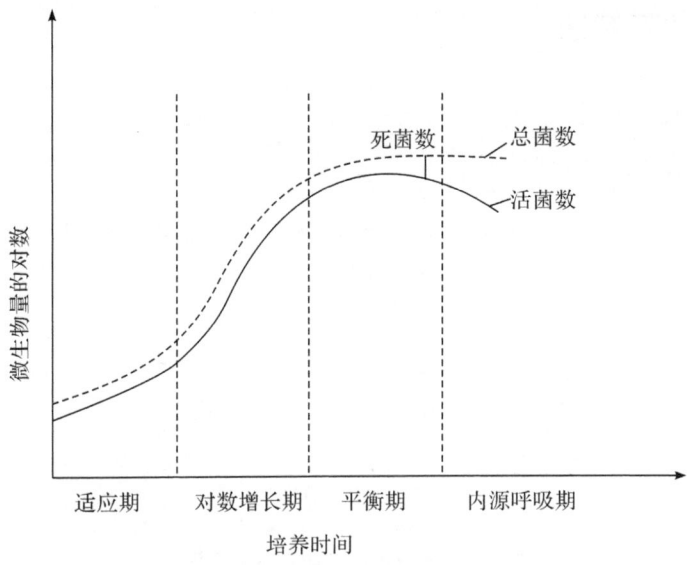

图 3-14　微生物群体生长曲线

所特有的最小世代时间所控制,即只受微生物自身的生理机能的限制;微生物以最高速率对有机物进行摄取,也以最高速率增殖,而合成新细胞。此时的活性污泥具有很高的能量水平,其中的微生物活动能力很强,导致污泥质地松散,不能形成较好的絮凝体,污泥的沉淀性能不佳;活性污泥的代谢速率极高,需氧量大。一般不采用此阶段作为运行工况,但也有采用的,如高负荷活性污泥法。

3. 减速增长期

F/M 值下降到一定水平后,有机底物的浓度成为微生物增殖的控制因素;微生物的增殖速率与残存的有机底物呈正比,为一级反应;有机底物的降解速率也开始下降;微生物的增殖速率在逐渐下降,直至在本期的最后阶段下降为零,但微生物的量还在增长;活性污泥的能量水平已下降,絮凝体开始形成,活性污泥的凝聚、吸附以及沉淀性能均较好。由于残存的有机物浓度较低,出水水质有较大改善,并且整个系统运行稳定。一般来说,大多数活性污泥处理厂是将曝气池的运行工况控制在这一范围内的。

4. 内源呼吸期

内源呼吸的速率在本期之初首次超过了合成速率,因此从整体上来说,活性污泥的量在减少,最终所有的活细胞将消亡,而仅残留下内源呼吸的残留物,而这些物质多是难以降解的细胞壁等;污泥的无机化程度较高,沉降性能良好,但凝聚性较差;有机物基本消耗殆尽,处理水质良好。一般不用这一阶段作为运行工况,但也有采用,如延时曝气法。

(二)活性污泥增殖规律的应用

①活性污泥的增殖状况,主要是由 F/M 值所控制;

②处于不同增殖期的活性污泥,其性能不同,出水水质也不同;

③通过调整 F/M 值,可以调控曝气池的运行工况,达到不同的出水水质,获得不同性质的活性污泥;

④活性污泥法的运行方式不同,其在增殖曲线上所处位置也不同。

3.3 活性污泥法

一、活性污泥法的基本原理

(一)活性污泥法的基本工艺流程

活性污泥法的基本工艺设施由初次沉淀池、曝气池、二次沉淀池、污泥回流系统、曝气系统以及剩余污泥排放系统组成,具体形式见图 3-15。

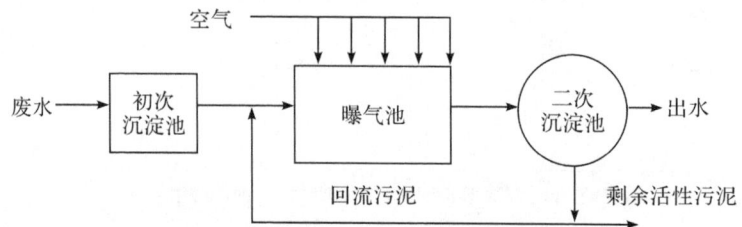

图 3-15 活性污泥法的基本工艺流程

在以上系统中,曝气池是整个生物处理过程的反应主体,废水中的有机污染物大部分在这一反应器中被降解而去除。曝气系统为微生物的好氧代谢提供充足的溶解氧,同时,使曝气池中的活性污泥处于悬浮状态,并与废水充分接触反应。二次沉淀池的主要功能是对曝气池中的泥水混合液进行沉淀分离,确保出水水质,并通过污泥回流系统将大部分沉淀下来的污泥输送回曝气池,以保证曝气池中的微生物量。曝气池中的生化反应引起了微生物的增殖,增殖的微生物通过剩余污泥排放系统排出,以保证活性污泥系统的稳定运行。

因此,活性污泥系统有效而稳定运行,必须具备以下基本条件:

(1)废水中含有足够的可溶性易降解有机物;
(2)混合液中含有足够的溶解氧;
(3)活性污泥在池内呈悬浮状态;
(4)活性污泥连续回流、及时排出剩余污泥,使混合液保持一定浓度的活性污泥;
(5)无有毒有害的物质流入。

(二)活性污泥的性质与性能指标

1. 活性污泥的形态和组成

活性污泥通常为黄褐色絮绒状颗粒,也称为"菌胶团"或"生物絮凝体",其直径一般为 0.02~0.2 mm,含水率一般为 99.2%~99.8%,密度因含水率不同而异,一般为 1.002~1.006 g/cm^3。活性污泥具有较大的比表面积,一般为 20~100 cm^2/mL。城市污水处理系统中的活性污泥带有泥土气味。

严格来说,活性污泥由固体物质与水组成,污泥的含水率通常为 99.2%~99.8%,而我们通常所说的活性污泥指的是活性污泥中的固体物质,包括活细胞(Ma)、微生物内源代谢的残留物(Me)、吸附的原废水中难以生物降解的有机物(Mi)与无机物质(Mii)。因此,活性污泥由有机物与无机物两部分组成,组成比例因污泥性质的不同而异。例如,城市污水处理系统中的活性污泥中有机成分占 75%~85%,无机成分仅占 15%~25%。

活性污泥中的活细胞物质是由细菌、真菌、原生动物和后生动物等不同种属的微生物组成的。在净化废水时,它们与有机营养物形成了极为复杂的食物链。最初担当净化任务的是异养型细菌和腐生性真菌。如在高糖、低 pH、低磷以及某些特殊的有机物含量多时,会促使真菌生长繁殖。大部分细菌形成菌胶团。原生动物吞食活的细菌,是细菌的一次捕食者。活性污泥中常见的原生动物有鞭毛虫类、肉足虫类、纤毛虫类和吸管虫类,但这些原生动物并非同时出现,而是随条件及水质的变化而变化。一般在曝气的初期,肉足虫类和鞭毛虫类占优势,接着是自由游动性的纤毛虫类(如豆形虫、草履虫)占优势,随着活性污泥的逐渐成熟,固着型的纤毛虫类(如纤维虫、盖纤虫、钟虫等)又相继占优势,特别是钟虫出现且数量较多时则说明污泥成熟。因此,原生动物的成长演替变化可以用来评定活性污泥的质量及废水处理的情况。后生动物是细菌的二次捕食者。活性污泥中的后生动物像轮虫、线虫等,只能在氧很充足的条件下才出现,所以后生动物的出现是水质处理相当好的标志。

2. 污泥浓度

(1) 混合液悬浮固体浓度

混合液悬浮固体浓度又称污泥浓度,表示曝气池中单位体积混合液所含悬浮固体的质量,单位为 g MLSS/L 或 mg MLSS/L。其中悬浮固体包括活细胞(M_a)、微生物内源代谢的残留物(M_e)、吸附的原废水中难以生物降解的有机物(M_i)与无机物质(M_{ii})四部分,是组成活性污泥全部固体物质的总量。污泥浓度的大小间接地反映混合液中所含微生物的量。为了保证曝气池的净化效率,必须在池内维持一定量的污泥浓度。一般说,对于普通活性污泥法,曝气池污泥浓度常控制在 2000～3000 mg/L。

(2) 混合液挥发性悬浮固体浓度

混合液挥发性悬浮固体浓度是表示活性污泥中有机固体物质的浓度,单位为 g MLVSS/L 或 mg MLVSS/L,其中有机固体物质包括活细胞(M_a)、微生物内源代谢的残留物(M_e)与吸附的原废水中难以生物降解的有机物(M_i)三部分,该性能指标更能反映活性污泥中的微生物量与活性污泥的活性。在一定的废水处理系统中,活性污泥中微生物所占悬浮固体量的比例是一定的,MLVSS 值比较稳定,城市污水的活性污泥介于 0.75～0.85。

3. 污泥沉降比

污泥沉降比(SV)指曝气池混合液在量筒内静置沉淀 30 min 后所形成沉淀污泥的体积占原有混合液体积的百分率。因为活性污泥在沉淀 30 min 后一般可接近它的最大密度,所以以 30 min 作为测定沉降比的标准时间。当活性污泥的凝聚、沉降性能良好时,污泥沉降比的大小可以反映出曝气池正常运行时的污泥量。但有时污泥沉降比大是由污泥的凝聚沉降性能差,长期不能下沉所致。

SV 值能够相对反映污泥浓度和污泥的絮凝、沉降性能,可用以控制排泥量,及时发现早期的污泥膨胀。城市污水的活性污泥沉降比 SV 介于 20%～30%。

4. 污泥体积指数

污泥体积指数(SVI)又称污泥指数,指曝气池混合液经 30 min 沉淀后,每克干污泥所占的体积,以 mL 计。

SVI 能够更好地反映出活性污泥的疏散程度和混凝沉降性能。如果 SVI 过低,说明泥粒细小紧密,无机物多,缺乏活性和吸附能力;SVI 过高,表明沉降性不好,将要或已经发生污泥膨胀。对于一般城市污水的活性污泥,SVI 值以 50～150 较好。由于工业废水成分各异,SVI 正常值也略有不同,若污水中的溶解性有机物含量高时,正常的 SVI 值可能偏高;

若污水中无机物含量大时,正常的 SVI 值可能偏低。

(1) SVI<100　　　沉降性能好;

(2) SVI=100～200　沉降性能一般;

(3) SVI>200　　　沉降性能差。

(三)活性污泥净化废水的实际过程

在活性污泥处理系统中,有机污染物从废水中被去除的实质就是有机底物作为营养物质被活性污泥微生物摄取、代谢与利用的过程,这一过程的结果是污水得到了净化,微生物获得了能量而合成新的细胞,活性污泥得到了增长。一般将整个净化过程分为三个阶段:初期吸附阶段、微生物代谢阶段与活性污泥的凝聚、沉淀阶段(图 3-16)。

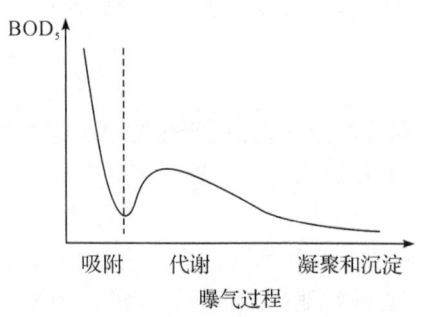

图 3-16　微生物去除有机物的过程

1. 初期吸附阶段

所谓"初期吸附",是指在活性污泥系统内,在污水开始与活性污泥接触后的较短时间(10～30 min)内,由于活性污泥具有很大的表面积,因而其具有很强的吸附能力,因此在这很短的时间内,就能够去除废水中大量的呈悬浮和胶体状态的有机污染物,使废水的 BOD_5 值(或 COD 值)大幅度下降。但这并不是真正的降解,随着时间的推移,混合液的 BOD_5 值会回升,再之后,BOD_5 值才会逐渐下降。

活性污泥吸附能力的大小与很多因素有关。

(1) 废水的性质

对于含有较高浓度呈悬浮或胶体状态的有机污染物的废水,具有较好的吸附效果。

(2) 活性污泥的状态

在吸附饱和后应给以充分的再生曝气,使其吸附功能得到恢复和增强,一般应使活性污泥微生物进入内源代谢期。

2. 微生物的代谢阶段

进入细胞体内的有机污染物通过微生物的代谢反应而被降解,或被彻底氧化为 CO_2 和 H_2O 等,或转化为新的有机体,使细胞增殖。一般来说,自然界中的有机物都可以被某些微生物所分解,多数合成有机物,也可以被经过驯化的微生物分解。活性污泥法是多基质多菌种的混合培养系统,其中存在错综复杂的代谢方式和途径,它们相互联系,相互影响。

3. 活性污泥的凝聚、沉淀阶段

絮凝体是活性污泥的基本结构,它能够防止微生物对游离细菌的吞噬,并承受曝气等外界不利因素的影响,更有利于处理水分离。水中形成絮凝体的微生物很多,动胶菌属、产碱杆菌属、假单胞菌属、芽孢杆菌属、黄杆菌属等都具有凝聚性,可形成大块菌胶团。凝聚的原因主要是微生物摄食过程中释放的黏性物质促进凝聚。另外,在不同的条件下,细菌内部的能量不同,当外界营养不足时,细菌内部能量降低,表面电荷减少,细菌颗粒间的结合力大于排斥力,形成颗粒;而当营养物质充足时,细菌内部能量大,表面电荷增加,形成的颗粒重新分散。

沉淀是混合液中固相活性污泥颗粒同处理水分离的过程。固液分离的好坏直接影响出水水质。如果处理水携带生物体,出水 BOD_5 和 SS 将增大。因此,活性污泥法的处理效率同其他生化方法一样,应包括二次沉淀池的效率,即用曝气池及二次沉淀池的总效率表示。

(四)活性污泥法的设计运行参数

1. 污泥负荷

在活性污泥法中,一般将有机污染物与活性污泥量的比值(F/M),也就是曝气池内单位质量(1 kg)的活性污泥,在单位时间(1 d)内,能够接受并将其降解到预定程度的有机污染物的量,称为污泥负荷,常用 N_s 表示,即

$$F/M = N_s = QS_a/VX \tag{3-1}$$

式中,N_s——污泥负荷,kg BOD_5/(kg MLSS·d)或 kg COD/(kg MLSS·d);

Q——污水流量,m^3/d;

S_a——原污水中有机物污染物浓度(BOD_5 或 COD),kg/m^3;

V——反应器(曝气池)容积,m^3;

X——曝气池混合液悬浮固体浓度,mg MLSS/L。

在活性污泥处理系统的设计与运行中,还使用另一种负荷——容积负荷(N_v),即单位曝气池容积(1 m^3)在单位时间(1 d)内能够接受并其降解到预定程度的有机污染物的量。其表示式为

$$N_v = QS_a/V \tag{3-2}$$

N_s 与 N_v 值之间的关系为

$$N_v = N_s X \tag{3-3}$$

污泥负荷与污水处理效率、活性污泥特性、污泥生成量、氧的消耗量等有很大的关系,污水温度对污泥负荷的选择也有一定影响。在活性污泥的不同增长阶段,污泥负荷各不相同,净化效果也不一样,因此,污泥负荷是活性污泥法设计和运行的主要参数。

一般来说,对于城市污水,污泥负荷在 0.3~0.5 kg BOD_5/(kg MLSS·d)时,BOD_5 去除率可达 90%以上,SVI 为 80~150,污泥吸附和沉降性能都较好。

2. 污泥回流比

污泥回流比是回流污泥量与污水流量之比,常用 R 表示,曝气池内混合液污泥浓度为 X,回流污泥浓度为 X_r,进曝气池处理水量为 Q,回流污泥量为 Q_r,根据污泥量平衡关系(假定曝气池进水中没有悬浮固体)有

$$X(Q + Q_r) = Q_r X_r \tag{3-4}$$

3. 污泥龄

污泥龄又称细胞平均停留时间(MCRT)或污泥滞留时间(SRT),是指每日新增长的活性污泥在曝气池中的平均停留时间,也就是曝气池全部活性污泥平均更新一次所需要的时

间，或曝气池内活性污泥的总量与每日排放泥量之比，单位为 d。

污泥龄是活性污泥系统设计与运行管理的重要参数，反映了活性污泥吸附有机物以后进行稳定氧化的时间长短。污泥龄越长，有机物氧化稳定越彻底，处理效果越好，剩余污泥量越少；反之亦然。但污泥龄也不能太长，否则曝气池中污泥会老化，影响处理效果。污泥龄不能短于活性污泥中微生物的世代时间，否则曝气池中污泥会流失。在实际运行时，用污泥龄作为控制参数，只要求调节每日的排泥量。一般城市污水的普通活性污泥法的污泥龄采用 5～15 d。

4. 有机物的降解与活性污泥的增殖

在活性污泥微生物的代谢作用下，曝气池内污水中的有机污染物得到降解、去除，与此同步产生的则是活性污泥本身的增殖。在微生物细胞合成的同时，还存在着微生物的内源呼吸，即进行自身氧化过程。因此，活性污泥每日在曝气池内的净增应为微生物细胞的产生量与内源呼吸消耗量的差值，即

$$\Delta X = aQ(S_a - S_e) - bX_v V \tag{3-5}$$

式中，S_a——曝气池进水的 BOD_5，kg/m^3；

S_e——曝气池出水的 BOD_5，kg/m^3；

Q——废水量，m^3/d；

V——曝气池有效容积，m^3；

X_v——曝气池混合液中挥发性污泥浓度，$kg\ MLSS/m^3$；

a——污泥增长系数，即微生物每代谢 1 kg BOD_5 所合成的 MLVSS 千克数，$kg\ MLVSS/kg\ BOD_5$；

b——污泥自身氧化率，即每千克污泥每日自身氧化的千克数，$kg\ MLVSS/kg\ MLVSS$。

将式(3-5)改写为

$$\Delta X/VX_v = a[Q(S_a - S_e)/VX_v] - b \tag{3-6}$$

式中，$Q(S_a - S_e)/VX_v = N'_s$——以有机物去除量为基础的污泥负荷率，$kg\ BOD_5/(kg\ MLVSS \cdot d)$。

根据污泥龄的定义，可以把 $VX_v/\Delta X$ 看作污泥龄，则 $\Delta X/VX_v = 1/\theta_c$。

式(3-6)可写为

$$1/\theta_s = aN'_s - b \tag{3-7}$$

a、b 值可根据试验或运行所得的资料，按上式求得。

由于影响污泥增长的因素很多，如 θ_c、废水水质、营养状况、供氧条件等，所以 a、b 值最好通过试验确定。

污泥龄长，处理效果好，排放污泥量少；但污泥龄太长，则污泥老化，影响沉淀效果。所采用的污泥龄不能短于所利用的微生物的世代时间，才能使微生物在曝气池内繁殖增多。控制活性污泥系统污泥的排放量即可保持一定的污泥龄。

5. 有机物的降解与需氧量

活性污泥中的微生物在进行代谢活动时需要氧的供应，氧的主要作用有：

(1)将一部分有机物氧化分解；

(2)对自身细胞的一部分物质进行自身氧化。

二、曝气的原理与设备

(一)曝气的作用与理论基础

在活性污泥法中,曝气的作用主要包括两个方面:(1)充氧,为活性污泥中的微生物提供溶解氧,满足其在生长和代谢过程中所需的氧量;(2)搅动混合,使活性污泥在曝气池内处于悬浮状态,与废水充分接触。

空气中的氧通过曝气传递到混合液中,氧由气相向液相中转移,最后被微生物所利用。这种转移以双膜理论为基础。双膜理论认为,在气—水界面上存在气膜和液膜(双膜),它集中了整个传质过程的全部阻力,当气、液两相作相对运动时,气膜和液膜内的流动态为层流,而氧在双膜内的传质形式为分子扩散。对于难溶于水的氧来说,分子扩散的阻力主要集中在液膜上。因此,采用曝气搅拌是快速变换气—水界面、克服液膜阻力的最有效方法。

(二)曝气方法与曝气装置

活性污泥系统的曝气设备分鼓风曝气和机械曝气两大类。表示曝气设备技术性能的主要指标是:

①动力效率(E_p):每消耗1度电转移到混合液中的氧$[(kg\ O_2/kW \cdot h)]$;

②氧的利用率(E_A):又称氧转移效率,是指通过鼓风曝气系统转移到混合液中的氧量占总供氧量的百分比(%);

③充氧能力(R_O):通过表面机械曝气装置在单位时间内转移到混合液中的氧量($kg\ O_2/h$)。

1. 鼓风曝气装置

鼓风曝气系统由鼓风机、曝气装置和风管组成。鼓风机供应一定压力和风量的空气,将空气通过一系列管道输送到曝气池底部的曝气装置。风量要满足生化反应所需的氧量和能保持混合液悬浮固体呈悬浮状态,风压则要满足克服管道系统和曝气装置的磨损以及曝气装置上的静水压。

曝气装置是整个鼓风曝气系统的关键部件,它的作用是将空气分散成大小不同的气泡,增大空气和混合液之间的接触界面,把空气中的氧溶于水中。曝气装置主要分为微气泡、中气泡、水力剪切式和水力冲击式等类型。

(1)微气泡曝气装置

微气泡曝气装置多用孔性材料如陶粒、粗瓷等掺以适当的黏合剂如酚醛树脂,在高温下烧结成扩散板、扩散管和扩散罩的形式。

这类曝气装置的主要性能特点是产生微小气泡,氧利用率较高;其缺点是阻力较大,易堵塞,送入的空气应预先通过过滤处理。

①固定式平板形微孔曝气装置

固定式平板形微孔曝气装置的主要组成包括扩散板、布气底盘、通气螺栓、配气管、三通短管、橡胶密封圈、压盖和连接池底的配件管,具体如图3-17所示。常见的扩散平板有铁板微孔板、微孔陶板、以青刚玉和绿刚玉为骨料烧结成的曝气板等。

②固定式钟罩形微孔曝气装置

这类装置包括微孔陶瓷钟罩形盘、以青刚玉骨料烧结成的钟罩形盘,技术参数与平板形微孔气装置基本相同,其外形如图3-18所示。

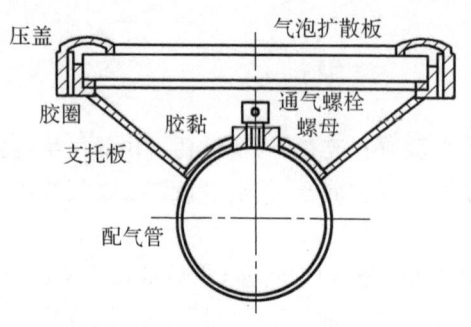

图 3-17 固定式平板形微孔曝气装置

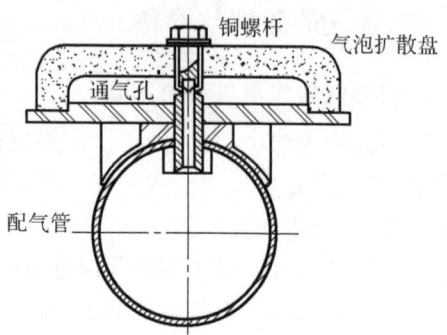

图 3-18 固定式钟罩形微孔曝气装置

(2) 中气泡曝气装置

这种装置产生的气泡直径为 2~6 mm,主要是指穿孔管。穿孔管由钢管或塑料管制成,直径为 25~50 mm,在管壁两侧下部开有直径为 3~5 mm 的孔眼,间距为 50~100 mm。穿孔管不易堵塞,构造简单,阻力小;但氧的利用率低,动力效率低,目前在活性污泥曝气池中已较少采用。

网状膜曝气装置是近年来开发出的具有代表性的中气泡装置,主要由主体、螺盖、网状膜、分配器和密封圈组成,空气从曝气装置底部进入,经分配器第一次切割并均匀分配到气室,然后通过网状膜进行二次切割,形成微小气泡扩散到混合液中。该曝气装置的特点是:不易堵塞,布气均匀,构造简单,便于维护管理,氧的利用率较高。主要性能参数:服务面积为 0.5 m³/个,动力效率为 2.7~3.7 kg O_2/(kW·h),氧的利用率为 12%~15%。

(3) 水力剪切式曝气装置

①倒伞式曝气装置

倒伞式曝气装置由伞形塑料壳体、橡胶板、塑料螺杆和塑料螺母等组成(图 3-19)。空气从上部进气管进入,由伞形塑料壳体和橡胶板间的缝隙向周边喷出,在水力剪切的作用下,空气泡被剪切成小气泡。停止供气,借助于橡胶板的回弹力,使缝隙自行封口,防止混合液倒灌。主要性能参数:服务面积为 6 m×2 m,动力效率为 1.75~2.88 kg O_2/(kW·h),氧的利用率为 6.5%~8.5%。

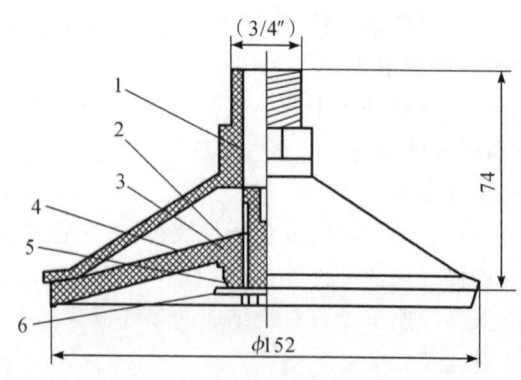

1—伞形塑料壳体;2—橡胶板;3—密封圈;4—塑料螺杆;5—塑料螺母;6—不锈钢开口锁

图 3-19 倒伞式曝气装置

②固定螺旋曝气装置

固定螺旋曝气装置(图 3-20)由直径为 300 mm 或 400 mm、高为 1500 mm 的圆形外壳和固定在壳体内部的螺旋叶片组成,每个螺旋叶片扭曲 180°,两个相邻叶片的螺旋方向相反。空气由布气管从底部的布气孔进入装置内,向上流动。空气泡在上升过程中,被螺旋叶片反复切割,形成小气泡。

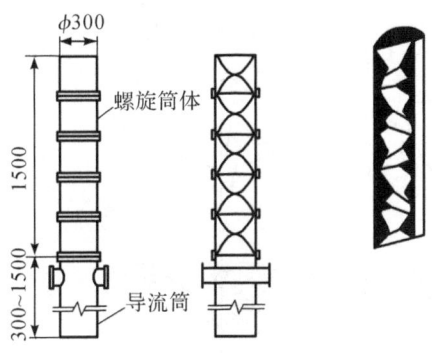

图 3-20 固定螺旋曝气装置

(4)水力冲击式曝气装置

水力冲击曝气装置以射流式曝气装置(图 3-21)为主,利用水泵打入的泥、水混合液的高速流动,在射流曝气装置喉口处产生高的动能,从而形成负压,吸入大量空气,泥、水、气混合液在喉管中强烈混合搅拌,将气泡粉碎成雾状,使氧迅速转移到混合液中,氧的利用率高达 20%,但动力效率不高。近年来由于泵的防水性能的改进,已实现动力装置和扩散装置的一体化。

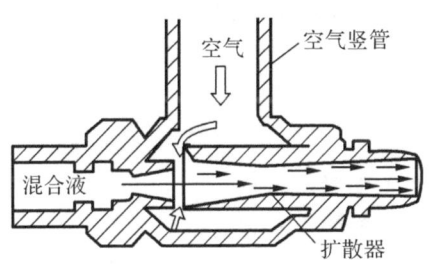

图 3-21 射流式曝气装置

2. 机械曝气装置

机械曝气装置安装在曝气池水面上部,在动力的驱动下进行高速转动,通过以下三个作用将空气中的氧转移到污水中去:

(1)曝气装置的搅动,使得水面上的污水不断以水幕状由曝气器周边抛向四周,形成水跃,液面呈剧烈搅拌状,将空气卷入。

(2)曝气装置转动产生提升作用,使混合液连续上下循环流动,气液界面不断更新,不断将空气中的氧转移到液体内;

(3)曝气器转动,在其后侧形成负压区,吸入空气。

机械曝气装置按传动轴的安装方向可分为竖轴式和卧轴式两种。

(1) 竖轴式曝气装置

竖轴式机械曝气装置又称竖轴曝气机,常用的曝气叶轮有泵型叶轮、倒伞形叶轮和平板型叶轮等(图3-22)。这类曝气机的最大叶轮直径可达 4 m,叶轮边缘的最大线速度可达 4.5~6 m/s,转速一般为 20~110 r/min,动力效率为 2~3 kg O_2/(kW·h)。

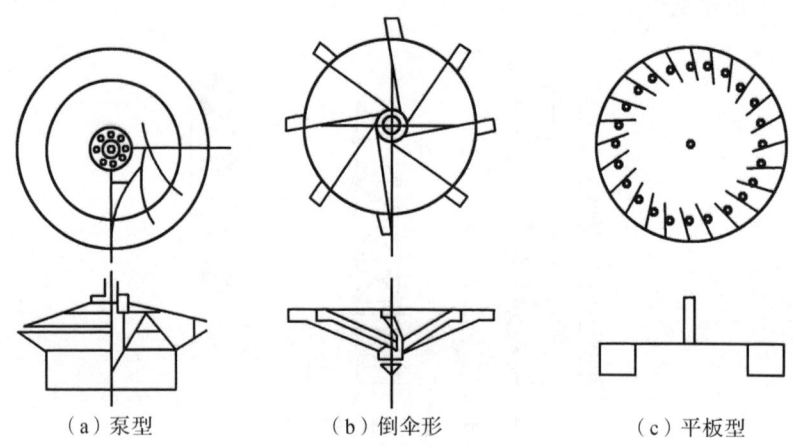

(a) 泵型　　　　　　　(b) 倒伞形　　　　　　　(c) 平板型

图 3-22　几种表面曝气叶轮

泵型叶轮提升能力较强,平板型叶轮设备简单,加工容易。倒伞形叶轮的动力效率常高于平板型叶轮。泵型叶轮的充氧量 Q_s 的计算公式为

$$Q_s = 0.379 K_1 v^{2.8} D^{1.88} \tag{3-8}$$

轴功率的计算公式为

$$N_{轴} = 0.0804 K_2 v^3 D^{2.08} \tag{3-9}$$

式中,Q_s——在标准条件下清水的充氧量,kg O_2/h;

　　　$N_{轴}$——叶轮轴功率,kW;

　　　v——叶轮周边线速度,m/s;

　　　D——叶轮直径,m;

　　　K_1——池型结构对充氧量的修正系数;

　　　K_2——池型结构对轴功率的修正系数。

K_1、K_2 见表 3-1。

表 3-1　池型结构修正系数

修正系数	分建式			合建式
	圆池	正方形池	长方形池	
K_1	1	0.64	0.9	0.85~0.98
K_2	1	0.81	1.34	0.85~0.87

使用竖轴曝气机时应注意叶轮在水中浸没深度为 10~40 mm,否则影响曝气装置效果。

(2) 卧轴式机械曝气装置

卧轴式机械曝气装置主要是转刷曝气器。图 3-23 为一种应用较多的转刷曝气器,由水平转轴和固定在轴上的叶片组成,转轴带动叶片转动,搅动水面溅成水花,空气中的氧通过气液界面转移到水中。

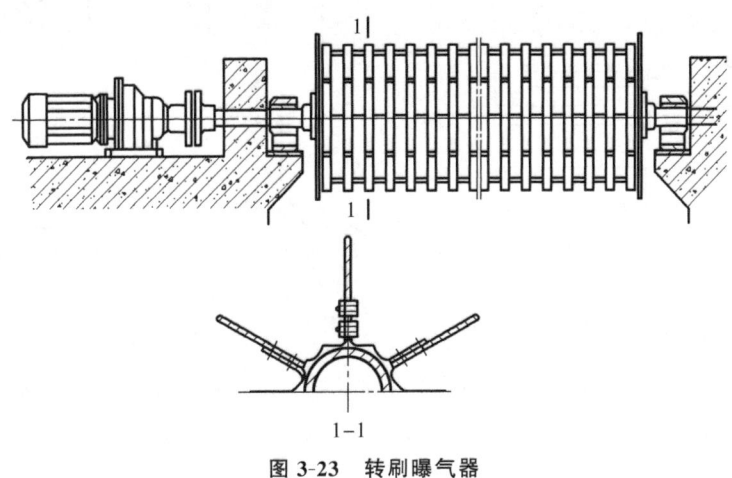

图 3-23　转刷曝气器

转刷曝气器主要用于氧化沟,它具有负荷调节方便、维护管理容易、动力效率高等优点。

(三) 曝气池

曝气池是整个生物处理过程的反应主体,是活性污泥法处理污水的主要构筑物。按混合液在曝气池中的流态可分为推流式、完全混合式和循环混合式三种;按平面形状可分为长方廊道形、圆形、方形和环状跑道形四种;按所采用的曝气方法可分为鼓风曝气式、机械曝气式和两者联合使用的机械鼓风曝气式;按曝气池与二次沉淀池的关系,可分为合建式和分建式两种。

1. 推流式曝气池

多为长方廊道形,曝气方式以鼓风曝气为主。通常将曝气装置安装在曝气池廊道底部的一侧,从而使池内水流呈螺旋状流动,增加气泡和混合液的接触时间。对于宽度较大的曝气池,可将曝气装置安装在廊道底部的两侧,也可按一定的形式,如互相垂直的正交形式或呈梅花形交错式均衡地布置在整个曝气池池底。

曝气池的数目随污水处理厂的规模而定,一般在结构上分成若干单元,每个单元包括一座或多座曝气池,每座曝气池常由 1 个或 2～5 个廊道组成,具体如图 3-24 所示。曝气池廊道的长度可达 100 m,但一般以 50～70 m 为宜。为了防止短流,廊道的长度和宽度之比应大于 5,甚至大于 10,曝气池的宽深比通常为 1.5～2。池深与造价和动力费用密切相关。池深大,有利于氧的利用,但造价和动力费用将有所提高;反之,造价和动力费用降低,但氧的利用率也将降低。此外,还应考虑土建结构、曝气池的功能要求、允许占用的土地面积、能够购置到的鼓风机所能提供的风压等因素。目前我国对推流式曝气池采用的深度多为 3～5 m。

为了使混合液在曝气池内的旋转流动能够减小阻力,并避免形成死区,将廊道横剖面池壁两墙的墙顶和墙角做成 45°斜面。为了节约空气管道,相邻廊道的曝气装置常沿公共隔墙布置。

曝气池的进水口和进泥口均设于水面以下,采用淹没出流方式,以免形成短流,并设闸门以调节流量;出水一般采用溢流堰的方式,处理水流过堰顶,溢流入排水渠道(图 3-25)。

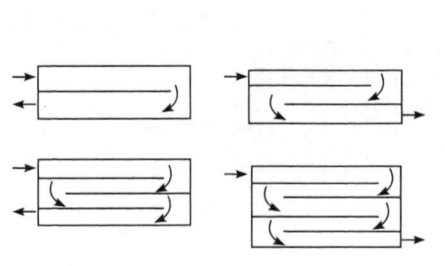
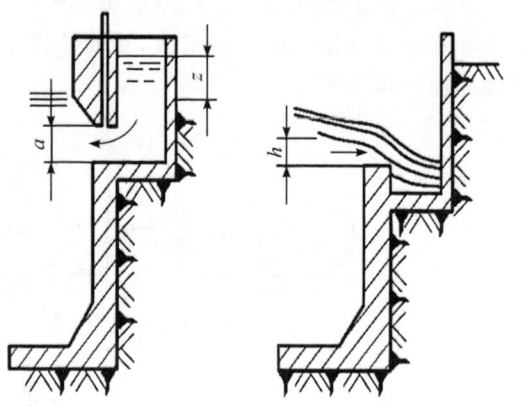

图 3-24 推流式曝气池　　　　图 3-25 推流式曝气池的进、出水设备

在曝气池底部设直径为 80~100 mm 的放空管,用于维修或池子清洗时放空。考虑到活性污泥培养、驯化周期排放上清液的要求,根据具体情况,在距池底一定距离处设 2~3 根排水管,直径 80~100 mm。

2. 完全混合式曝气池

完全混合式曝气池常采用表面机械曝气装置供氧,其表面多呈圆形、方形或多边形。使用较多的是合建式完全混合曝气沉淀池,简称曝气沉淀池,由曝气区、导流区、沉淀区和污泥回流区四部分组成,见图 3-26。

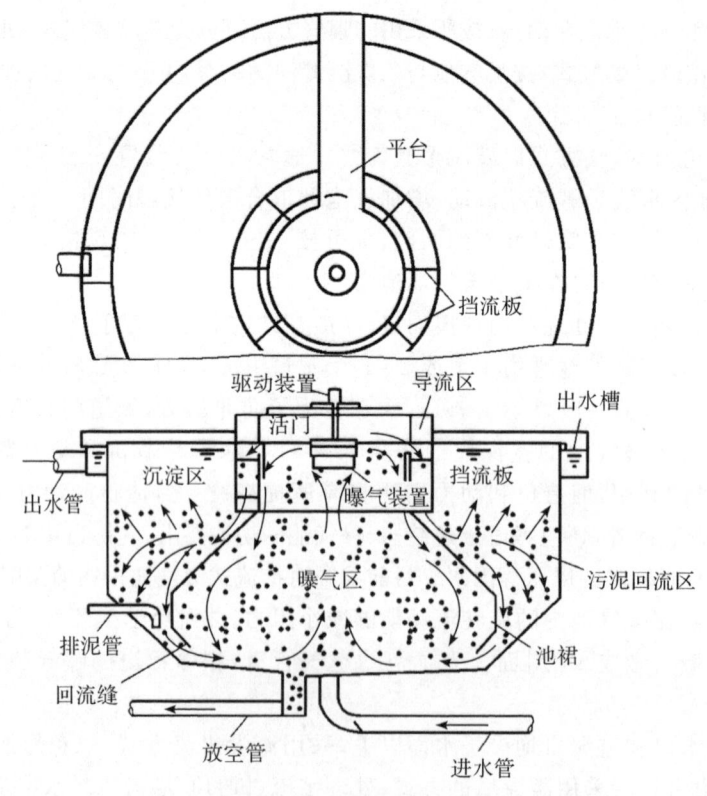

图 3-26 圆形曝气沉淀池

曝气区深度一般在 4 m 以内为宜。曝气装置设于池顶部中央,深入水下一定深度。污水从池底部进入,立即与池内原有混合液完全混合,并与从沉淀区回流缝回流的活性污泥充分混合、接触,经过曝气后进入导流区,导流的作用是使污泥凝聚并使气水分离,为沉淀创造条件。导流区高度在 1.5 m 以上。在导流区中常设径向挡流板,以阻止从回流窗流入的水流在惯性作用下的旋流,并释放混合液中的气泡,使水流平稳进入沉淀区。混合液经导流区流入沉淀区,在沉淀区进行泥水分离。澄清水经周边的出流堰排出,沉淀下来的污泥则经回流缝回流到曝气区。回流缝一般为 0.15～0.20 m,回流缝上侧设池裙,以避免死角。污泥区底部设排泥管,以排出剩余污泥。

完全混合式曝气沉淀池结构紧凑,流程短,无须回流污泥设备,适用于中、小型污水处理厂,但是施工复杂,若回流缝施工不好,会造成局部回流污泥不畅,形成堵塞,污泥上浮。

3. 循环混合式曝气池

循环混合式曝气池的水流介于推流式和完全混合式之间。一方面,水流在曝气池中是推流的;另一方面,由于水流的循环量很大,与进水和回流污泥能很好地混合,因此称为循环混合式,属于此型的是氧化沟。氧化沟的基本形式类似于跑道,即环形沟渠,沟深为 2～6 m。氧化沟的曝气装置常采用曝气转刷,也可以是纵轴曝气装置。转刷一般设在直线上。转刷转动时,推动水流沿沟渠内循环流动,流速为 0.3～0.4 m/s,使活性污泥能保持悬浮状态。转刷轴长一般为 4～9 m,转刷直径为 0.8～1.0 m,采用转刷的氧化沟池深一般为 2～2.5 m。如果池深较大,也可在池底铺设空气扩散装置,并在水流转弯处安装水流推进装置。氧化沟的过水断面可以是矩形,也可以是梯形。氧化沟的类型很多,图 3-27 所示为卡罗塞尔(Carrousel)氧化沟。

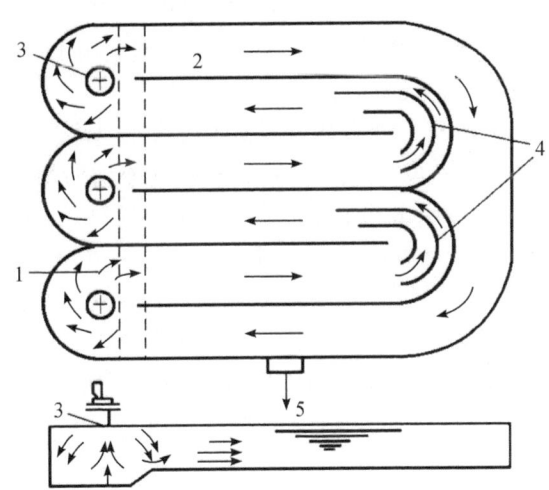

1—原污水;2—氧化沟;3—表面机械曝气器;4—导向隔墙;5—处理水去往二沉池

图 3-27　卡罗塞尔氧化沟

三、活性污泥法的主要运行方式

活性污泥法自从开创以来已有近百年的历史,在长期的工程实际过程中,根据水质的变化、微生物代谢活动的特点、运行管理、技术经济和排放要求等方面的情况,又发展成多种行之有效的运行方式和工艺流程。

(一)普通活性污泥法

普通活性污泥法又称传统活性污泥法,是最早开始使用并沿用至今的一种活性污泥法,采用推流式曝气池,原污水与回流污泥同步注入曝气池首端,立即得到充分混合。废水在池内呈推流形式流至池的末端,从池末端流出至二次沉淀池,然后活性污泥与处理后的污水分离、沉淀,一部分回流至曝气池,另一部分作为剩余污泥排放。

活性污泥从曝气池首端到末端经历了对数增长期、减速增长期和内源呼吸期的完全生长周期;有机物在曝气池内的降解也经历了吸附和氧化的完整过程。基于以上特点,普通活性污泥法对有机物的去除效率很高,BOD_5去除率可达90%以上,且出水水质稳定。

普通活性污泥法也存在一定问题:首先,耐冲击负荷能力差,进水的水质、水量发生较大变化时,对活性污泥的影响较大,尤其是当进水中出现有毒有害物质时,更会伤害活性污泥,进而影响出水水质;其次,供氧量与需氧量之间存在着矛盾,沿曝气池池长需氧速率逐渐降低,但普通活性污泥法沿池长的供氧是均匀的,往往出现前段供氧不足而后段供氧过剩的状况;最后,曝气池首端有机污染物负荷高,需氧量也高,为了避免池首端由于缺氧而引起厌氧状态,进水有机物负荷不宜过高,因此,曝气池容积大,占地面积大,基建投资高。

(二)渐减曝气活性污泥法与阶段曝气活性污泥法

渐减曝气活性污泥法与阶段曝气活性污泥法都是针对传统活性污泥法有机物浓度和需氧量沿池长方向降低的特点,为解决供氧和需氧的矛盾而出现的。

渐减曝气活性污泥法即沿着曝气池的池长,供氧量按需氧量的要求分段供用,前段多供氧,而后段少供氧,使供氧量与需氧量沿池长方向同步减少,在一定程度上解决了供氧与需氧直接的矛盾,使曝气池中溶解氧分布合理化,提高了氧的利用率,从而节省了运行费用,提高了处理效率。

阶段曝气活性污泥法又称多点进水或分段进水活性污泥法,其工艺流程如图3-28所示。该方法供氧量与供氧方式同传统活性污泥法一致,所不同的是,废水不再集中在池首端进入曝气池,而是沿池长方向分段由几个点进入曝气池。这种运行方式在一定程度上均衡了池内有机物负荷,克服了传统活性污泥法供氧与需氧的矛盾,有助于能耗的降低,活性污泥的降解功能也得以充分发挥。此外,由于分散进入,污水在池内稀释程度较高,混合液活性污泥浓度也沿池长降低,从而有利于二次沉淀池的泥水分离。与传统活性污泥法相比,处理相同的污水时,所需池容积可减小30%,BOD_5去除率一般可达90%。

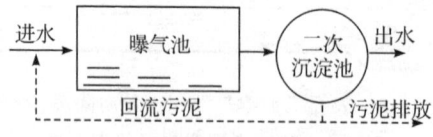

图3-28 阶段曝气活性污泥法流程

(三)吸附再生活性污泥法

吸附再生活性污泥法又称接触稳定法,这种运行方式是让活性污泥降解有机污染物的吸附和代谢过程分别在各自的反应器中进行,其工艺流程如图3-29。

污水和经过再生的活性污泥同步进入吸附池,两者在吸附池中充分接触,有机污染物被

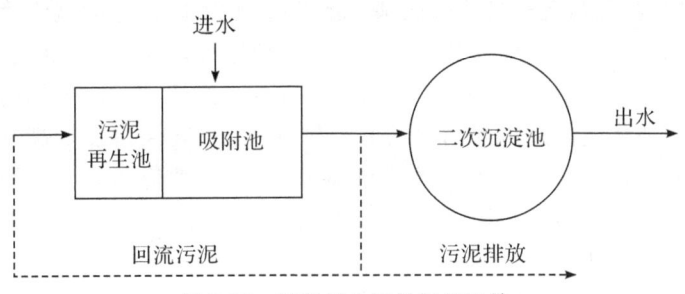

图 3-29　吸附再生活性污泥系统

活性污泥吸附,污水得到净化,经二次沉淀池泥水分离后,外排;二次沉淀池沉淀出的污泥进入再生池,在这里吸附的有机物被充分氧化分解,活性污泥进入内源呼吸期,其活性和吸附功能得到充分恢复,然后再与污水一起进入吸附池,如此反复循环。

在吸附再生活性污泥法系统中,污水与活性污泥在吸附池的接触时间较短,吸附池容积较小,由于再生池接纳的仅是浓度较高的回流污泥,再生池的容积小,因此,吸附池与再生池容积之和,仍小于传统活性污泥法曝气池的容积。该运行方式能够承受一定的冲击负荷,当吸附池的活性污泥遭到破坏时,可由再生池的污泥予以补救。

这种运行方式主要用于处理含悬浮物和胶体物较多的废水,但其处理效率低于传统活性污泥法。此外,对溶解性有机物浓度高的污水,处理效果差。

(四)延时曝气活性污泥法

延时曝气活性污泥法的特征是:曝气时间很长,一般为 24 h 左右;微生物生长处于内源代谢阶段,污水中的有机物几乎完全被氧化,出水水质好;系统剩余污泥量较少,且剩余污泥的稳定性很好,不必进行厌氧消化。其优点是管理方便,出水质量好,污泥也不必专门处理。缺点是由于曝气时间较长,所以曝气池的容积较大,基建费用和用于曝气池的电耗很高,占地面积大。

延时曝气法一般常采用流态为完全混合式的曝气池,适用于规模较小的污水处理系统,水量一般不超过 1000 m^3/d。

(五)完全混合活性污泥法

完全混合活性污泥法是常采用的一种运行方式,废水和回流污泥进入完全混合曝气池后立即与池内原有混合液充分混合,进行吸附和氧化分解,同时混合液连续流入二沉池。该运行方式的主要特点是曝气池内混合液的组成是完全均匀化的,即曝气池各部分的水质、F/M 值、微生物数量和组成几乎完全一致。因此,原污水在水质、水量方面的变化对活性污泥系统的影响较小,即系统抗冲击负荷能力很强,且可通过对 F/M 值的调整,将整个曝气池的工况控制在最佳条件,处于微生物生长曲线的一个点上。

该运行方式的主要缺点是连续进出水,可能产生短流,出水水质不及推流式,活性污泥较易产生膨胀现象。

(六)AB 法污水处理工艺

AB 法污水处理工艺是吸附—生物降解工艺的简称。系统共分为三段,即预处理段、A 段和 B 段(图 3-30)。在预处理段只设格栅、沉砂池等简易设备,不设沉淀池;A 段由吸附池和中间沉淀池组成,高负荷运行;B段则由曝气池和二次沉淀池组成,低负荷运行;A段和B段串联运行,污泥独立回流,形成两种各自与其水质和运行条件相适应的完全不同的微生物群落。由于不设初次沉淀池,A段在直接接受城市排水系统中污水的同时,也接种和充分利用了经排水系统所优选的适应原污水的微生物种群;由于A段负荷高,所以能够成活的微生物种群只能是抗冲击负荷能力强的原核细菌,而原生动物和后生动物不能存活;A段对污染物的去除主要依靠活性污泥的吸附作用,这样某些重金属、难降解有机物和氮、磷等都能通过A段得到一定程度的去除。

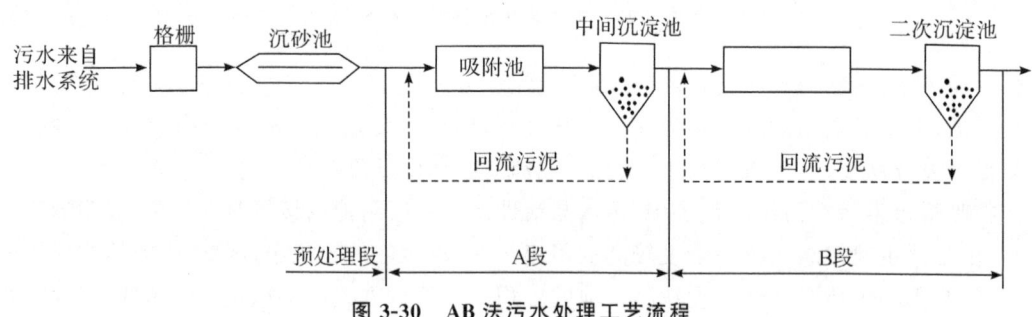

图 3-30　AB 法污水处理工艺流程

B段接受A段的处理水,负荷较低,水质、水量也较稳定,许多原生动物可以很好地生长繁殖,由于不受冲击负荷影响,其净化功能得以充分发挥,较传统活性污泥处理系统曝气池的容积可减小 40% 左右。

(七)序批式活性污泥法(SBR)

序批式活性污泥法又称 SBR,属于间歇式运行的活性污泥处理技术,也是活性污泥法最早的一种运行方式,由于管理操作复杂,未被广泛应用。近些年来,自控技术的迅速发展重新为其注入了生机,使其发展成为简单可靠、经济有效和多功能的 SBR 技术。

1. SBR 的工作原理与工作过程

SBR 工艺的一般流程如图 3-31 所示。

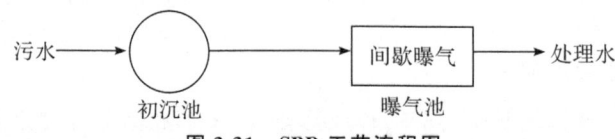

图 3-31　SBR 工艺流程图

SBR 工艺采用间歇运行方式,污水间歇进入系统并间歇排出。系统内只设一个处理单元(曝气池),该单元在不同的时间发挥不同的作用,污水进入该单元后,按时间顺序进行不同工序的处理。SBR 工艺的一个运行周期是由流入、反应、沉淀、排放、待机(闲置)五个工序组成的(图 3-32)。

(1)流入工序

流入工序是反应池接纳污水的过程。在污水流入之前,反应池处于前一周期的排水或闲置状态,池内污泥处于内源呼吸期,浓度较高。该工序只进水,不排水,起到了调节水量、水质的作用,并对水质、水量的变动有一定的适应性。

污水流入过程中,可以根据其他工艺上的要求,配合进行其他的操作过程,如曝气,即在

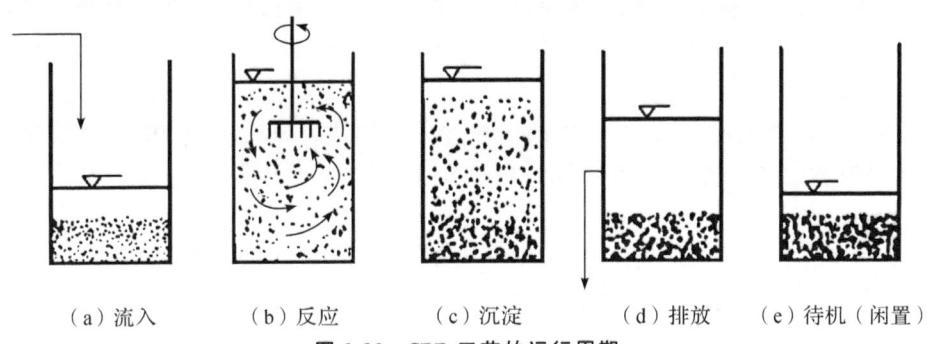

(a)流入　　(b)反应　　(c)沉淀　　(d)排放　　(e)待机（闲置）

图 3-32　SBR 工艺的运行周期

污水流入的同时进行曝气,可使曝气池内的污泥再生和恢复活性,起到预曝气的作用;也可以根据要求,如脱氧、释放磷等,进行缓速搅拌;又如根据限制曝气的要求,不采取其他技术措施,而单纯注水。不论采取哪种方式,都是根据工艺要求和污水的性质作为整体的处理目标来决定的。本工序所用时间,则根据实际排水情况和设备条件确定,从工艺效果上要求,一般污水注入时间以短促为宜,瞬间最好。

(2)反应工序

流入工序完成后,进入反应工序。根据污水处理的目的,采取相应的措施。如 BOD_5 去除采取的相应措施为曝气;反硝化脱氮采取的措施则为缓速搅拌,并根据需要达到的程度来确定反应的延续时间。为保证沉淀工序的效果,在反应工序后期、沉淀工序之前,还需进行短暂的微量曝气,吹脱附着在污泥上的氮气。如需排泥,也应在本工序后期进行。

(3)沉淀工序

本工序的作用相当于传统活性污泥法的二沉池,停止曝气和搅拌后,混合液处于静止状态,反应池本身作为沉淀池,避免了在连续活性污泥法中泥水混合液必须经过管道流入沉淀池的过程,从而也避免了部分刚刚开始絮凝的活性污泥重新破碎的现象,因而具有更高的沉淀效率。

沉淀工序采取的时间与二次沉淀池相同,一般为 1.5~2.0 h。

(4)排放工序

沉淀工序完成后,排出上清液,留下活性污泥,作为下一个操作周期的菌种。过剩污泥被引出排放。

(5)待机工序(闲置工序)

反应池处于闲置状态,等待下一个操作周期的开始。闲置工序的作用是通过搅拌、曝气或静置使微生物恢复活性,并起到一定的反硝化作用而进行脱氮,同时为下一个运行周期创造良好的初始条件。通过闲置工序后的活性污泥处于内源呼吸期,单位质量的活性污泥具有很大的吸附表面积,因而进入下一个运行周期后,活性污泥便可充分发挥其较强的吸附能力而有效地去除污染物质。

本工序的持续时间根据工程现场运行情况具体确定。

2. SBR 工艺的特点

在实际工程中,根据需要可分别采用不同形式的 SBR 工艺系统。无论采用哪种工艺形式,SBR 工艺作为污水处理方法都有其共同的特征。

(1)处理构筑物的构成简单,无须设置二沉池与污泥回流设备,其曝气池兼具二沉池的功能;一般也无须设置调节池,曝气池可以兼作调节池。因此,设备费、运行管理费较连续式少。

(2)由于SBR的运行过程中,其中的活性污泥交替处在好氧、缺氧状态,且反应池从时间上来看呈典型的推流式,因此其活性污泥的SVI值较低,易于沉淀,一般不会产生污泥膨胀现象。

(3)通过对运行方式的适当调节,在单一的曝气池内可完成脱氮和除磷。

(4)易于实现自动化控制,如运行管理得当,处理出水水质将优于连续式。

3. SBR工艺的形式

(1)间歇式循环曝气活性污泥(ICEAS)工艺

ICEAS工艺在反应池前部增加了一个生物选择器,实现了连续进水(沉淀工序和排水工序仍保持进水)。设置生物选择器的主要目的是使系统选择出适应废水中有机物降解、絮凝能力更强的微生物,生物选择器容积占整个反应池的10%左右。其工艺过程遵循活性污泥的吸附—再生理论,使活性污泥在选择器中经历了一个高负荷的吸附阶段,随后在主反应区经历一个较低负荷的基质降解阶段,以完成整个基质降解的全过程。

ICEAS工艺集反应、沉淀、排水于一体,使污水在好氧—缺氧—厌氧不断交替的条件下完成对有机污染物的降解,同时达到脱氮除磷的目的。

ICEAS工艺流程简单,具有SBR的优点,实现了连续进水,使其在大中型污水处理厂中的应用成为现实。但该工艺强调延时曝气,污泥负荷很低[$0.04\sim0.05$ kg BOD_5/(kg MLSS·d)],这样使ICEAS工艺投资低的优点在实际工程中没有得到充分体现,影响了在我国的广泛应用。

(2)间歇进水周期循环式活性污泥(CAST)工艺

与ICEAS工艺相比,CAST池将主反应区中部分剩余污泥回流至生物选择器中,而且沉淀阶段不进水。美国通行的CAST工艺一般分为三个反应区:一区为生物选择器,二区为缺氧区,三区为好氧区。各区容积之比为1:5:30。生物选择器的设置和回流污泥保证了活性污泥不断地在选择器中经历一个高负荷阶段,有利于系统中絮凝性细菌的生长,有效抑制丝状菌的生长和繁殖。CAST工艺在沉淀阶段不进水,并增加了污泥回流量,因此,系统较为复杂,但其优点是脱氮除磷效果较好。

(3)DAT-IAT工艺

DAT-IAT工艺主体构筑物由需氧池(DAT)和间歇式曝气池(IAT)组成。在DAT中,污水与从IAT回流的活性污泥同时连续流入,通过高强度的连续曝气,强化活性污泥的生物吸附作用,充分发挥活性污泥的初期降解功能,去除大部分有机物。在IAT中,由于DAT的初步生化、调节、均衡作用,进水水质稳定,负荷低,提高了对水质变化的适应性。进行间歇曝气和搅拌,能够形成缺氧—好氧—厌氧—好氧的交替环境,在去除BOD_5的同时,获得脱氮除磷的效果。

本工艺的沉淀和排放工序也连续进水。与CAST工艺和ICEAS工艺相比,DAT-IAT工艺能够保持较长的污泥龄和很高的混合液浓度,对有机负荷及有毒物质有较强的抗冲击能力。

除以上工艺外,SBR工艺的形式还有IDEA工艺、CASS工艺、UNITANK工艺等,目前均得到了工程应用。

(八)氧化沟

氧化沟是一种改良的活性污泥法,其曝气池呈封闭环状沟渠形,污水和活性污泥混合液在其中循环流动,又称循环混合式曝气池。

1. 氧化沟的工作原理与特征

(1)氧化沟的工作原理

氧化沟是介于完全混合与推流式之间的一种活性污泥法的运行方式,其曝气池呈封闭环状沟渠形,污水和活性污泥混合液在其中循环流动,污水在沟内的平均流速一般为 0.4 m/s,如氧化沟的总长为 100~500 m,污水完成一个循环流动所需的时间为 4~20 min;若 HRT 为 24 h,则在整个停留时间内要做 72~360 个循环。因此,可以认为氧化沟内混合液的水质是一致的,沟内流态为完全混合式;但又有某些推流式的特征,如曝气装置的下游溶解氧沿池长从高向低变动,甚至可能出现缺氧段。氧化沟的这种水流状态有利于活性污泥的生物絮凝作用,而且可以形成好氧区和缺氧区,通过对系统的合理设计与控制,能够获得良好的脱氮效果。

氧化沟工艺可不设初沉池和污泥消化池,有时还可将曝气池与二沉池合建而省去污泥回流系统。

氧化沟一般呈环形或椭圆形,总长可达几十米,甚至百米以上。沟深取决于曝气装置,一般为 2~6 m。单池进水装置比较简单,采用管道进水即可;如双池以上工作时,则应设配水井;采用交替工作系统时,配水井内还应设自动控制装置,以变换水流方向。出水一般采用可升降式溢流堰,以调节池内水深。采用交替工作系统时,溢流堰应该自动启闭,并与进水装置相呼应,以控制池内水流方向。

(2)氧化沟的特征

①由于氧化沟的 HRT 长,污泥负荷低,污泥龄长,在氧化沟内的有机性悬浮物和溶解性有机物能够得到较彻底的降解,排出的剩余污泥已达到高度稳定,因此,氧化沟不设初沉池,污泥不需要厌氧消化。

②通过采用一定形式的氧化沟系统,将氧化沟和二沉池合建,以及近年来开发的交替工作的氧化沟,可不用二沉池和污泥回流系统,从而使处理流程更为简化。

③污泥龄一般为 15~30 d,可以存活、繁殖世代时间长、增殖速度慢的微生物,如硝化菌,在氧化沟内产生硝化反应。

④对水温、水质、水量的变动有较强的适应性,能够承受冲击负荷,而不致影响处理性能。

(3)氧化沟的几种典型的构造形式

目前主要的氧化沟形式有 Carrousel 氧化沟、Orbal 氧化沟、交替工作式氧化沟、曝气—沉淀一体化氧化沟四种。

①卡鲁塞尔(Carrousel)氧化沟

Carrousel 氧化沟又称平行多渠形氧化沟(图 3-27),是 20 世纪 60 年代由荷兰 DHV 公司开创的。进水与活性污泥混合后沿箭头方向在沟内不停地循环流动,采用竖轴低速表面曝气装置,每个沟渠的一端各安装一个,靠近曝气装置下游的区段为富氧区,处于曝气装置上游和外环的区段为缺氧区,混合液交替进行富氧和缺氧变化,不仅提供了良好的生物脱氮条件,而且有利于生物絮凝,使活性污泥易于沉淀。

Carrousel 氧化沟水深可达 4～4.5 m,沟内流速可达 0.3～0.4 m/s;混合液在沟内每 5～20 min 循环一次;沟内混合液总量是入流液水量的 30～50 倍。BOD_5 去除率可达 95% 以上,脱氮率可达 90%,除磷效率可达 50%;应用广泛,最大规模为 650000 m^3/d。

②奥贝尔(Orbal)氧化沟

Orbal 氧化沟由多个呈椭圆形的同心沟渠组成,沟渠中安装水平旋转的曝气转刷,用来充氧和混合。污水首先进入最外环的沟渠,在其中不断循环的同时,依次进入下一个沟渠,最后从中心沟渠流出进入二次沉淀池(图 3-33)。

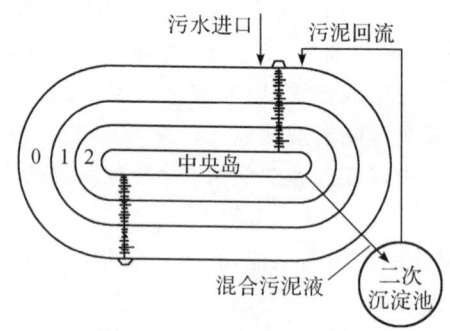

图 3-33　Orbal 氧化沟

Orbal 氧化沟多采用三层沟渠,混合液的容积最大,为总容积的 60%～70%,第二渠为 20%～30%,第三渠则仅占总容积的 20% 左右。

在运行时,应保持外、中、内三层沟渠混合液的溶解氧分别为 0 mg/L、1 mg/L、2 mg/L,即三层沟溶解氧按 0-1-2 梯度分布,这样既有利于提高充氧效果,又有可能使沟渠具有脱氮除磷的功能。

(九)活性污泥法的发展

1. 纯氧曝气活性污泥法

空气中的氧浓度为 21%,纯氧中的氧含量为 90%～95%,纯氧氧分压比空气高 4.4～4.7 倍,因此用纯氧曝气可提高氧向混合液中的传递能力。目前,世界上已有多座纯氧曝气的活性污泥系统,其中美国底特律污水处理厂的规模最大,为 2.3×10^6 m^3/d。

纯氧曝气池多为密闭式,以防止氧气外溢和可燃性气体进入。

纯氧曝气活性污泥法具有以下特点:氧利用率可达 80%～90%,而一般空气作气源仅为 10%;曝气池内混合液的 MLSS 可达 4000～7000 mg/L,可大大减小曝气池的容积;曝气池内混合液的 SVI 值较低,一般都低于 100,不易发生污泥膨胀,且剩余污泥量少。纯氧曝气池构造如图 3-34 所示。

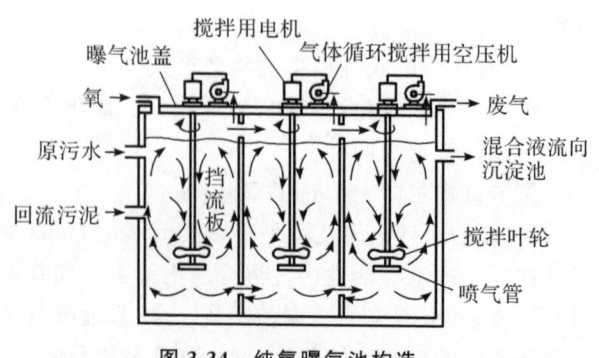

图 3-34　纯氧曝气池构造

2. 深井曝气活性污泥法

深井曝气活性污泥法工艺首建于英国的皮林翰姆市。其充氧能力可达常规法的10倍，动力效率高，设备简单，易于操作，处理能力不受气候条件影响，并且可省去初次沉淀池。本工艺适用于处理高浓度有机废水。

深井曝气活性污泥系统如图3-35所示。曝气井直径为1～6 m，井中间设隔墙将井一分为二或在井中心设内井筒，将井分为内、外两部分。在前者的一侧、后者的外环部设空气提升装置，使混合液上升，而在前者的另一侧、后者的内井筒内产生降流，这样在井隔墙两侧和井中心筒内、外形成由上而下的流动。该工艺的氧利用率高，有机物降解速度快，效果显著，但施工难度大，对地质条件有一定要求。

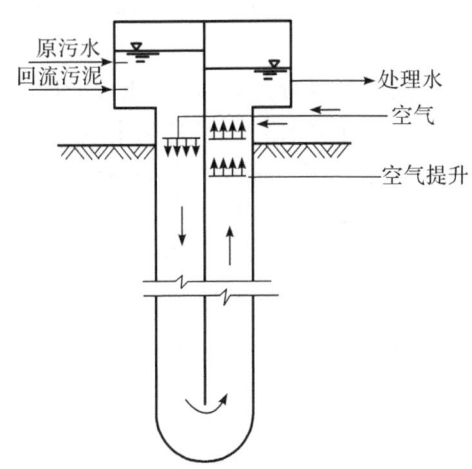

图3-35 深井曝气活性污泥法系统

四、活性污泥系统的设计

活性污泥系统工艺设计的主要内容有：处理工艺流程的确定，曝气池的计算与设计，曝气系统的计算与设计，污泥回流系统的设计，二次沉淀池的设计，污泥排放量的计算。

（一）处理工艺流程的确定

活性污泥法主要用来处理低浓度的有机废水，该法的运行方式有多种，在选择具体的工艺流程时，应考虑以下因素：①污水量，包括日平均流量、量大时流量、最小时流量；②水质，包括原水和经过一级处理后的水质、处理出水水质；③对产生污泥的处理要求、原污水所含的有毒物质、现场地理条件、气候条件及施工水平等。

上述各项因素是选择处理工艺流程的主要依据，同时应根据活性污泥各种运行方式的特点，选择适合废水污染物性质的处理工艺。在选择处理工艺时宜以技术的可行性和先进性以及经济上的合理性为原则，对工程量较大、投资额较高的项目，需要进行多种工艺流程的比较，使所选的工艺系统最优。

（二）曝气池的计算与设计

曝气池容积的计算方法有多种，目前我国较普遍采用的是以有机负荷为指标的计算方法，有机负荷有两种表示方法，即污泥负荷和容积负荷。

以污泥负荷为主要参数的曝气池容积的计算公式为
$$V = QS_a/N_sX \tag{3-10}$$
以容积负荷为主要参数的曝气池容积的计算公式为
$$V = QS_a/N_v \tag{3-11}$$

目前常用污泥负荷率来计算曝气池容积。从式(3-10)可见,计算时首先确定的污泥负荷(N_s)和污泥浓度(X),此外,还应同时考虑处理效率、污泥体积指数和污泥龄等参数。设计参数的来源主要有两途径:一种是经验数据,另一种是通过试验获取。

1. 污泥负荷的确定

对于一般的生活污水或与生活污水水质近似的工业废水,污泥负荷率一般取值为0.3~0.5 kg BOD$_5$/(kg MLSS·d),BOD$_5$去除率可达90%以上,污泥的沉降性能和吸附性能都较好,SVI值为80~150。

对剩余污泥不便处理与处置的污水处理厂,应采用较低的污泥负荷率,一般不宜高于0.2 kg BOD$_5$/(kg MLSS·d),这样能够使污泥自身氧化能力增强,减少污泥产量。寒冷地区在低温季节,曝气池也应当按较低的污泥负荷率运行,这样才可以在低温季节获得良好的处理效果。但为稳妥,需加以校核,校核公式为

$$N_s = K_2 S_e f/\eta \tag{3-12}$$

式中,S_e——处理水中的BOD$_5$,mg/L 或 kg/m^3;

f——曝气池混合液挥发性悬浮固体浓度比值,即MLVSS/MLSS,对于城市污水一般为0.75~0.85;

η——原污水BOD$_5$去除率,%;

K_2——系数,对于城市污水一般为0.0168~0.0281。

2. 混合液污泥浓度的确定

曝气池内混合液污泥浓度(MLSS)是污泥处理系统重要的设计与运行参数,污泥浓度高,可减小曝气池的容积,但同时耗氧速率大。在曝气池的设计中,应选择适当的混合液污泥浓度,曝气池混合液污泥浓度(X)由回流污泥浓度(X_r)与污泥回流比(R)决定,而回流污泥的浓度与污泥沉淀性能及污泥在二次沉淀池中浓缩的时间有关,一般混合液污泥浓度可近似计算,即

$$X = \frac{rR \times 10^6}{(1+R)SVI} \tag{3-13}$$

曝气池的容积确定后,需确定池型和曝气池各部分的尺寸。对于大中型污水处理厂,多采用推流式、鼓风曝气;对于小型污水处理厂和工业废水的处理,多采用完全混合型、机械曝气。曝气池一般不少于两个或两组,以备事故发生时不致全部停产。各部分尺寸按规范设计。

(三)曝气系统的计算与设计

1. 需氧量和供气量的计算

活性污泥法处理系统的需氧量前已述及,此处详细分析供气量的计算。

(1)曝气的理论基础

目前最普遍使用的用来解释气体转移机理的理论是双膜理论。在废水生物处理中,氧是难溶的气体,它的传递速率通常正比于溶液中氧的饱和浓度差。即

$$dC/dt = K_{la}(C_s - C) \tag{3-14}$$

式中，dC/dt——单位体积清水中氧的转移速率，mg/(L·h)；

K_{la}——清水中氧的总转移系数，L/h；

C_s——清水中氧的饱和溶解度，mg/L；

C——清水中氧的实际溶解度，mg/L。

式(3-14)中的$(C_s - C)$称为氧的不足量，或称溶解氧的饱和差，氧的饱和差是氧不断溶解至水中的推动力。氧的饱和差越大，氧的转移速率越大。

影响氧转移的因素主要有：

① 污水水质

污水中含有各种杂质对氧的转移会产生一定的影响。如表面活性剂等，阻碍氧分子的扩散转移，总转移系数K_{la}值下降，为此引入一个小于1的修正系数α。

$$\alpha = K'_{la}/K_{la} \tag{3-15}$$

式中，K'_{la}——污水中氧的总转移系数，L/h；

K_{la}——清水中氧的总转移系数，L/h。

$$K'_{la} = \alpha K_{la} \tag{3-16}$$

由于污水中含有其他有机和无机组分，对氧的饱和溶解度产生影响，所以引入另一数值小于1系数β予以修正。

$$\beta = C'_s/C_s \tag{3-17}$$

$$C'_s = \beta C_s \tag{3-18}$$

式中，C'_s——污水中氧的饱和溶解度，mg/L；

C_s——清水中氧的饱和溶解度，mg/L。

上述的修正系数α、β值，均可通过进行污水、清水的曝气充氧实验予以测定。

几种废水的α值列于表3-2中。

表3-3　几种废水的α值

废水类型	α	废水类型	α
生活污水	0.26～0.46	木纸浆废水	0.6
漂染废水	0.30～0.50	牛皮纸浆废水	0.45～0.79
印染废水	0.5	纸板废水	0.53～0.64
炼油废水	0.72	制药废水	1.65～0.64

生活污水的β值约为0.91，漂染废水的β值为0.80～0.85，活性污泥法曝气池中的β值为0.8～0.9。

② 水温

水温对氧的转移影响较大，水温上升，水的黏滞性降低，扩散系数提高，K_{la}值增高；反之，则K_{la}值降低，其关系式为

$$K_{la(T)} = K_{la(20℃)} \times 1.024^{T-20} \tag{3-19}$$

式中，$K_{la(T)}$——水温为T ℃时的氧总转移系数；

$K_{la(20℃)}$——水温20 ℃时的氧总转移系数；

T——设计温度；

1.024——温度系数。

水温对溶解氧饱和度 C_s 值也产生影响,C_s 值随温度上升而减小。K_{la} 值因温度上升而增大,但液相中氧的浓度梯度却有所降低,因此,水温对氧的转移有两种相反的影响,但并不能相互抵消。总的来说,水温降低有利于氧的转移。

③大气压力

C_s 值受氧分压或气压的影响。气压降低,C_s 值也随之减小;反之则提高。因此,在气压不是 $1.013×10^5$ Pa 的地区,C_s 值应乘以压力修正系数 ρ。

$$\rho = \frac{p}{1.013×10^5} \tag{3-20}$$

其中 P 为所在地区的实际气压,单位为 Pa。

④曝气装置的安装高度

对于鼓风曝气池,安装在池底的空气扩散装置出口处的氧分压最大,C_s 值也最大,但随气泡上升至水面,气体压力逐渐降低,降低到一个大气压,而且气泡中的一部分氧已转移到液体中。鼓风曝气池中的 C_s 值应是扩散装置出口和混合液表面两处的溶解氧饱和浓度的平均值,即

$$C_{sm} = C_s \left(\frac{p_b}{2.026×10^5} + \frac{Q_t×100}{42} \right) \tag{3-21}$$

式中,C_{sm}——鼓风曝气池内混合液溶解氧饱和度的平均值,mg/L。

C_s——在大气压力条件下,氧的饱和度,mg/L。

p_b——空气扩散装置出口处的绝对压力,其值为

$$p_b = p + 0.8×10^3 H \tag{3-22}$$

式中,H——空气扩散装置在水面下的安装深度,m;

p——大气压力,$p=101.325×10^3$ Pa。

气泡离开池面时,氧的百分比计算公式为

$$Q_t = \frac{21×(1-E_a)}{79+21×(1-E_a)}×100\% \tag{3-23}$$

式中,E_a——空气扩散装置的氧利用率,一般为 6%~12%。

另外,氧的转移速率还与气泡的大小、液体的紊动程度、气泡与液体的接触时间有关。空气扩散装置的性能决定气泡直径的大小。气泡越小,接触面积越大,K_{la} 值越大,越有利于氧的转移;但另一方面不利于紊动,从而不利于氧的转移。气泡与液体的接触时间越长,越有利于氧的转移。氧从气泡中转移到液体中,逐渐使气泡周围液膜的含氧量饱和,因而氧的转移率又取决于液膜的更新速度。紊流和气泡的形成、上升、破裂,都有助于气泡液膜的更新和氧的转移。

从上述分析可见,氧的转移率取决于气相中的氧的分压梯度、液相中氧的浓度梯度、气液之间的接触面积和接触时间、水温、污水的性质及水流的紊动程度等。

(2)供气量的计算

在标准条件下,转移到脱氧清水的总量应为

$$R_0 = K_{la(20℃)} C_{sm(20℃)} V \tag{3-24}$$

生产厂家提供空气扩散装置的氧转移参数是在标准条件下测定的,即水温为 20 ℃、气

压为 1.103×10^5 Pa(大气压);测定用水是脱氧清水。因此,必须根据实际条件对厂家提供的氧转移速率等数据加以修正,在式(3-24)中引入各项修正系数,可得在实际条件下,转移到曝气池混合液的总氧量(R),即

$$R = \alpha K_{la(20\ ℃)}[\beta\rho C_{sm(T)} - C]1.024^{(T-20)}V \tag{3-25}$$

解上两式得

$$R_0 = \frac{RC_{sm(20\ ℃)}}{\alpha[\beta\rho C_{sm(T)} - C]1.024^{(T-20)}} \tag{3-26}$$

R可以根据式(3-25)求定,因此可以求出R_0值。在一般情况下,$R_0/R=1.33\sim1.61$,即实际工程所需空气量比标准条件下所需空气量多33%~61%。

氧利用效率为

$$E_a = \frac{R_0}{S}\times100\% \tag{3-27}$$

$$S = G_s\times0.21\times1.43 = 0.3G_s \tag{3-28}$$

式中,S——供氧量,kg/h;

G_s——供气量,m³/h;

0.21——氧在空气中所占的百分比;

1.43——氧的容积密度,kg/m³。

对于鼓风曝气,各种空气扩散装置在标准状态下的值是由厂商提供的,因此,供气量可以通过式(3-27)和式(3-28)确定,即

$$G_s = \frac{R_0}{0.3E_a}\times100(\text{m}^3/\text{h}) \tag{3-29}$$

对于机械曝气,各种叶轮在标准状态下的充氧量与叶轮直径及其线速度有关,也是厂商通过实际测定提供的。如泵型叶轮的充氧量与叶轮直径及叶轮线速度的关系为

$$Q_s = 0.379K_1v^{2.8}D^{1.88} \tag{3-30}$$

$Q_s=R_0$,R_0值则按式(3-26)确定。但对于机械曝气,公式中饱和溶解氧浓度不需要水深影响的修正,直接查表可得$C_{s(T)}$,代入即可。所需叶轮直径可以通过式(3-8)来求定(泵型叶轮)。

2. 曝气系统设计

鼓风曝气系统设计的主要内容有:曝气装置的选定与布置,空气管道系统的布置与计算,PC机的选择。

(1)曝气装置的选定与布置

曝气装置的类型较多,目前应用较多的是微孔曝气器。该类型曝气装置氧利用率高,阻力损失小,混合效果好,不易堵塞,并且连接部位具有可靠、有效的密封性能。

微孔曝气器直径为215~260 mm,服务面积为0.3~0.8 m²/个。根据曝气池底面积和曝气池的服务面积,可以计算出所需曝气器的数量。即

$$n = A/A_0 \tag{3-31}$$

式中,n——曝气器数量,个;

A——曝气池底面积,m²;

A_0——曝气器服务面积,m²/个。

微孔曝气器的曝气量为 $1.5\sim5.0~\mathrm{m^3/(个\cdot h)}$，根据此数值可以计算出曝气池的工作气量。曝气的工作气量应与按需氧量计算出的供气量相匹配，否则应进行调整。微孔曝气器一般安装于曝气池池底，膜片距池底 $200\sim250~\mathrm{mm}$。

(2) 空气管道系统的布置与计算

活性污泥系统的空气管道系统是从空压机的出口到曝气装置的空气输送管道，一般曝气池外采用焊接钢管，池内采用 ABS 管连接。小型污水处理站的空气管道系统一般为枝状，大中型污水处理厂易于连成环状。空气管道铺设在地面上，进入曝气池的管道应高出池水水面 $0.5~\mathrm{m}$，以免产生回水现象；干管、支管空气流速为 $10\sim15~\mathrm{m/s}$，通向曝气装置的竖管、小支管空气流速为 $4\sim5~\mathrm{m/s}$。

空气管道和曝气装置的压力损失一般控制在 $14.7\times10^3~\mathrm{Pa}$ 以内，其中空气管道总损失控制在 $4.9\times10^3~\mathrm{Pa}$ 以内，曝气装置的阻力损失为 $4.9\times10^3\sim9.8\times10^3~\mathrm{Pa}$。

① 管径的确定

根据流量(Q)、流速(v)可选定管径，然后再核算压力损失，调整管径。

② 管道压力的确定

空气管道的压力损失为沿程阻力损失与局部阻力损失之和。

空气压力的估算公式为

$$p=(1.5+H)\times 9.8 \tag{3-32}$$

式中，p——空气压力，kPa；

H——曝气装置距水面的深度，m。

鼓风曝气系统中压缩空气的绝对压力的计算公式为

$$p_b=\frac{h_1+h_2+h_3+h_4}{h_5} \tag{3-33}$$

式中，h_1、h_2——空气压力，kPa；

h_3——曝气装置安装深度(以装置出口处为准)，m；

h_4——曝气装置的阻力损失，m 水柱，按产品样本或试验确定；

h_5——所在地区大气压力，m 水柱。

空压机所需压力(相对压力)为

$$H_空=h_1+h_2+h_3+h_4 \tag{3-34}$$

选择空压机时，压力要留有余地，应考虑 $200\sim300~\mathrm{mm}$ 水柱的剩余。

(3) 风机的选择

根据每台风机的设计风量和风压选择风机(鼓风机或空压机)。各式罗茨空压机/鼓风机、离心式空压机、鼓风机等均可选择。定容式罗茨空压机/鼓风机噪声大，应采取消声措施，一般适用于中、小型污水处理厂；轴流式通风机(风压在 $1.2~\mathrm{m}$ 以下)一般用于浅层曝气池。

在同一供气系统中，应尽量选择同一型号的风机。风机的备用台数：工作风机≤3台时，备用1台；工作风机≥4台时，备用2台。风机选好后，再按风机的实际流量校核管网系统的流速和阻力，并进行适当调整。

(四) 污泥回流系统的设计

1. 回流污泥量的计算

回流污泥量是关系到污水处理效果的重要设计参数，由 $Q_r=RQ$ 可知，回流污泥量的

计算首先要确定回流比。回流比的计算公式为

$$R = \frac{X}{X_r - X} \tag{3-35}$$

由式(3-35)可见,回流比 R 取决于混合液污泥浓度(X)和回流污泥浓度(X_r),回流污泥浓度(X_r)可按 $X_r = r \times 10^6 / SVI$ 计算,而回流污泥浓度又与 SVI 有关,在曝气池的实际运行中,由于 SVI 在一定范围内变化,并且需要根据进水负荷的变化调整混合液污泥浓度,因此,在进行污泥回流设备的设计时,应按最大回流比设计,并使其具有在较小回流比时工作的可能性,以便使回流污泥量可以在一定幅度内变化。

2. 污泥提升设备

在污泥回流系统,常用的污泥提升设备主要是污泥泵、空气提升器和螺旋泵。

污泥泵的主要形式是轴流泵,运行效率高,可用于较大规模的污水处理工程。采用污泥泵时,将从二次沉淀池流出的回流污泥集中到污泥井,再用污泥泵送至曝气池。大中型污水处理厂设回流污泥泵站。一般采用2~3台泵,还应考虑适当台数的备用泵。

空气提升器一般设在二次沉淀池的排泥井中或曝气池进口处的回流井中。在每座回流井中只设一台空气提升器,而且只接受一座二次沉淀池的泥斗的来泥,以免造成互相干扰,污泥回流量通过调节进气阀门加以控制。

螺旋泵是近几十年来国内外广泛采用的回流污泥设备,其优点是扬程适中,流量适应范围大,不会打碎污泥,不会堵塞,维护管理方便。

(五)二次沉淀池的设计

二次沉淀池的作用是泥水分离,使混合液澄清,并使沉淀的污泥初步浓缩和污泥回流。其工作好坏直接影响出水水质和回流污泥的质量。初次沉淀池的设计原则一般也适用于二次沉淀池,但由于进入二次沉淀池的活性污泥混合液浓度高,具有絮凝性,属于成层沉淀,并且密度小,沉速较慢,因此,设计二次沉淀池时,最大允许水平流速(平流式、辐流式)或上升流速(竖流式)都应低于初次沉淀池。由于二次沉淀池起着污泥浓缩的作用,所以需要适当地增大污泥区容积。

二次沉淀池设计的主要内容包括:池型的选择,沉淀池的面积与有效水深的计算,污泥斗容积的计算,污泥排放量计算等。

1. 池型的选择

一般来讲,大、中型污水处理厂多采用带有刮吸泥设施的辐流式沉淀池;小型污水处理厂多采用竖流式沉淀池或多斗平流式沉淀池。

由于进入二次沉淀池的混合液活性污泥浓度较高,污泥絮体较轻,易随出水流失,所以要限制出流式堰处的流速。可采用增加堰长的方式使单位堰长出流量控制在 1.3~2.2 L/(m·s)。活性污泥质轻,易腐化变质,采用静水压力排泥的二次沉淀池,其静水头可降至 0.9 m,污泥斗底坡与水平夹角不小于 50°,以利于排泥。沉淀时间为 1~1.5 h,一般不大于 2 h。

2. 二次沉淀池的面积与有效水深的计算

二次沉淀池的面积和有效水深的计算公式为

$$A = \frac{Q}{q} = \frac{Q}{3.6u} \tag{3-36}$$

$$H=\frac{Qt}{A}=qt \tag{3-37}$$

式中,A——二次沉淀池的表面面积,m^2;

Q——污水最大时流量,m^3/h;

q——表面水力负荷 $m^3/(m^2 \cdot h)$;

u——活性污泥成层沉淀时的沉速,mm/s;

t——水力停留时间,一般为 1.5~2.5 h。

u 值变化范围一般为 0.2~0.5 mm/s,相应 q 值为 0.72~1.8 $m^3/(m^2 \cdot h)$,该值的大小与污水水质和混合液污泥浓度有关。当污水中的无机物含量高时,可采用较高的 u 值;而当污水中的溶解性有机物含量较多时,则 u 值宜低。混合液污泥浓度对 u 值影响较大。表 3-3 所列举的是混合液污泥浓度与 u 值之间的关系,可供参考。

表 3-3　混合液污泥浓度与 u 值之间的关系

MLSS/(mg/L)	u/(mm/s)	MLSS/(mg/L)	u/(mm/s)
2000	≤0.4	5000	0.22
3000	0.35	6000	0.18
4000	0.28	7000	0.14

3. 污泥斗容积的计算

二次沉淀池污泥斗应保持一定容积,使污泥有一定的浓缩时间,以提高回流污泥浓度。但污泥斗过大,会造成污泥在污泥区停留时间过长,污泥腐化而失去活性。分建式二次沉淀池一般规定污泥斗的贮泥时间为 2 h。

污泥区容积

$$V=\frac{2(1+R)QX}{\frac{1}{2}(X+X_r)}=\frac{4(1+R)QX}{X+X_r} \tag{3-38}$$

式中,V——污泥斗容积,m^3;

$\frac{1}{2}(X+X_r)$——污泥斗中平均污泥浓度,mg/L;

Q——污水流量,m^3/h;

R——污泥回流比;

X——混合液污泥浓度,mg/L;

X_r——回流污泥浓度,mg/L。

对于合建式曝气沉淀池,一般不详细计算污泥部分容积。其贮泥部分容积取决于池子的构造设计,由于回流比大,对浓缩要求不高,所以可以满足要求。

(六)污泥排放量的计算

为了使曝气池中污泥浓度保持平衡,必须每天从系统中排出一定数量的剩余污泥。剩余污泥量可按式(3-5)计算,或按经验数据确定,每天排出的剩余污泥量理论上应等于每天增加的污泥量。

式(3-5)计算所得的剩余污泥量 ΔX 是以干重形式表示的挥发性污泥,实际应用中应将其转换成湿重形式的污泥,因为

$$\Delta X = Q_w f X_r$$

故

$$Q_w = \frac{\Delta X}{f X_r} \tag{3-39}$$

式中,Q_w——每天从系统中排出的剩余污泥量,m^3/d;

ΔX——挥发性剩余污泥量(干重),kg/d;

$f = \dfrac{MLVSS}{MLSS}$,生活污水和城市污水约为 0.75;

X_r——回流污泥 MLSS 浓度,g/L。

剩余污泥的含水率高达 99% 以上,需进一步浓缩使其含水率降至 96%~97% 以后再进行处置。

(七)活性污泥系统的工艺计算与设计

1. 设计基础资料

进行活性污泥系统的工艺计算和设计时,首先应比较充分地掌握与废水、污泥有关的原始资料并确定设计的基础数据,主要有:①废水的水量、水质及其变化规律。②对处理后出水的水质要求。③对处理中产生的污泥的处理要求。以上属于设计所需要的原始资料。④污泥负荷率与 BOD_5 的去除率。⑤混合液浓度与污泥回流比。以上属于设计所需的基础数据。对生活污水和城市污水以及与其类似的工业废水,已有一套成熟和完整的设计数据和规范,一般可以直接应用;对于一些性质与生活污水相差较大的工业废水或城市废水,一般需要通过试验来确定有关的设计参数。

2. 工艺计算与设计的主要内容

活性污泥系统由曝气池、二次沉淀池及污泥回流设备等组成。其工艺计算与设计主要包括:(1)工艺流程的选择;(2)曝气池的计算与设计;(3)曝气系统的计算与设计;(4)二次沉淀池的计算与设计;(5)污泥回流系统的计算与设计。

3. 工艺流程的选择

主要依据:①废水的水量、水质及变化规律;②对处理后出水的水质要求;③对处理中所产生的污泥的处理要求;④当地的地理位置、地质条件、气候条件等;⑤当地的施工水平以及处理厂建成后运行管理人员的技术水平等;⑥工期要求以及限期达标的要求;⑦综合分析工艺在技术上的可行性和先进性以及经济上的可能性和合理性等;⑧对于工程量大、建设费用高的工程,则应进行多种工艺流程的比较后才能确定。

4. 曝气池的计算与设计

主要内容:①曝气池容积的计算;②需氧量和供气量的计算;③池体设计。

五、活性污泥系统的常见异常现象与对策

(一)污泥腐化

现象:活性污泥呈灰黑色,污泥发生厌氧反应,污泥中出现硫细菌,出水水质恶化。

原因:(1)负荷量增高;(2)曝气不足;(3)工业废水的流入等。

对策:(1)控制负荷量;(2)增大曝气量;(3)切断或控制工业废水的流入。

(二)污泥上浮

现象:污泥沉淀30~60分钟后呈层状上浮,多发生在夏季。

原因:因缺氧发生反硝化产生 N_2,引起污泥上浮。

对策:(1)减少污泥在二沉池的HRT;(2)减少曝气量。

(三)污泥解体

现象:在沉淀后的上清液中含有大量的悬浮微小絮体,出水透明度下降。

原因:污泥解体;曝气过度;负荷下降,活性污泥自身氧化过度。

对策:减少曝气;增大负荷量。

(四)泥水界面不明显

原因:高浓度有机废水的流入,使微生物处于对数增长期;污泥形成的絮体性能较差。

对策:降低负荷;增大回流量以提高曝气池中的MLSS,降低 F/M 值。

(五)污泥膨胀

是指活性污泥质量变轻、膨大,沉降性能恶化,在二沉池中不能正常沉淀下来,SVI异常增高,可达400以上。

1. 因丝状菌异常增殖而导致的丝状菌性膨胀

主要是由于丝状菌异常增殖而引起的,主要的丝状菌有球衣菌属、贝氏硫细菌,以及正常活性污泥中的某些丝状菌,如芽孢杆菌属及某些霉菌。

(1)污泥膨胀理论

①低 F/M 比(即低基质浓度)引起的营养缺乏型膨胀;

②低溶解氧浓度引起的溶解氧缺乏型膨胀;

③高 H_2S 浓度引起的硫细菌型膨胀。

(2)污泥膨胀的对策

临时控制措施:

污泥助沉法:①改善、提高活性污泥的絮凝性,投加絮凝剂,如硫酸铝等;②改善、提高活性污泥的沉降性、密实性,投加黏土、消石灰等。

灭菌法:①杀灭丝状菌,如投加氯、臭氧、过氧化氢等药剂;②投加硫酸铜,可控制有球衣菌引起的膨胀。

工艺运行调节措施:

加强曝气:①加强曝气,提高混合液的DO值;②使污泥常处于好氧状态,防止污泥腐化,加强预曝气或再生性曝气。

调节运行条件:①调整进水pH值;②调整混合液中的营养物质;③如有可能,可考虑调节水温——丝状菌膨胀多发生在20 ℃以上;④调整污泥负荷,当超过 0.35 kg BOD/(kg MLSS · d)时,易发生丝状菌膨胀。

永久性控制措施:

对现有设施进行改造,或新厂设计时就加以考虑,从工艺运行上确保污泥膨胀不会发生。在工艺中增加一个生物选择器,该法主要针对低基质浓度下引起的营养缺乏型污泥膨胀,其出发点就是造成曝气池中的生态环境有利于选择性地发展菌胶团细菌,应用生物竞争的机制抑制丝状菌的过度增殖,从而控制污泥膨胀。

好氧选择器:在曝气池之前增加一个具有推流特点的预曝气池,其停留时间(HRT 为 5～30 min,多采用 20 min)的选择非常重要。

缺氧选择器:高的基质浓度;菌胶团细菌在缺氧条件下(但有 NO_3^-)有比丝状菌高得多的基质利用率和硝酸盐还原率。

厌氧选择器:其作用机制与缺氧选择器相似,即在厌氧条件下,丝状菌具有较低的多聚磷酸盐释放速度而受到抑制。

2. 因黏性物质大量积累而导致的非丝状菌性膨胀

(1)高黏性污泥膨胀

现象:废水净化效果良好,但污泥难以沉淀,污泥颗粒大量随出水流失。

原因:

①进水中溶解性有机物浓度高,F/M 值太高;

②氮、磷缺乏,或溶解氧不足;

③细菌将大量有机物吸入体内,不能及时降解,分泌过量的凝胶状多糖类物质;

④这些物质中含有很多氢氧基而具有很高的亲水性,导致污泥中含有很高的结合水,使泥水分离困难。

对策:降低负荷,调整工况,加强曝气等。

(2)低黏性污泥膨胀

原因:进水中含有毒性物质,使污泥中毒,细菌不能分泌出足够的黏性物质,从而不能有效形成絮凝体,导致泥水分离困难。

对策:控制进水水质,加强上游工业废水的预处理。

(六)泡沫

主要有两种,即化学泡沫和生物泡沫。

1. 化学泡沫

成因:洗涤剂或工业用表面活性物质等引起,呈乳白色。

控制对策:水冲消泡;应用消泡剂。

2. 生物泡沫

成因:诺卡氏菌属的一类丝状菌引起,呈褐色。

问题:可能致病,影响卫生、环境;影响曝气。

控制对策:加氯;排泥,缩短 SRT。

根本原因:诺卡氏菌在较高温、富油脂类物质的环境中易于繁殖

3.4 生物膜法处理

生物膜法是通过附着在载体或介质表面上的细菌等微生物生长繁殖,形成膜状活性生物污泥——生物膜,利用生物膜降解污水中的有机物的生物处理方法。生物膜中的生物以污水中的有机污染物为营养物质,在新陈代谢过程中将有机物降解,同时微生物自身也得到

增殖。

生物膜中常见的微生物群体包括好氧菌、厌氧菌和兼氧菌,还有真菌、藻类、原核动物以及蚊蝇的幼虫等生物,在生物滤池中兼氧菌常占优势。无色杆菌属、假单胞菌、黄杆菌属以及产碱菌属等也是生物膜中常见的细菌。在生物膜滤池中原生动物和一些较高等的动物均以生物膜为食,它们起着控制细菌群体量的作用,能促使细菌群体以高速率产生新细胞,有利于废水处理。

生物膜法又称固定膜法,是与活性污泥法并列的一类废水好氧生物处理技术,是土壤自净过程的人工化和强化。与活性污泥法一样,生物膜法主要去除废水中溶解性和胶体状的有机污染物,同时对废水中的氨氮还具有一定的硝化能力。

主要的生物膜法有:①生物滤池,其中又可分为普通生物滤池、高负荷生物滤池、塔式生物滤池等;②生物转盘;③生物接触氧化法;④好氧生物流化床等。

生物膜法适用于中小规模污水生物处理。生物膜法处理污水可独立建立,也可与其他污水处理工艺组合应用。污水进行生物膜法处理前,宜经沉淀处理。

一、生物膜法的基本原理

(一)生物膜的形成

生物膜的形成必须具有以下几个前提条件:①起支撑作用、供微生物附着生长的载体物质,在生物滤池中称为滤料,在接触氧化工艺中称为填料,在好氧生物流化床中称为载体;②供微生物生长所需的营养物质,即废水中的有机物、N、P以及其他营养物质;③作为接种的微生物。

1. 生物膜的形成

含有营养物质和接种微生物的污水在填料的表面流动,一定时间后,微生物会附着在填料表面而增殖和生长,形成一层薄的生物膜。

2. 生物膜的成熟

在生物膜上由细菌及其他各种微生物组成的生态系统以及生物膜对有机物的降解功能都达到了平衡和稳定。

生物膜从开始形成到成熟,一般需要30天左右(城市污水,20 ℃)。

(二)生物膜的结构及其降解有机物的机理

生物膜的结构见图3-36。

生物膜法刚开始运行时,必须先进行挂膜。对于城市污水,在20 ℃条件下,需要15~30天挂膜成熟。从图3-36可以看出,生物膜的表面上有很薄的附着水层,相对于外侧流动的水流,附着水层是静止的。由于流动水层比附着水层中的有机物浓度高,有机物的浓度梯度和水流的紊动扩散作用可使有机物、营养物和溶解氧进入附着水层,并进一步扩散到生物膜中,有机物被生物膜吸附、吸收和降解。微生物在分解有机物的过程中自身也进行合成,不断增殖,使生物膜的厚度增加。传递进入生物膜的溶解氧很快被生物膜表层的好微生物所消耗,使得生物膜内层形成以厌氧生物为主的厌氧膜。由于扩散的过程及微生物的特点,有机物的分解主要在生物膜的好氧膜中完成。微生物的代谢产物,如水、二氧化碳、氨以及其他无机盐等,沿着与有机物扩散相反方向,从生物膜经过附着水层进入流动水层中,随后

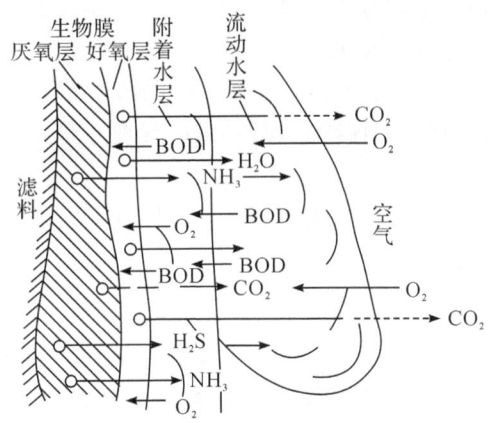

图 3-36　生物膜的结构及净水机理

从污水处理装置排出。当生物膜厚度不大时,好氧膜与厌氧膜之间可以维持平衡关系,厌氧膜产生的代谢产物,如有机酸、醇类等通过好氧膜,可被进一步降解去除。但当厌氧膜产生的厚度不断加大,厌氧膜中的代谢产物增多,尤其是气态物质不断逸出,降低了生物膜的附着力,这种"老化"的生物膜很容易从附着的载体上脱落。在脱落的生物膜的位置上,随后又长出新的生物膜,生物膜的更新与脱落过程不断循环进行。脱落的生物膜可通过沉淀池去除。

由于生物膜法中微生物以附着的状态存在,所以泥龄长,使得生物膜中既有世代时间短,比增长速率大的微生物,又有世代时间长,比增长速率小的微生物。这使得生物膜法中参与代谢的微生物种类多于活性污泥法。

(三) 生物膜法的主要特点

1. 生物膜中的微生物种群丰富

由于微生物附着生长,泥龄长,有利于世代周期长的种群的生长。如硝化细菌生长缓慢,世代周期长,在停留时间为 6～8 h 的活性污泥法反应器中难以生存,而在生物膜法中,生长条件有利于硝化细菌生长。此外,生物膜法有利于发挥多种细菌对有机物的降解作用。生物膜中除细菌和原生动物外,还出现活性污泥法中少见的真菌、藻类和后生动物等,同时还存在厌氧菌,生物膜法中微生物的食物链长。这样可提高污水的处理深度,剩余污泥量减少。通常,生物膜法所产生的污泥量仅为活性污泥法的 3/4。生物膜法产生的污泥主要是由载体表面脱落的生物膜,这种污泥含水率比悬浮型活性污泥法产生的剩余污泥的含水率低,多呈现块状或条状,具有良好的沉降脱水性能。

2. 生物膜法中优势菌种分层生长,传质条件好,可处理低浓度进水

生物膜法反应器各层中生长着与流经本层水质相适应的优势菌种,有利于有机物的降解。生物膜法可将 BOD_5 为几十毫克/升的有机污水进一步处理到出水 BOD_5 仅为 5～10 mg/L 的水平。在活性污泥法中,当进水 BOD_5 为 50～60 mg/L 时,活性污泥絮凝体恶化,处理效率下降。

3. 生物膜法工艺过程稳定,适应性强

由于生物膜法生物相丰富,停止进水期间也可以自然通风,不易发生活性污泥法进水和供氧停止时间长而发生的厌氧状况,因此生物膜法可以间歇运行。此外,水质、有机物负荷、水力负荷变化对生物膜影响小,所以生物膜法耐冲击负荷。当适应低温生长的菌种占优势

时,生物膜法也适于低温条件下运行。

4. 生物膜法动力消耗少,运行管理方便

生物膜法中的许多工艺,采用自然通风供氧,无污泥回流系统,总体上动力消耗少,不会发生活性污泥系统中经常出现的污泥膨胀现象,系统管理方便。

5. 生物膜法的不足

生物膜法还存在一些不足,各种生物膜法工艺各略有不同。

(四)生物膜的更新与脱落

1. 厌氧膜的出现

生物膜厚度不断增加,氧气不能透入的内部深处将转变为厌氧状态。成熟的生物膜一般都由厌氧膜和好氧膜组成。好氧膜是有机物降解的主要场所,一般厚度为 2 mm。

2. 厌氧膜的加厚

厌氧的代谢产物增多,导致厌氧膜与好氧膜之间的平衡被破坏;气态产物的不断逸出,减弱了生物膜在填料上的附着能力,成为老化生物膜,其净化功能较差,且易于脱落。

3. 生物膜的更新

老化膜脱落,新生生物膜又会生长起来,新生生物膜的净化功能较强。

4. 生物膜法的运行原则

减缓生物膜的老化进程;控制厌氧膜的厚度;加快好氧膜的更新;尽量控制使生物膜不集中脱落。

二、生物膜法的工艺形式

(一)生物滤池

生物滤池是在污水灌溉的实践基础上发展起来的人工生物处理法,1900 年首次应用于废水处理中。早期出现的生物滤池负荷较低,称为普通生物滤池,后经改进提高了负荷,称为高负荷生物滤池;20 世纪 50 年代,又出现了塔式生物滤池。

1. 工艺流程与工作原理

生物膜法的工艺流程与活性污泥法有所不同,在生物滤池中常采用出水回流,而基本不会采用污泥回流,因此从二沉池排出的污泥全部作为剩余污泥进入污泥处理流程进行进一步的处理。生物滤池的基本工艺流程如图 3-37 所示。

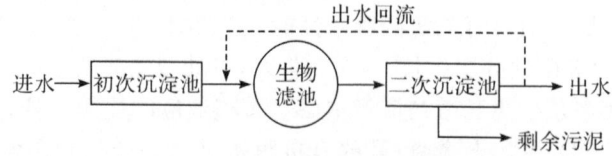

图 3-37　生物滤池的基本工艺流程

含有污染物的废水由上而下从长有丰富生物膜的滤料空隙间流过,与生物膜中的微生物充分接触,其中的有机污染物被微生物吸附并进一步降解,使废水得以净化。主要的净化功能是依靠滤料表面的生物膜对废水中有机物的吸附氧化作用。

2. 生物滤池的构造与组成

(1)池体

早期生物滤池的池体多为正方形或矩形(图 3-38);在出现了旋转布水器之后,大多数生物滤池采用圆形池体,主要目的是便于运行。高负荷生物滤池与塔式生物滤池通常是圆形池体(图 3-39)。滤池池壁包括有孔洞的和不带孔洞的两种:孔洞有利于滤料的内部通风,但在冬季易使滤池遭受低温影响;一般要求池壁高于滤料 0.5 m;在寒冷地区,有时需要考虑防冻、采暖等措施。

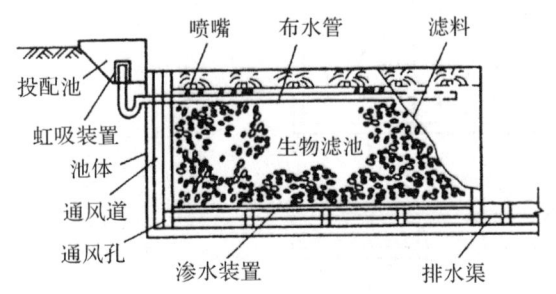

图 3-38　普通生物滤池池体构造

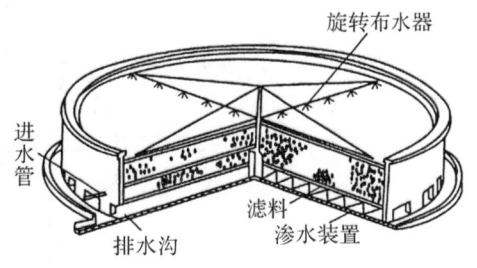

图 3-39　高负荷生物滤池池体构造

(2)滤料

生物滤池中的滤料是生物膜赖以生长的载体,对生物滤池的净化功能有直接的影响。生物滤料池中的滤料应满足如下要求:

- 大的比表面积,有利于形成较高的生物量;
- 具有较高的机械强度,不易变形和破碎;
- 有足够大的空隙率,使脱落的生物膜能随水流到池底,同时保证良好的通风;
- 适合生物膜的形成与黏附,化学稳定性良好,既不被微生物分解,又不抑制生物的生长。

①普通生物滤池的滤料

一般为实心拳状滤料,如碎石、卵石、炉渣等;分为工作层和承托层,总厚度为 1.5～2.0 m,其中工作层厚度为 1.3～1.8 m,粒径为 25～40 mm,承托层厚度为 0.2 m,粒径为 70～100 mm;同一层滤料要均匀,以提高孔隙率。

②高负荷生物滤池的滤料

早期高负荷生物滤池滤料常采用卵石、石英砂、花岗岩等,多以表面光滑的卵石为主;滤料粒径较大,其中工作层的滤料粒径为 40～70 mm,承托层则为 70～100 mm,孔隙率较高,可以防止堵塞和提高通风能力。目前常采用塑料滤料,多用聚氯乙烯、聚苯乙烯、聚丙烯等制成;形状有波纹板式、斜管式和蜂窝式等。其优点是质量轻,强度高,耐腐蚀,比表面积和孔隙率都大;主要缺点是造价高,初期投资大。

③塔式生物滤池的滤料

塔式生物滤池多采用新型人工合成滤料,具有质轻、比表面大和孔隙率高的典型特点,其表面积可达 100～220 m^2/m^3,孔隙率一般大于 94%。

(3)布水装置

布水装置的目的是将废水均匀地喷洒在滤料上;若布水不均匀,会造成某一部分滤料负荷过大,而另一部分负荷不足。

①普通生物滤池布水系统

多采用固定喷嘴式布水装置,固定喷嘴式布水系统由投配池、虹吸装置、布水管道和喷嘴四部分组成(图3-40)。

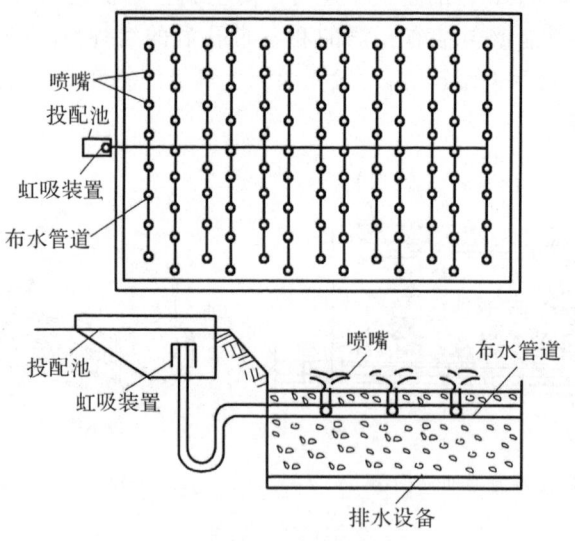

图 3-40　固定喷嘴式布水

污水进入配水池,当水位达到一定高度后,虹吸装置开始工作,污水进入布水管道。配水管设有一定坡度以便放空,布水管道敷设在滤池表面下 0.5~0.8 m,喷嘴安装在布水管道上,伸出滤料表面 0.15~0.2 m,喷嘴的口径为 15~20 mm。当水从喷嘴喷出后,受到喷嘴上部设有的倒锥体的阻挡,水流向四周分散,形成水花,均匀喷洒在滤料上。当配水池水位降到一定程度时,虹吸被破坏,喷水停止。

这种布水装置的优点是运行方便,易于管理和受气候影响较小,缺点是需要的水头较大(20 m)。

②高负荷生物滤池和塔式生物滤池布水系统

高负荷生物滤池和塔式生物滤池常用旋转布水装置,旋转布水装置由固定不动的进水竖管和可旋转的布水横管组成,布水横管一般为 2~4 根,布水横管中轴距滤池后面 0.15~0.25 m,可采用电力或水力驱动(图3-41)。当废水从进水竖管进入布水横管后,在一定的水头作用下,废水喷出小孔,产生反作用力,推动布水管向水流相反的方向旋转。旋转布水器布水均匀,水力冲刷作用强,所需作用压力小,一般为 0.25~0.8 m。

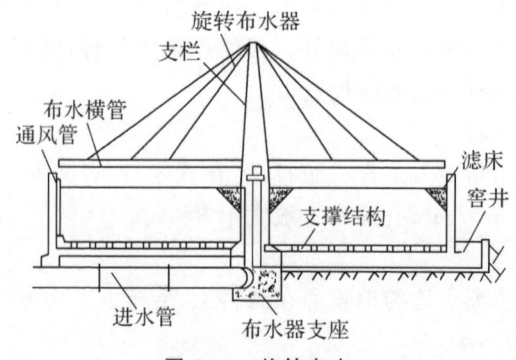

图 3-41　旋转布水

布水横管长度为池内径减 200 mm,布水横管流速一般为 1.0 m/s,横管上布水小孔直径为 10～15 mm,布水小孔间距由中心向外逐渐缩小,一般从 300 mm 逐渐缩小到 40 mm,以满足布水均匀的需要。布水横管可采用钢管或塑料管。

(4)排水系统

排水系统处于滤床的底部,其作用是收集、排出处理后的废水和保证良好的通风。一般由渗水顶板、集水沟和排水渠组成。渗水顶板用于支撑滤料,其排水孔的总面积应不小于滤池表面积的 20%;渗水顶板的下底与池底之间的净空高度一般应在 0.6 m 以上,以利通风,一般在出水区的四周池壁均匀布置进风孔。

3. 生物滤池的工艺类型及典型应用

生物滤池分为普通生物滤池、高负荷生物滤池和超负荷生物滤池(塔式生物滤池)。

(1)特点

①BOD 负荷高的滤池,生物膜增长快,对水力冲刷要求高。增大水力冲刷的主要途径是加大表面负荷,其办法有二:一是增加滤料层高度,二是将处理后的废水回流到生物滤池的进水中去。所以,低负荷生物滤池的滤料层高度通常只有 2～3 m,而且多不采用回流措施;塔式滤池的高度达 20 m 之多,而且常采用回流措施。

②BOD 负荷高的滤池,要求通风条件好,在采用自然通风的条件下,就要求滤料的孔隙率大,阻力小。所以,低负荷滤池的滤料粒径较小(25～70 mm),高负荷滤池的滤料粒径较大(40～100 mm),对于塔式生物滤池,最好采用塑料滤料。

③BOD 负荷低的生物滤池的氧化分解程度高,污泥量少而稳定,出水中有较高的溶解氧,有硝酸盐,BOD_5 浓度可低于 20 mg/L;高负荷生物滤池的氧化分解程度低,污泥量多而不稳定,出水中溶解氧低,没有或很少有硝酸盐,BOD_5 浓度高于 30 mg/L;塔式生物滤池的情况可能更差些。

(2)组成系统

由初沉池、生物滤池、二次沉淀池组合而成,其组合形式有单级运行系统、多级运行系统和交替运行系统。

(3)滤池的选择

①工艺选择

低负荷生物滤池的体积大,占地多,滤料的需要量大,易堵塞,常出现池蝇和臭味,仅在水量小的地区选用。目前大多数采用高负荷生物滤池。

塔式生物滤池多用于工业有机废水的处理。

②流程选择

确定流程时,应该决定是否用初次沉淀池,采用几级过滤,采用回流与否,选择回流方式及回流比。是否用初次沉淀池视水质而定,悬浮物较多的废水,一级都使用初沉池;入流有机物浓度高,水力负荷很小,污水中某污染物质在高浓度可能抑制微生物的生长时应采用二沉池或回流。

4. 影响生物滤池功能的主要因素

(1)滤床的比表面积和孔隙率

生物膜是生物膜法的主体,滤料表面积愈大,生物膜的表面积也愈大,微生物的量就愈多,净化功能就愈强;孔隙率大,则滤床不易堵塞,通风效果好,可为生物膜的好氧代谢提供足够的氧;滤床的比表面积和孔隙率愈大,传质界面愈大,从而促进了水流的紊动,有利于提高净化功能。

(2)滤床的高度

滤床的高度不同,生物膜量、微生物种类、去除有机物的速度等方面都是不同的。滤床的上层废水中的有机物浓度高,营养物质丰富,微生物繁殖速度快,生物膜量多且主要以细菌为主,有机污染物的去除速度高;随着滤床深度的增加,废水中的有机物量减少,生物膜量也减少,微生物从低级趋向高级,有机物去除速度降低。有机物的去除效果随滤床深度的增加而提高,但去除速率却随深度的增加而降低。

(3)有机负荷与水力负荷

有机负荷较高时,生物膜的增长也会较快,可能会引起滤料堵塞,此时就需要调整水力负荷,当水力负荷增加时,可以提高水力冲刷力,维持生物膜的厚度,一般是通过出水回流来解决。

(4)回流

对于高负荷生物滤池与塔式生物滤池,常采用回流。其优点有:不论原废水的流量如何波动,滤池可得到连续投配的废水,因而其工作较稳定;可以冲刷去除老化生物膜,降低膜的厚度,并抑制滤池蝇的滋生;均衡滤池负荷,提高滤池的效率;可以稀释和降低有毒有害物质的浓度以及进水有机物浓度。

(5)供氧

生物滤池一般是通过自然通风来保证供氧的。影响生物滤池自然通风的主要因素有池内温度与气温之差、滤池高度、滤料孔隙率及风力等。滤池堵塞也会影响通风。

5. 生物滤池的设计

(1)普通生物滤池的设计

普通生物滤池的设计与计算包括:滤料的选定,滤料的容积、滤池深度和平面尺寸的确定,布水系统和排水系统的设计计算。

滤料容积可以按容积负荷计算,即

$$V = \frac{QL_a}{N_v}$$

式中,V——滤料容积,m^3;

Q——原污水的日平均流量,m^3/d;

L_a——原污水的 BOD_5 值,mg/L;

N_v——容积负荷,$g\ BOD_5/(m^3\ 滤料 \cdot d)$。

滤池表面积:

$$A = \frac{V}{H}$$

式中,A——滤池表面积,m^2;

H——滤料层高度,m。

求出滤池面积后,用水力负荷校核,水力负荷值应在 $1\sim 3\ m^3/(m^2\ 滤池 \cdot d)$。

6. 生物滤池的运行

(1)挂膜

培养出适合待处理废水的活性污泥;将活性污泥置于滤床中,将池底部的活性污泥抽入上方的布水器淋下,使污泥在滤池内反复循环,当已有少量微生物黏附在填料上时开始进水,水量由小到大(设计水量20%～80%),当已达到运行所需的生物量时,系统可以进入正常运行。

(2)生物膜的指标性生物

①高负荷生物膜:生物膜呈黑色到灰色,溶解氧多在1 mg/L以下。

②负荷适当生物膜:生物膜为褐色。

③低负荷生物膜:生物膜为褐色。

④更新快的生物膜:生物大量生长。

⑤后生动物异常增长的生物膜:红色。

⑥发生恶臭的生物膜:溶解氧下降出现恶臭,线虫和寡毛虫类较多,也出现丝状菌和真菌类。灰褐色。

(3)生物膜系统运行应特别注意的问题

①防止生物膜过厚

加大回流,借助水力冲脱过厚的生物膜;二级滤池串联交替进水;低频加水,使布水器转速减慢。

②维持较高的DO

曝气池的DO<4 mg/L处理效果明显下降。

DO增加可以减少厌氧层厚度,增大好氧层的比例,同时改善系统的传质条件。

③减少ESS(生物悬浮物)

设计二沉池,并且表面负荷要小。

(4)运行管理

运行管理包括生物滤池主要构筑物的管理和运转方式的管理。

生物滤池是附着生长的好氧生化系统,主要包括介质床层、构筑物、布水系统、集水系统、通风系统。

氧气由自然通风或强制通风来供给;

废水在进入滤池前必须预处理,多设置初沉池;

生物滤池可以用于处理多种废水;

滤池多使用旋转或固定喷嘴布水器;

滤池的处理效果受废水的温度影响;

生物滤池的蚊蝇等,可以用THL(总水力负荷)控制、冲刷、氯化和淹没法等技术来控制。

(二)生物接触氧化法

生物接触氧化法工艺,又称为淹没式生物滤池,是一种介于活性污泥法与生物滤池之间的生物膜法处理。自20世纪70年代首次应用于废水处理以来,得到了广泛的应用和发展。

1. 生物接触氧化池的构造

生物接触氧化池主要由池体、填料床、曝气装置和进、出水装置等组成,如图3-42所示。

(1)池体

池体中设置填料、布水布气装置和支撑的支架。池体可为钢结构、钢筋混凝土结构。由于池中水流速低,从填料上脱落的残膜会有一部分沉积在池底,池底可做成多斗式或设置集泥设备,以便排泥。生物接触氧化池平面形状宜为矩形,有效水深为3～5 m。构筑物不应

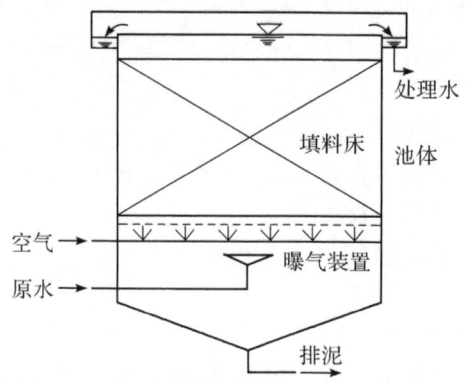

图 3-42　生物接触氧化池的构造

少于两个池,每池可分为两室,并按同时运行考虑。

(2) 填料床

生物接触氧化法对填料要求:比表面积大,孔隙率大,水力阻力小,强度大,化学和生物稳定性好,经久耐用。目前国内常用的填料有玻璃钢蜂窝、塑料波纹板、塑料多面球、纤维球及软性、半软纤维束等填料。其中纤维状填料应用比较广泛,纤维状填料是用尼龙、维纶、腈纶、涤纶等化学纤维编结成束状,呈绳状连接,使用时将绳状填料制成框状,再放进接触池中。

(3) 进、出水装置

进水装置一般采用穿孔管进水,穿孔管上孔眼直径为 5 mm,间距 20 cm 左右,水流喷出孔眼流速为 2 m/s。穿孔管可直接设在填料床的上部或下部,使污水均匀布入填料床,污水、空气和生物膜三者之间均匀接触可提高填料床的工作效率。出水装置可根据实际情况选择堰式出水或穿孔管出水。

(4) 曝气装置

曝气装置多采用穿孔管布气,孔眼直径为 5 mm,孔眼直径中心距 10 cm 左右。布气管可设在填料床下部或一侧,并均匀布置孔眼,空气则来自鼓风机或射流器。在运行中要求布气均匀。当填料床发生堵塞时可适当加大气量及提高冲洗能力。

2. 接触氧化池的池型

(1) 表面曝气充氧式

如图 3-43,此种生物接触氧化池与活性污泥法完全混合曝气池类似。其池中心为曝气区,池上面安装表面机械曝气设备,污水从池底中心配入,中心曝气区的周围充满填料,称为接触区;处理水自下而上呈上向流,从池顶部出水堰流出,排出池外。

(2) 侧部进气、上部进水式

如图 3-44,填料设在池的一侧,另一侧通入空气,为曝气区,原水先进入曝气区,经过曝气充氧后,缓缓流经填料区,与填料表面的生物膜充分接触,污水反复在填料区和曝气区循环,处理水在曝气区排出池体。由于空气和污水直接冲击填料,填料表面生物膜脱落和更新较慢,易于形成厌氧膜并逐渐增厚,可能产生阻塞现象,但经曝气区充氧的污水以相对静态的形式流过填料区,有利于污水中有机污染物的氧化分解。

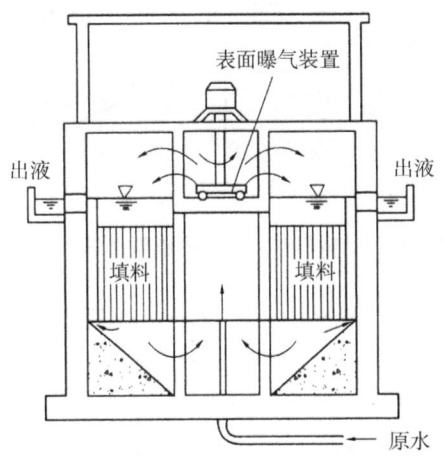

图 3-43 表面曝气充氧式生物接触氧化

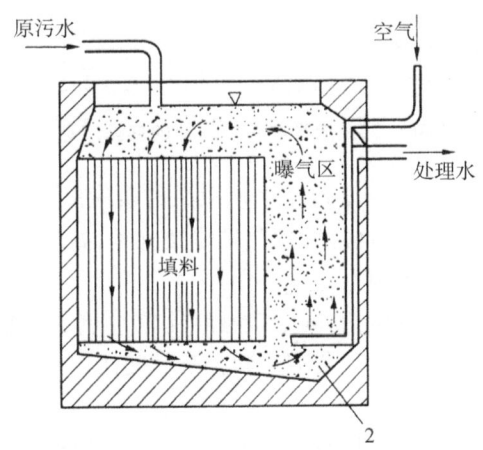

图 3-44 侧部进气、上部进水式生物接触氧化池

(3) 底部进水、底部进气式

处理水和空气均从池底部进入填料床,填料、污水在填料中产生上向流,填料表面的生物膜直接受水流和气流的冲击、搅拌,加速生物膜的脱落与更新,使生物膜保持良好的活性,有利于水中有机污染物质的降解,同时上升流可以避免填料堵塞现象。此外,上升的气泡经填料床时被切割为更小的气泡,使得气泡与水的接触面积增加,氧的转移率增大。

3. 生物接触氧化池的工艺流程

生物接触氧化池的工艺流程一般可分为一级、二级和多级处理形式。

在一级处理流程(图 3-45)中,原水经初次沉淀池预处理后进入生物接触氧化池,出水经二次沉淀池进行泥水分离后作为处理水排放。一级处理流程的生物接触氧化法工艺简单,易于维护管理,投资较低。

在二级处理流程(图 3-46)中,两段接触氧化池串联运行,其中间可设有中间沉淀池或免设。在一段氧化池内有机物与微生物的比值较高,F/M 值大于 2.2,微生物处于对数增

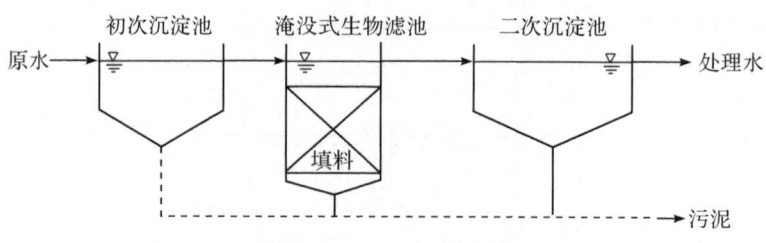

图 3-45 一级淹没式生物滤池的典型工艺流程

殖期,BOD 负荷率高,有机物去除较快,同时生物膜增长亦较快。在二段接触氧化池内 F/M 值一般为 0.5 左右,微生物增殖处于减速增殖期或内源呼吸期,BOD_5 负荷低,处理水水质提高。

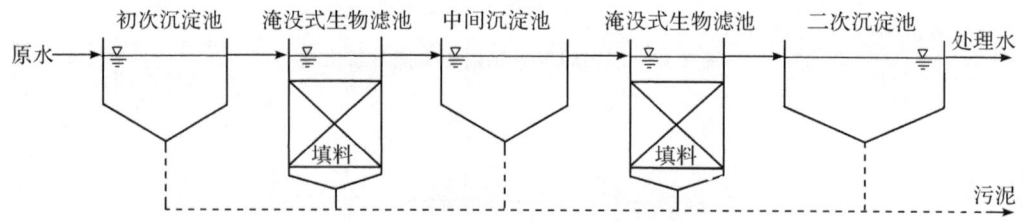

图 3-46 二级淹没式生物滤池的典型工艺流程

多级生物接触氧化处理流程中,3 座或 3 座以上的接触氧化池串联运行,每一级生物接触氧化池内的微生物有很大不同,这对处理效果非常有利,处理水水质稳定。

4. 生物接触氧化池的设计计算

生物接触氧化池的设计计算包括:确定接触氧化池内填料的容积、总面积、总高度和污水与填料的接触时间等。目前常采用负荷法和接触时间法。

(1) 设计要点

①生物接触氧化池的个数或分格数应不少于 2 个,并按同时工作设计。

②填料的体积按填料容积负荷和日平均污水量计算。填料的容积负荷一般应通过试验确定。当无试验资料时,对于生活污水或以生活污水为主的城市污水,容积负荷一般为 $1000 \sim 2000$ g $BOD_5/(m^3 \cdot d)$。

③污水在滤池内的有效接触时间一般为 $1 \sim 2$ h。

④进水浓度应控制在 $100 \sim 250$ mg/L。

⑤填料层总高度一般为 3 m。当用蜂窝填料时,一般应分层填装,每层高为 1 m,蜂窝孔径应不小于 $\phi 25$ mm。

⑥生物接触氧化池中的溶解氧含量一般应维持在 $2.5 \sim 3.5$ mg/L,气水比约为 $(15 \sim 20):1$。

⑦为保证布水、布气均匀,每格池面积应在 25 m^2 以内。

(2) 淹没式生物滤池的设计

①生物接触氧化池填料的容积

$$V = Q(S_a - S_e)/N_v$$

式中,V——填料的总有效容积,m^3;

Q——日平均污水量，m^3/d；

S_a——原污水 BOD_5 值，mg/L；

S_e——出水的 BOD_5 值，mg/L；

N_v——容积负荷率，$kg\ BOD_5/(m^3 \cdot d)$。

②接触氧化池面积

$$F = V/H$$

式中，F——接触氧化池总面积，m^2；

H——填料床高度，m，一般取 3 m。

③接触氧化池的总高度

$$H_0 = H + h_1 + h_2 + (m-1)h_3 + h_4$$

式中，H_0——接触氧化池的总高度，m；

h_1——超高，m，一般取 0.5~1.0 m；

h_2——填料层上部的稳定水层深，m，一般取 0.4~0.5 m；

h_3——填料层间隙高度，m，一般取 0.2~0.3 m；

h_4——配水区高度，m，一般取 0.5~1.5 m；

m——填料层数。

④滤池格数

$$n = F/f$$

式中，n——滤池格数，个，$n \geq 2$ 个；

f——每格滤池面积，m^2，$f \leq 25\ m^2$。

(三) 生物转盘

1. 生物转盘的构成与工作原理

(1) 生物转盘的构成

生物转盘由盘片、接触反应槽、转轴及驱动装置组成。盘片串联成组，其中贯以转轴，转轴的两端安设在半圆形的接触反应槽的支座上。转盘面积的 45%~50% 浸没在槽内的污水中，转轴高出水面 10~25 cm。

①盘片

盘片一般采用圆形平板或波纹状的圆板，直径一般为 2~3 m，目前也有增大至 4.0 m 的。在一套生物转盘装置内盘片达 100~200 片，它们平行地装在转轴上，需有支撑加固以防止挠曲变形以致互相碰撞。盘片间距取决于盘片直径和生物膜的最大厚度，一般为 20~30 mm，间距太大，转盘的有效面积减小；间距太小，通风不良，易于堵塞。如采用多级转盘，则前面数级的盘片间距为 25~35 mm，后面数级的盘片间距为 10~20 mm。盘片多由塑料制成，平板盘片多为聚氯乙烯塑料，而波纹板盘片多用聚酯玻璃钢。转盘的材料要求质轻、高强度、耐腐、不易变形和比表面积大等。常采用聚氯乙烯塑料和聚苯乙烯塑料以及玻璃钢等材料制作。

②接触反应槽

接触反应槽可用钢板制作，也可用砖或钢筋混凝土建造，水泥砂浆抹面再涂以防水耐磨层。其断面形状与盘片外形基本吻合，呈半圆形，以免产生死角。盘片边缘与接触反应槽内面应留有不小于 150 mm 的间距,接触反应槽底部应设有放空管,接触反应槽的两个侧面设有锯齿形溢流堰式的进/出水设备。接触反应槽的整体尺寸应根据盘片直径和转轴长度确定。

③转轴

转轴一般采用碳钢,轴长一般控制在 0.5~6.0 m,有时可达 7~8 m。轴长不宜太长,否则往往由于同心度加工不良,易于挠曲变形,以致发生断裂。轴直径应通过强度和刚度计算确定,一般采用 30~50 mm,大型转盘的直径可达 80 mm。

转盘的转速一般为 0.8~3 r/min,线速度以 10~20 m/min 为宜。转速太高,能耗大,转轴易于损坏,使生物膜过早脱落。

④驱动装置

生物转盘的驱动装置包括动力设备和减速装置两部分。动力设备分为电力机械传动、空气传动及水力传动等。国内一般采用电动和气动。电动生物转盘以电动机为动力,通过变速装置带动转轴按所希望的转速转动。对于大型转盘,一般一台转盘设一套驱动装置;对于中、小型转盘,可由一套驱动装置带动一组(一般为 3~4 级)转盘转动。气动生物转盘以压缩空气为动力,推动转盘转动。在转盘的下部设有空气喷头,低压空气以 0.2 kg/cm² 左右的速度从喷头释放,流向附着于转盘外缘的空气栅。由于捕捉空气而产生一种浮力,随之在转动轴上产生一种转矩,使转盘转动。气动传动兼有充氧作用,动力消耗较省。由于传动受力均匀,所以转轴寿命长。

生物转盘的盘片与生物滤池中滤料的作用相同,上面吸附着生物膜。运行时,转盘表面的生物膜交替与废水和大气相接触。与废水接触时,生物膜吸附废水中的有机物,同时也分解所吸附的有机物;与空气接触时,可吸附空气中的氧气,并把分解有机物产生的 CO_2 释放到空气中,同时,继续氧化所吸附的有机物。这样,盘片上的生物膜交替与废水和大气相接触,反复循环,使废水中的有机物在好氧微生物即生物膜的作用下得到净化,盘片上的生物膜不断生长和不断自行脱落,所以在转盘后应设二次沉淀池。

2. 生物转盘系统的工艺流程

根据转轴和盘片的布置形式,生物转盘可分为单轴单级、单轴多级和多级生物转盘。级数的多少主要根据污水性质、出水要求确定。一般城市污水多采用四级转盘进行处理。应当注意,首级负荷高,供氧不足,应采取加大盘片面积、增加转速来解决供氧不足的问题。

3. 生物转盘的工艺特征

(1)节能,即运行费用较低。由于转盘上的生物膜从水中进入空气中时充分吸收了有机污染物,生物膜外侧的附着水层可以从空气中吸氧,接触反应槽不需要曝气,因此,生物转盘运转较为节能。有关文献记载,以流入污水的 BOD_5 为 200 mg/L 计,每除去 1 kg BOD_5 约耗电 0.71 kW·h,为活性污泥反应系统的 1/4~1/3。

(2)生物量多,净化率高,适应性强,出水水质较好。微生物附着生长,反应槽内生物量大,第一段的生物膜可达 194 g/m²,如果以氧化槽容积折算此值,则相当于 40000~60000 mg/L 的 MLVSS。F/M 为 0.05~0.1,只是活性污泥法 F/M 的几分之一。因此,生物转盘能以较短的接触时间取得较高的净化率。

(3)生物膜上生物的食物链长,污泥产量少,为活性污泥法的 1/2 左右。在生物膜上存在较长的食物链,微生物逐级捕食,因此,污泥产量少,大致是活性污泥的 1/2。产生的污泥量和多种因素有关。在水温为 5~20 ℃、转速为 2~5 r/min 的条件下,BOD_5 去除率为 90% 时,除去 1 kg BOD_5 的污泥产率为 0.25 kg 左右。

(4)维护管理简单,功能稳定可靠。生物转盘反应器设备简单,功能稳定,能够处理浓度为 10~40000 mg/L 的污水,并能取得较好的处理效果;设计运行合理的生物转盘也不生长滤池蝇,不产生恶臭和泡沫,而且不设有曝气装置,噪声极小,维护管理方便。

(5)受气候影响较大,顶部需要覆盖,有时需要保暖。生物转盘的盘片交替与水和空气接触,受气候影响较大,寒冷地区需进行顶部覆盖,有时还需做保温处理。

(6)所需的场地面积一般较大,建设投资较高。

4. 生物转盘反应器的设计与计算

(1)转盘总面积的确定

通常采用负荷法。生物转盘常用的负荷参数有 BOD_5 面积负荷率 N_A 和水力负荷率 N_q。

面积负荷率 N_A 是指单位盘片表面积在 1 d 内能承受的并使转盘达到预处理效果的 BOD_5 的量,单位为 g BOD_5/(m^2·d);水力负荷率 N_q 则是指单位盘片表面积在 1 d 内能够接受并使转盘达到预期处理效果的污水量,单位为 m^3/(m^2·d)。

$$N_A = QS_0/A$$
$$N_q = Q/A$$

式中,Q——日平均污水量,m^3/d;

S_0——原污水的 BOD_5 值,mg/L;

A——盘片总面积,m^2。

生物转盘处理城市污水时,BOD_5 面积负荷率为 5~20 g BOD_5/(m^2·d),首级转盘的负荷率不宜超过 50 g BOD_5/(m^2·d)。国外根据对处理水水质的要求不同采用 BOD_5 面积负荷率分别为 20~40 g BOD_5/(m^2·d)(处理水 BOD_5≤60 mg/L)和 10~20 g BOD_5/(m^2·d)(处理水 BOD_5≤30 mg/L)。水力负荷 N_q 在很大程度上取决于原污水的 BOD_5 值,对于一般城市污水,此值多为 0.08~0.2 m^3/(m^2·d)。

确定了负荷率后,转盘总面积为

$$A = QS_0/N_A$$

或

$$A = Q/N_q$$

(2)转盘的总片数 M

当圆形转盘直径为 D 时,盘片的总片数为

$$M = A/2a$$

式中,分母中的"2"是考虑盘片双面均为有效面积。

(3)转盘的转轴长度 L

假定采用 n 级(台)转盘,则每级转盘的盘片数 $m = M/n$。由 m 可进一步求得每级转盘的转轴长度,即

$$L = m(d+b)K$$

式中,L——每级转盘的转轴长度,mm;

m——每级转盘的片数;

d——盘片间距,m;

b——盘片厚度,一般取值 $0.001\sim0.013$ m;

K——考虑污水流动的循环沟道的系数,取值为 1.2。

(4)接触反应槽的容积

接触反应槽的容积和其断面形式有关,当采用半圆形接触反应槽时,其总有效体积为

$$V=(0.294\sim0.335)(d+2\delta)^2 L$$

$$V'=(0.294\sim0.335)(D+2\delta)^2(L-mb)$$

式中,δ——盘片边缘与接触反应槽内壁之间的净间距,m。

$0.294\sim0.335$——系数,取决于转轴中心距水面高度 r(一般为 $0.15\sim0.30$ m)与盘片直径 D 之比,当 $r/D=0.1$ 时可取值 0.294;当 $r/D=0.06$ 时,可取值 0.335。

(5)接触时间 t_a

污水在氧化槽里的平均接触时间为

$$t_a = V/Q$$

式中,t_a——平均接触时间,h;

V——氧化槽净有效容积,m³;

Q——污水流量,m³/d。

5. 生物转盘设计案例

某住宅小区人口为 8000 人,排水量标准为 100 L/(人·d),经沉淀处理后 BOD_5 值为 150 mg/L,处理水的 BOD_5 值不得大于 15 mg/L。采用生物转盘处理,试进行生物转盘设计。

【解】(1)平均日污水量

$$8000\times 0.1 = 800 \text{ m}^3/\text{d}$$

对处理水要求达到的 BOD_5 去除率

$$\eta=(150-15)/150=90\%$$

BOD_5 面积负荷率 $N_A = 12$ g $BOD_5/(\text{m}^2\cdot\text{d})$

水力负荷率 $N_q = 90$ L/(m²·d)

(2)转盘计算

①盘片总面积

按面积负荷率计算

$$A = 800\times 150/12 = 10000 \text{ m}^2$$

按水力负荷率计算

$$A = 800/0.09 = 8889 \text{ m}^2$$

两者所得数值接近,为稳妥计,采用较大的数据,即 10000 m²。

②当采用直径为 3.0 m 的盘片时,盘片的总片数

$$M = \frac{0.637\times 10000}{3.0^2} = 708$$

③当按 5 台转盘考虑,每台盘片数为 708/5=142,m 值按 145 片设计。

④每台转盘按单轴四级设计,首级转盘 45 片,第二级 40 片,第三、四级各 30 片。

⑤接触氧化槽的有效长度

盘片间距 d 值取 25 mm,采用硬聚氯乙烯盘片,b 为 4 mm,有效长度

$$L = 145 \times (25+4) \times 1.2 = 5046 \text{ mm} = 5 \text{ m}$$

即接触氧化槽全长取 5 m。

⑥接触氧化槽经有效容积

采用半圆形接触氧化槽。r 取值 200 mm,r/D 为 0.0667,系数取 0.294 与 0.335 中间值,即 0.33,δ 值取 200 mm。

$$\begin{aligned} V &= 0.33 \times (3.0 + 2 \times 0.2)^2 \times (5.0 - 145 \times 0.004) \\ &= 0.33 \times 11.56 \times 4.42 \\ &= 16.86 \end{aligned}$$

⑥污水在接触氧化槽内的停留时间

$$t_a = \frac{16.86 \times 5}{800} \times 24 = 2.53 \text{ h}$$

(四)生物流化床

生物流化床是 20 世纪 70 年代开发的一种新型生物膜法处理工艺,以密度大于 1 g/cm³ 的细小惰性颗粒如沙粒、焦炭、活性炭等作为生物载体,实现了其他生物处理系统所不能达到的高的生物固体浓度,其传质效率也很高,是一种高效的生物处理方法。

1. 生物流化床的工作原理与特点

流化床是以石英砂、活性炭、焦炭一类的较小的颗粒为载体,填充在床内,载体表面被覆盖着生物膜而使其质变轻,污水以一定流速从上而下流动使载体处于流化状态。载体颗粒小,总体的表面积大,为微生物提供了充足的场所,单位容积反应器内的微生物量可以达 10~14 g/L。

载体处于流化状态,污水从下部、左侧、右侧流过,广泛而频繁地与生物膜接触,加之细小而密实的颗粒载体在床内相互摩擦,因而使生物膜的活性提高并加速了有机物从污水向微生物细胞内的传质过程,还可有效防止堵塞现象发生。

生物流化床的缺点是设备的磨损较固定床严重,载体颗粒在湍动过程中会被磨损变小。

2. 生物流化床的构造

生物流化床由床体、载体、布水装置和脱膜装置等部分组成。

(1)床体

一般呈圆柱状,高径比一般采用(3~4):1;多由钢板焊制,需要时也可由钢筋混凝土浇灌砌制。

(2)载体

载体是生物流化床的核心部件,表 3-4 所列举的是我国常用载体及其物理参数。表中所列是载体无生物膜覆盖条件下的数据,当载体为生物膜所包覆时,生物膜的生长情况对其各项物理参数,特别是膨胀率产生明显的影响,这时的各项参数应根据具体情况实地测定而确定。

表 3-4　常用载体及其物理参数

载体	粒径/(mm)	相对密度	载体高度/(m)	膨胀率/(%)	空床时水上升速度(m/h)
聚苯乙烯球	0.5～0.3	1.005	0.7	50	2.95
				100	6.90
活性炭（新华8#）	ϕ(0.96～2.14)·L(1.3～4.7)	1.50	0.7	50	84.26
				100	160.50
焦炭	0.25～3.0	1.38	0.7	50	56
				100	77
无烟煤	0.5～1.2	1.67	0.45	50	53
				100	62
细石英砂	0.25～0.5	2.50	0.7	50	21.30
				100	40

注：本表所列为载体未被生物包覆时的数据。

(3) 布水装置

均匀布水对生物流化床发挥正常的净化功能至为重要，特别是对两相生物流化床，布水均匀十分关键。布水不均，可能导致部分载体沉积而不形成流化，使流化床的工作受到破坏。布水装置又是填料的承托层，在停水时，载体不流失，并易于再次启动。对三相生物流化床，由于有气体的搅拌，所以布水设备不十分重要。

(4) 脱膜装置

及时脱除老化的生物膜，使生物膜经常保持一定的活性，是生物流化床维持正常净化功能的重要环节。一般三相生物流化床不需要设置专门的脱膜装置，脱膜装置主要用于两相生物流化床。常设的脱膜装置主要有振动筛、叶轮脱膜装置、刷式脱膜装置。

叶轮脱膜装置设于流化床上部，它利用叶轮旋转产生的剪切作用使生物膜与载体分离。脱落的生物膜从沉淀分离室的排泥管排出，载体则沉降并返回流化床体。

3. 生物流化床的类型

(1) 两相生物流化床

两相生物流化床靠上升水流使载体流化，床层内只存在液、固两相。

原废水首先经充氧设备预曝气充氧，然后进入两相生物流化床，其出水进入二次沉淀池进行泥水分离，处理水排放。生物流化床内的载体全部为生物膜所包覆，微生物密度大，好氧速率较大，对污染的一次充氧不能保证微生物对氧的需要。此外，单靠原污水的流量不足以使载体流化，因此常采用使部分处理水回流方式，以加大充氧水量，并使载体流态化。

有机物的降解使微生物膜增厚，悬浮颗粒(附着生物膜的载体)密度变小，随着水流失。需用脱膜装置脱掉微生物，使载体恢复原有特性，重新附着生物膜。

(2) 三相生物流化床

三相生物流化床依靠上升气泡的提升力使载体流化，床层内存在着气、固、液三相。

三相生物流化床不设置专门的充氧和脱膜设备,空气通过射流曝气器或扩散装置直接进入流化床充氧。载体表面的生物膜依靠气体和液体的搅动、冲刷和相互摩擦而脱落。随出水流出的少量载体进入二次沉淀池沉淀后再回流到流化床。

三相生物流化床操作简单,能耗、投资和运行费用比两相流化床低,但充氧能力比两相流化床差。

三、生物膜法的运行管理实训

(一)生物滤池的运行管理

1. 生物膜的培养驯化

生物滤池的运行与活性污泥处理装置类似,有一个生物膜的培养与驯化阶段,称为"驯化—挂膜"阶段。这一阶段一方面使微生物生长、繁殖,直到滤料表面长满生物膜,微生物的数量满足废水处理的要求;另一方面使微生物能逐渐适应所处理的废水水质,即驯化微生物。

驯化—挂膜有两种方式。一种方式是同步驯化法,即从其他工厂污水站或城市污水处理厂取来活性污泥或生物膜碎屑,进行驯化、挂膜。可把取来的数量充足的污泥同工业污水、清水和养料按适当比例混合,喷灌生物滤池,出水进入二次沉淀池,再用二次沉淀池的污泥和部分出水同工业污水和养料混合,喷灌生物滤池。在滤床明显出现生物膜后,以二次沉淀池出水水质为参考,在循环中逐步调整工业污水和出水的比例,直到不用出水和回流污泥。这时,驯化—挂膜结束,运行进入正常状态。另一种方法是异步驯化法,即先用生活污水、城市污水、河水进行运行和挂膜,然后逐渐增加工业污水进行驯化。

2. 生物滤池的常见异常现象及控制

(1)滤池积水

滤池积水是生物滤池运行中的典型异常现象。滤料的粒径太小或不均匀、滤料的破裂导致滤床孔隙率降低,易引发这一现象;初级处理设备运转不正常、生物膜过度剥落,导致滤池进水中的悬浮物浓度过高,也是造成滤池积水的原因。以上因素也是造成滤池泥穴问题的根源。

防止滤池积水与泥穴问题的措施有:

①日常运行中可定期向滤池进水中投配一定量的游离氯(15 mg/L),历时数小时,隔周投配;投配时间可在晚间低流量期间,以减小氯的需要量。这种方法可起到滤池积水的预防作用。

②人工耙松滤池表面的滤料,并停止运行积水面上的布水器,让连续的废水流将滤料上的生物膜冲走。

③停止运转一段时间使积水滤干。

④对于有水封墙和可以封住排水渠的滤池,可用污水淹没滤池并持续至少一天的时间。

⑤可以更换滤料,这种方法在清洗旧滤料成本较高的情况下采用。

(2)滤池蝇现象

滤池蝇是一种小型昆虫,幼虫在滤池的生物膜上滋生,成体蝇在池周围飞翔,易进入人的眼、耳、口鼻等处;其影响范围达水厂周围数百米。滤池蝇的生长周期随气温的上升而缩短。从15 ℃的22 d到29 ℃的7 d不等。在环境干湿交替条件下发生最频繁。滤池蝇的危害主要是影响环境卫生。

滤池蝇的防治方法有多种,目前常用的有如下几种:

①生物滤池连续进水不可间断。

②按照与减少积水相类似方法减少过量的生物膜。

③每周或隔周用污水淹没滤池一天。

④彻底冲淋滤池暴露部分的内壁,如尽可能延长布水横管,使废水能分布于壁上,若池壁保持潮湿,则滤池蝇不能生存。

⑤在进水中加氯,使余氯为 0.5~1 mg/L,加药周期保持在 1~2 周,以免滤池蝇完成生命周期。

(3)臭味现象

滤池是好氧的,一般不会有严重的臭味,若有臭皮蛋味,则表明存在厌氧条件。

臭味的防治措施如下:

①维持所有设备(包括沉淀和废水系统)均为好氧状态;

②降低污泥和生物膜的积累量,避免出现堵塞的下水系统;

③当流量低时向滤池进水中短期加氯;

④加大出水回流;

⑤清洗所有滤池的通风孔,将空气压入滤池的排水系统以加大通风量;

⑥尽可能避免高负荷冲击,如避免牛奶加工厂、罐头厂高浓度废水的进入。

(4)滤池表面结冰问题

滤池在冬天不仅处理效率低,有时还可能结冰,使其完全失效。

防止滤池结冰的措施有:

①在上风向设置挡风屏;

②调节喷嘴,使之布水均匀;

③当采用两级滤池时,可使其并联运行,减少回流量或不回流,直至气候转暖。

(5)布水管及喷嘴的堵塞问题

布水管及喷嘴的堵塞使废水在滤料表面上分布不均,结果进水面积减少,处理效率降低。严重时大部分喷嘴堵塞,会使布水器内压增高而爆裂。布水管及喷嘴堵塞的防治措施有:清洗所有孔口,提高初次沉淀池对油脂和悬浮物的去除率,维持滤池适当的水力负荷以及按规定对布水器进行涂油润滑等。

(6)生物膜过厚的问题

生物膜内部厌氧层的异常增厚,可引起硫酸盐还原,污泥发黑发臭,并可导致生物膜活性下降,大块脱落,使滤池局部堵塞,造成布水不均,不堵的部位流量及负荷偏高,出水水质下降。

防止生物膜过厚的措施有:

①加大回流量,借助水力冲脱过厚的生物膜;

②采取两级滤池串联,交替进水;

③低频进水,使布水器的转速减慢,从而使生物膜厚度下降。

(二)生物接触氧化法处理装置的运行管理

1. 加强生物相观察是做好生物接触氧化法日常运行管理的有力保障

与活性污泥法一样,接触氧化池中生物膜上的生物相是很丰富的,起作用的微生物包括许多门类,由细菌、真菌、原生动物、后生动物组成比较稳定的生态系统。

与许多活性污泥法不同的是,生物接触氧化池中的生物膜上存在着大量后生动物,如轮虫、线虫、红斑瓢虫,这些动物以食死肉为生,能软化生物膜,促使其脱落更新,从而经常保持活性和良好的净化功能。当轮虫等后生动物量多且活跃,个体肥大,则处理后出水水质良好;反之,则处理效果差。一旦发生生物呆滞,个体死亡,则预示着处理效果急剧下降。因此通过加强生物相观察,可及时发现问题,分析原因,以便采用相应的措施。

2. 调控进水 pH,保证微生物免受酸碱冲击

同其他生物处理过程一样,影响生物接触氧化池正常运行的因素主要有温度、pH、溶解氧和营养物。其中最为直接且易于测定的是 pH,因此,生物接触氧化法日常运行管理过程中要密切关注 pH 的变化。pH 过高或过低时,需尽快进行调节,确保生物接触氧化池进水 pH 为 6.5~9.5,否则氧化池中微生物会受到不适 pH 的冲击损害,影响生物相和处理效果。

3. 定时加大曝气量,防止接触填料的堵塞

防止填料堵塞除在设计过程中采取一些必要措施外,在运行过程中应定时加大气量,对填料进行反冲洗。通常是每 8 h 进行一次,每次反冲 5~10 min。这对于填料上衰老生物膜的脱落、促进生物膜的新陈代谢、防止填料堵塞是有效的。

(三)生物转盘装置的运行管理

1. 生物膜的培养与驯化

生物转盘的挂膜方法与生物滤池的挂膜方法基本相同。因接触反应槽内可以不让废水排放,故开始时,可以按照培养活性污泥的方法,培养出适合于待处理废水的活性污泥,然后将活性污泥置于氧化槽中,在不进水的条件下使转盘低速旋转 12~24 h,盘片上便会黏附少量微生物,接着开始进水,进水量依生物膜逐渐生长而由小到大,直至满负荷运行。生物转盘挂膜亦可按生物滤池培养驯化微生物的方式进行,这样可省去污泥驯化步骤,但整个周期稍长。

用于硝化的转盘,挂膜时间要增加 2~3 周,并注意将进水 BOD_5 控制在 30 mg/L 以下。因自养硝化菌世代期长,繁殖生长慢,若进水有机物浓度过高,则膜中异氧菌占优势,从而抑制自养菌的生长。当出水中出现亚硝酸盐时,表明硝化菌在生物膜上已占优势,挂膜工作宣告结束。

2. 生物转盘的异常现象与控制措施

在转盘启动的两周内,盘面上生物膜大量脱落是正常的,当转盘采用其他水质的活性污泥来接种时,脱落现象更为严重。但在正常运行阶段,膜的大量脱落会给运行带来困难。产生这种情况的主要原因可能是进水中含有过量有毒物质或抑制微生物生长的物质,如重金属、氯或其他有机毒物。此时应及时查明毒物来源、浓度、排放的频率与时间,立即将氧化槽内的水排空,用其他污水稀释。

复习思考题

一、名词解释

污泥体积指数　污泥浓度　污泥负荷　污泥回流比　污泥龄

二、单项选择题

1. 沼气的主要成分常有两种,它们是( )。
   A. CH_4、CO_2 B. CH_4、SO_2 C. CH_4、N_2 D. CH_4、H_2S
2. 对于溶解性有机物厌氧生物处理,( )是厌氧过程速率的限制步骤。
   A. 产酸阶段   B. 水解阶段
   C. 产氢产乙酸阶段   D. 产甲烷阶段
3. 下列关于 UASB 的说法中不正确的是( )。
   A. 上流式厌氧污泥床(UASB)工艺应用于生产的历史较短,特别在处理肉类加工废水方面,相关的生产经验总结不多,尚无较完整的工程设计方法
   B. UASB 工艺结构简单,需搅拌,负荷低,操作管理方便
   C. 布水系统、气液固三相分离系统和集水系统的设计和运行管理,是提高 UASB 工艺处理效率的技术关键
   D. 肉类加工废水经厌氧法处理后,出水悬浮物浓度仍较高,必须再经好氧生物处理,才能排放至水体
4. 某污水处理厂曝气池内混合液悬浮固体浓度 MLSS 为 3000 mg/L,混合液挥发性悬浮固体浓度 MLVSS 为 2400 mg/L。曝气池出口处混合液经 30 min 静沉后,沉降比为 60%。根据以上数据评价该曝气池内活性污泥的性能,( )。
   A. 已经发生污泥膨胀   B. 污泥已解体
   C. 污泥沉降性能良好   D. 污泥中无机物含量太高
5. 已知某污水的 BOD 为 80 mg/L,COD 为 200 mg/L,该污水的可生化性属于( )。
   A. 易生化   B. 预处理复杂   C. 填料易堵塞   D. 净化效率不高
6. 通常 SVI 超过( )时,就认为已经发生活性污泥膨胀。
   A. 100   B. 150   C. 300   D. 400
7. 污泥指数的单位一般用( )表示。
   A. mg/L   B. 日   C. mL/g   D. 秒
8. 根据生物膜法的特点判断,以下( )正确。
   A. 微生物成悬浮态
   B. 起净化作用的微生物为菌胶团细菌
   C. 生物固体平均停留时间(即污泥龄)取决于排泥量
   D. 不会出现污泥膨胀

三、简答题

1. 试述有机物厌氧降解的基本过程及主要影响因素。
2. 常用哪些指标来评价活性污泥法处理系统?试述这些指标的关系和应用。
3. 产生活性污泥膨胀的主要原因是什么?
4. 如果某污水厂经常发生严重的活性污泥膨胀问题,大致可以从哪些方面着手进行研究分析,可以采取哪些措施加以控制?
5. 生物膜法净化废水的基本原理是什么?

学习情境 4

污水处理工艺的三级处理

（载体：特殊污染物质）

任务一 去除营养物

> **启发引导：**
> PPT演示水体富营养化的图片，播放龙岩污水处理厂工艺介绍的视频，回忆实习单位污水处理厂处理城市污水的工艺。
> 问题提出：
> 1. 水体富营养化的主要原因是什么？
> 2. 生物脱氮原理和生物除磷原理是什么？
> 3. A/O工艺和A/A/O工艺如何操作？

4.1 生物脱氮除磷技术

一、生物脱氮

废水中的氮以有机氮、氨氮、亚硝酸氮和硝酸氮四种形式存在。在生活污水中，主要含有机氮和氨氮，只含有少量或没有亚硝酸氮和硝酸氮，在二级处理水中，氮则以氨氮、亚硝酸氮和硝酸氮形式存在。生物脱氮的基本过程包括氨化、硝化和反硝化三个阶段。

（一）氨化阶段

废水中的含氮有机物，在生物处理过程中被好氧或厌氧异养型微生物氧化分解为氨氮的过程。

（二）硝化阶段

废水中的氨氮在好氧自养型微生物（统称为硝化菌）的作用下被转化为NO_2^-和NO_3^-的过程。

硝化反应分两步进行，第一步为氨氮在亚硝酸菌的作用下，被转化为亚硝酸氮，反应式为

$$2NH_4^+ + 3O_2 \xrightarrow{\text{亚硝酸菌}} 2NO_2^- + 4H^+ + 2H_2O$$

第二步为亚硝酸氮在硝酸菌的作用下，进一步转化为硝酸氮，其反应式为

$$2NO_2^- + O_2 \xrightarrow{\text{硝酸菌}} 2NO_3^-$$

总反应式为

$$NH_4^+ + 2O_2 \xrightarrow{\text{硝化菌}} NO_3^- + 2H^+ + H_2O$$

亚硝酸菌与硝酸菌合称硝化菌,硝化菌属于化能自养细菌,生长缓慢,世代时间长,对环境的变化很敏感,如硝化菌不能在酸性条件下生长。因此,为了使硝化反应正常进行,必须保持好氧条件和一定的碱度,并且混合液中有机物含量不能过高。

(三)反硝化阶段

废水中的 NO_2^- 和/或 NO_3^- 在缺氧条件下在反硝化菌(异养型细菌)的作用下被还原为 N_2 的过程。反应式为

$$6NO_3^- + 2CH_3OH \xrightarrow{\text{硝酸还原菌}} 6NO_2^- + 2CO_2 \uparrow + 4H_2O$$

$$6NO_2^- + 3CH_3OH \xrightarrow{\text{亚硝酸还原菌}} 3N_2 \uparrow + 3CO_2 \uparrow + 3H_2O + 6OH^-$$

总反应式

$$6NO_3^- + 5CH_3OH \xrightarrow{\text{反硝化菌}} 3N_2 \uparrow + 5CO_2 \uparrow + 7H_2O + 6OH^-$$

反硝化菌属于异氧型兼性厌氧菌,并不是一类专门的细菌,它们大量存在于土壤和污水处理系统中,如变形杆菌、假单胞菌等,土壤微生物中有50%是这一类具有还原硝酸盐能力的细菌。反硝化反应的影响因素如下:

(1)碳源:一是原废水中的有机物,当废水的 BOD_5/TKN 大于3~5时,可认为碳源充足;外加碳源,多采用甲醛。

(2)pH:适宜的pH为6.5~7.5,pH高于8或低于6,反硝化速率将大大下降。

(3)溶解氧:一方面,反硝化菌适于在缺氧条件下发生反硝化反应,但另一方面,其某些酶系统只有在有氧条件下才能合成,所以反硝化反应宜在缺氧、好氧交替的条件下进行,溶解氧应控制在0.5 mg/L以下。

(4)温度:最适宜温度为20~40 ℃,低于15 ℃时,反应速率将大为降低。

二、活性污泥法除磷工艺

(一)活性污泥法除磷原理

污水中磷的存在主要有正磷酸盐、聚合磷酸盐和有机磷三种形式,后两种形式约占进水总磷量的70%。在好氧条件下,利用聚磷菌一类的微生物能够过量地(数量上超过其正常的生理需求)从外部环境摄取磷,而在厌氧条件下,会把摄取的磷释放掉。在反应器中按顺序创造适宜的条件,利用这类微生物超量摄取磷的特性,将磷以聚合的形态贮藏在菌体内,形成高磷污泥,排出系统外,有效地去除污水中的磷,这就是活性污泥除磷的基本原理。

1. 聚磷菌对磷的过量摄取

在好氧条件下,聚磷菌进行有氧呼吸,不断地从外部摄取有机物,由于氧化分解,不断地释放出能量,能量为ADP(二磷酸腺苷)所获得,并结合 H_3PO_4 合成ATP(三磷酸腺苷),即

$$ADP + H_3PO_4 \xrightarrow{\text{能量}} ATP + H_2O$$

同时,以聚磷的形式存储超过生长所需求的磷量,将磷从液相中去除,完成对磷的过量摄取。

2. 聚磷菌的放磷

在厌氧条件下,聚磷菌体内的ATP进行水解,放出H_3PO_4和能量,形成ADP,即

$$ATP + H_2O \longrightarrow ADP + H_2O + 能量$$

(二)生物除磷工艺

A/A/O法是由厌氧池和好氧池组成的同时去除污水中有机污染物和磷的处理系统,其流程如图 4-1 所示。

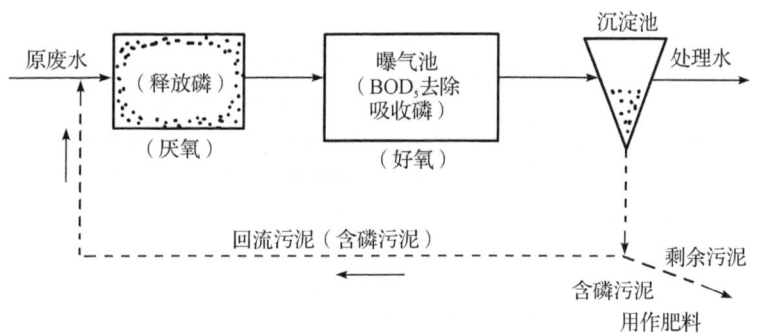

图 4-1　A/A/O 生物除磷工艺流程

为了使微生物在好氧池中易于吸收磷,溶解氧应维持在 2 mg/L 以上,pH 应控制为 7～8,磷的去除率还取决于进水中的 BOD_5 与磷浓度之比。根据有关运行资料,BOD_5 与磷浓度之比大于 10∶1,出水中磷的浓度可在 1 mg/L 左右。微生物吸收磷是可逆的过程,过长的曝气时间及污泥在沉淀池中停留时间过长都有可能造成磷的释放。

三、同步脱氮除磷工艺

厌氧—缺氧—好氧活性污泥法是较常使用的同步脱氮除磷工艺(图 4-2)。

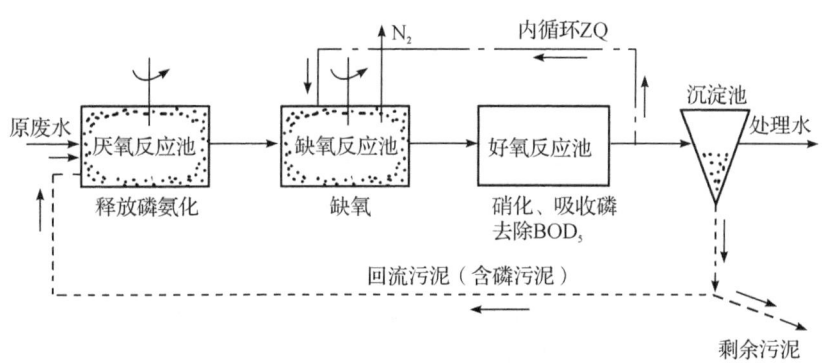

图 4-2　A/A/O 工艺流程图

原污水与沉淀池回流的含磷污泥同步进入厌氧反应池,在厌氧反应池内释放磷,同时部分有机物进行氨化,污水经过厌氧反应池进入缺氧反应池。在缺氧反应池内,通过内循环由好氧反应池送来的硝态氮进行反硝化脱氮,混合液从缺氧反应池进入好氧反应池,去除

BOD$_5$、硝化和吸收磷等反应在本反应池中进行,含有过剩磷的混合液从这里回流至厌氧反应池。

本工艺是最简单的同步脱氮除磷工艺,在厌氧、缺氧、好氧交替运行条件下,丝状菌不能大量繁殖,基本不存在污泥膨胀现象;污泥中含磷浓度高,具有很高的肥效。

四、工艺流程

(一)反硝化生物脱氮系统

如图 4-3 所示。

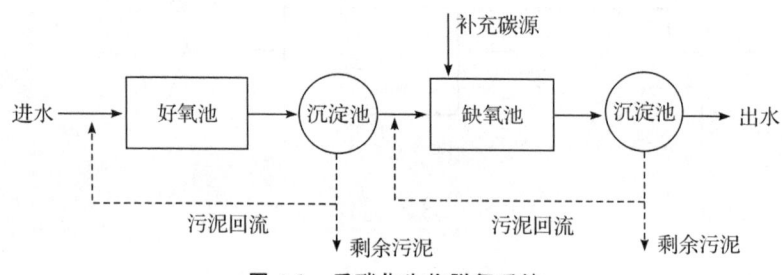

图 4-3 反硝化生物脱氮系统

(二)A/O 工艺

缺氧段后置,需补充碳源(一般使用甲醇),运行费用较高。

利用原污水中有机物为反硝化菌的碳源,前置反硝化生物脱氮系统。

A/O 工艺如图 4-4 所示。

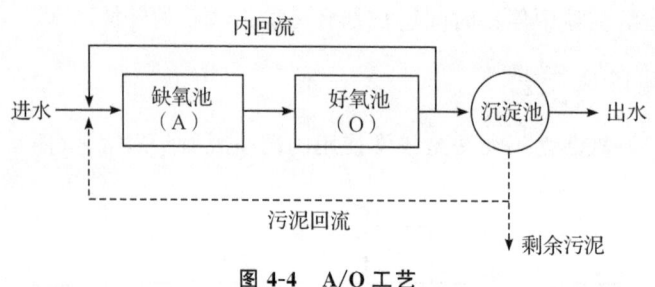

图 4-4 A/O 工艺

缺氧段(A):反硝化;

好氧段(O):去除有机物,硝化。

(三)A/A/O 工艺流程

A/A/O 工艺中,回流污泥中的 NO_3^--N 回流至厌氧段,干扰聚磷菌细胞体内磷的厌氧释放,降低磷的去除率。UCT 工艺将回流污泥首先回流至缺氧段,回流污泥带回的 NO_3^--N 在缺氧段被反硝化脱氮,然后将缺氧段出流混合液一部分再回流至厌氧段,这样就避免了 NO_3^--N 对厌氧段聚磷菌释磷的干扰,提高了磷的去除率,也对脱氮没有影响,该工艺对氮和磷的去除率都大于 70%。如果入流污水的 BOD$_5$/TKN 或 BOD$_5$/TP 较低时,为了防止 NO_3^--N 回流至厌氧段产生反硝化脱氮,发生反硝化细菌与聚磷菌争夺溶解性 BOD$_5$ 而降低除磷效果,此时就应采用 UCT 工艺。

五、案例介绍

根据龙岩污水处理厂 A/A/O 同步脱氮除磷工艺流程，讲解生物同步脱氮除磷过程。

六、分组讨论与实训

通过各种渠道了解全国各大污水处理厂城市污水处理工艺流程，特别是龙岩市各大污水处理厂脱氮除磷工艺，分组讨论各大污水处理厂在处理工艺上的差别和解决实际问题的方法。

任务二　去除残余悬浮物和胶体

> **启发引导：**
> 提前到江河中取一定量的地表水，并通过图片给学生展示处理后的水的形态。

4.2　混凝

化学混凝所处理的对象主要是水中微小的悬浮物和胶体杂质。大颗粒的悬浮物（粒度大于 100 nm）由于受重力作用而沉降，可以用沉淀法除去。但是，对于微小粒径的悬浮物和胶体（粒度 1~100 nm），能在水中长期保持分散悬浮状态，即使静置数十小时以后，也不会自然沉降。混凝就是在混凝剂的离解和水解产物的作用下，使水的胶体杂质和细小悬浮物脱稳并聚结成可以与水分离的絮凝体的过程。一般来讲，水中胶体颗粒脱稳的过程称为凝聚，脱稳的胶体颗粒相互聚集成大的矾花的过程称为絮凝。混凝是凝聚和絮凝的总称。

一、混凝的基本原理

（一）胶体的基本性质

1. 胶体的双电层结构

胶体微粒的中心是胶核，在胶核的表层有一层带同种电荷的离子，这些离子可以是胶核的组成物直接电离产生的，也可以是水中选择吸附 H^+ 或 OH^- 离子而形成的。这层离子称为电位离子层，电位离子层构成了双电层的内层。电位离子层所带的电荷称为胶体粒子表面电荷，它决定了胶粒电荷的大小和符号。由于电位离子层的静电引力，其周围又吸附了大量的异号离子，称为反离子。反离子层构成了双电层的外层，其中紧靠电位离子层的反离子被牢固吸引，并随胶核一起运动，称为反离子吸附层。吸附层的厚度一般为几纳米，它和电位离子层一起构成胶体粒子的固定层。固定层外围的反离子由于受电位离子层的引力较弱，因而不随胶核一起运动，并趋向溶液主体扩散，称为反离子扩散层。扩散层中，反离子浓度由内向外降低，直至与溶液中的平均浓度相等。固定层和扩散层之间的交界面称为滑动面。滑动面以内部分称为胶粒，由于其中的反离子所带电荷少于表面电荷总数，所以胶粒总是带有电荷，电荷电性与电位离子的电性相同，其数量等于表面电荷总数与吸附层离子所带电荷之差。胶粒与扩散层一起构成电中性的胶体粒子,即胶团。如图 4-5 所示。

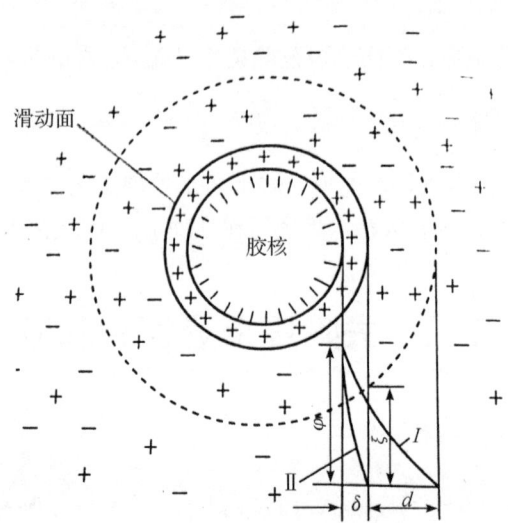

图 4-5　胶体双电层结构示意图

胶粒表面剩余电荷使滑动面和溶液主体之间有一个电位差,称为电动电位或 ξ 电位,胶核和溶液主体之间的电位称为总电位。

总电位无法测试,也没有实用价值,而动电位可以测定且具有重要意义。

黏土、病毒、藻类和腐殖质等颗粒的 ξ 电位大致在 $-15\sim-40$ mV 之间,细菌的动电位一般在 $-30\sim-70$ mV 范围内。某氢氧化铁胶体溶液的总电位为 $+56$ mV。由于污水成分复杂,存在条件不同,同一胶体在不同污水中所表现的动电位也往往有所不同。

凡在吸附中离子直接与胶核接触,水分子不直接接触胶核的胶体称憎水胶体。一般无机物的胶体颗粒,如氢氧化铝、氢氧化铁和二氧化硅等都属这一类。

凡胶体微粒能直接吸附水分子的称为亲水胶体。亲水胶体的颗粒绝大多数都是分子量很大的高分子化合物或高聚合物。

憎水胶体具有双电层,亲水胶体则有一层水壳,双电层与水壳都有一定的厚度,这个厚度是决定胶体是否稳定的因素。

2. 胶体的表面电荷

胶体的表面电荷是产生双电层的根本原因。污水中胶体的表面电荷的主要来源为:

(1)胶体表面分子的电离

胶体颗粒表面分子或具有能电离的基团而发生电离,使一部分离子进入溶液,而使其本身带电。例如树脂表面的羧基可以如下离解:

$$R-COOH \rightarrow R-COO^- + H^+$$

当 pH 值较高时,反应向右进行,因此树脂表面带负电荷;pH 值低时,羧基不离解,树脂表面不带电荷。又如,蛋白质是两性物质,在酸性和碱性溶液中会由于电离方式不同而带有不同电荷。

(2)胶体颗粒表面的溶解

胶体颗粒的表面物质和水分子起化学反应而产生新的化合物,这种化合物又电离出阳离子和阴离子,微粒吸附了其中的一种离子而带电。例如,二氧化硅颗粒的表面部分溶解,产生硅酸,硅酸部分离解成 H^+ 和 SiO_3^{2-},其他部分的 SiO_2 粒子吸附 SiO_3^{2-} 而带负电。

(3)胶体颗粒表面对溶液中离子的吸附

胶体颗粒表面能吸附水中电解质的某些离子而使其本身带电。这种吸附是有选择性的,如氢氧化铁胶体会优先吸附水中的含铁离子(FeO^+)而带正电。

3. 胶体的稳定性

胶体颗粒在水中长期保持分散悬浮状态的特性称为胶体的稳定性。胶体稳定性分为动力稳定性和聚集稳定性两种。

微小胶体颗粒因布朗运动而长期悬浮于水中不沉降的特性,称为胶体动力稳定性。

胶体颗粒因其表面同性电荷相斥或者由于水壳的阻碍作用而使胶粒保持单个分散状态而不凝聚的特性被称为胶体的聚集稳定性。

胶体颗粒的两种稳定性中关键是聚集稳定性。如果聚集稳定性被破坏,胶体就会相互聚集成大的颗粒,则动力稳定性也随之消失。

在水处理中,为使胶体颗粒能通过碰撞而彼此聚集,就需要消除或降低胶体颗粒的稳定因素,这一过程称为胶体的脱稳。

(二)混凝的机理

为了使胶体颗粒沉降,就必须破坏胶体的稳定性,促使胶体颗粒相互集聚成为较大的颗粒。

化学混凝的机理至今仍未完全弄清楚。因为它涉及的因素很多,如水中的杂质成分、浓度、水温、pH、碱度以及混凝剂的性质和混凝条件等。但归结起来,可以认为主要是三方面的作用。

1. 压缩双层电子作用

压缩双层电子作用是阐明胶体凝聚的一个重要理论。它特别适用于无机盐混凝剂所提供的简单离子情况。但是,如果仅用双层电子作用理论来解释水中的混凝现象,会产生一些矛盾。例如,三价铝盐或铁盐混凝剂投量过多时混凝效果反而下降,水中胶粒又会重新获得稳定,于是提出了其他混凝机理。

2. 吸附架桥作用

三价铝盐或铁盐以及其他高分子混凝剂溶于水后,经水解和缩聚反应形成高分子聚合物,具有线性结构。这类高分子物质可被胶体微粒强烈吸附。因其线性长度较大,当它的一端吸附某一胶粒后,另一端又吸附另一胶粒,在相距较远的两胶粒间形成吸附架桥,使颗粒逐渐变大,形成肉眼可见的粗大的絮凝体。这种由高分子物质吸附架桥作用而使微粒相互聚集的过程,称为絮凝。

3. 网捕作用

三价铝盐或铁盐等水解而生成沉淀物。这些沉淀物在自身沉降过程中,能集卷、网捕水中的胶体等微粒,使胶体凝结,共同沉淀。

上述三种作用产生的微粒凝结现象——凝聚和絮凝,总称为混凝。

对于不同类型的混凝剂,压缩双电层作用和吸附架桥作用所起的作用程度并不相同。对硫酸铝、氯化铁等无机混凝剂,压缩双电层、吸附架桥作用及网捕作用都同时起作用,而对一些高分子混凝剂尤其是有机高分子混凝剂,吸附架桥作用可能是起主导作用的。下面以硫酸铝为例讨论混凝剂在混凝过程中的作用机理。

硫酸铝[$Al_2(SO_4)_3$]溶于水后,首先形成三价铝离子:

$$Al_2(SO_4)_3 \rightleftharpoons 2Al^{3+} + 3SO_4^{2-}$$

三价铝离子与水分子结合形成水合铝离子:

$$Al^{3+} + 6H_2O \rightleftharpoons [Al(H_2O)_6]^{3+}$$

水合铝离子进一步水解,形成单羟基单核络合物:

$$[Al(H_2O)_6]^{3+} + H_2O \rightleftharpoons [AlOH(H_2O)_5]^{2+} + H_3O^+$$

单羟基络合物进一步水解:

$$[AlOH(H_2O)_5]^{2+} + H_2O \rightleftharpoons [Al(OH)_2(H_2O)_4]^+ + H_3O^+$$

$$[Al(OH)_2(H_2O)_4]^+ + H_2O \rightleftharpoons [Al(OH)_3(H_2O)_3] \downarrow + H_3O^+$$

上述反应中,水中pH(或H^+浓度)对反应影响较大,当pH升高时,反应趋向右方移动,水和羟基络合物的电荷逐渐降低,最终生成中性$Al(OH)_3$沉淀物。经计算,当pH<4时,Al^{3+}水解反应受到抑制,水中存在的主要是[$Al(H_2O)_6$]$^{3+}$;当pH=4~5时,水中有[$AlOH(H_2O)_5$]$^{2+}$、[$Al(OH)_2(H_2O)_4$]$^+$及少量[$Al(OH)_3(H_2O)_3$];当pH=7~8时,水中主要是氢氧化铝沉淀物。铝离子在水中的化学反应远不是上述反应所表现的那么简单,事实上,溶液pH在某一特定值时,铝离子的水解产物还有许多复杂的高聚合物和络合物同时共存。例如初步水解产物中OH^-具有桥键性质,它可使两个单羟基单核络合物之间发生缩合反应,最终生成高分子聚合物;而在缩聚反应的同时,水中聚合物的水解反应仍继续进行,使其在水中形成多种形态的高聚物。

从上面的化学反应过程可以看出,硫酸铝混凝剂发挥混凝作用的是其水解后各种形态的聚合物。正是这些水解聚合物起到了压缩双电层的脱稳、吸附架桥及网捕作用,才使硫酸铝发挥出优异的混凝效果。在实际操作时,当混凝剂投入水中后,应立即进行剧烈搅拌,使带电聚合物迅速均匀地与全部胶体颗粒接触并使之脱稳,这样才能充分发挥混凝剂的混凝效果,同时也可以相应降低混凝沉淀时间。

二、混凝剂和助凝剂

(一)混凝剂

用于水处理的混凝剂应符合如下要求:混凝效果好,对人体健康无害,价廉易得,使用方便。混凝剂的种类较多,目前应用最广的是铝盐和铁盐。铝盐中常见的有硫酸铝、硫酸铝钾(俗称"明矾")、三氯化铝及碱式氯化铝等,铁盐主要有硫酸亚铁、硫酸铁和氯化铁等。

1. 硫酸铝

硫酸铝[$Al_2(SO_4)_3 \cdot 18H_2O$]为白色晶体,粗制的硫酸铝略显黄色,$Al_2O_3$含量不应小于14.5%,不溶性杂质不应大于30%。在水中发生水解反应,水解反应速度缓慢。工业纯硫酸铝含$Al_2(SO_4)_3$为20%~25%;化学纯硫酸铝含$Al_2(SO_4)_3$为50%~60%。

pH适应范围为5.5~8.5,最佳pH适应范围为6.5~7.8。由于硫酸铝水解使水溶液呈酸性,故需要用石灰调解pH。

适宜的水温为20~40 ℃,水温低时,水解困难,形成的絮凝体较松散。

常用量为15~100 mg/L。

高浓度的硫酸铝水溶液具有腐蚀性,可存于塑料、不锈钢等容器中。

2. 硫酸铝钾

硫酸铝钾又称明矾[$Al_2(SO_4)_3 \cdot K_2SO_4 \cdot 24H_2O$],它是硫酸铝和硫酸钾的复盐,其中$Al_2O_3$含量为10.6%,是一种天然矿物。

3. 结晶氯化铝

结晶氯化铝($AlCl_3 \cdot 6H_2O$)为无色透明晶体,其工业品因含有杂质,而呈深黄色和浅黄色。易溶于水,也溶于乙醇、乙醚等有机溶剂中,但不溶于苯。在湿空气中潮解并释放出白色的氯化氢烟雾,故应密封存放,防止受潮。一般有效投加量为20~60 mg/L。

4. 聚合氯化铝

聚合氯化铝又名碱式氯化铝、羟基氯化铝,化学通式[$Al_n(OH)_mCl_{3n-m}$]$_n$。无机高分子化合物,是介于$AlCl_3$和$Al(OH)_3$之间的水解产物,通过羟基而交联聚合,分子中带有数量不等的羟基。

聚合氯化铝有较强的交联吸附性能,并能水解成[$Al(OH)_3(H_2O)$]$_x$沉淀。使用的pH范围是5~9,水温对其使用效果影响不大。用量比硫酸铝少,絮凝效果好,易于过滤,操作方便,腐蚀性小。但聚合氯化铝不够稳定。

5. 硫酸亚铁

硫酸亚铁($FeSO_4 \cdot 7H_2O$)又名绿矾,蓝绿色,含铁20%,有颗粒状、粉末状和晶体状,溶于水;具有还原作用;使用的pH范围为5.5~9.6,最佳pH应在9以上。

硫酸亚铁电离出的Fe^{2+}只能生成单核络合物,混凝效果不如三价铁盐,故使用时应先将Fe^{2+}氧化成Fe^{3+}。当水的pH>8时,Fe^{2+}易被溶解氧化成Fe^{3+};当pH较低时,可适当加些石灰,以提高碱度和pH。当水中溶解氧不足时,也可以适当通入氯气或加入次氯酸盐,使Fe^{2+}氧化成Fe^{3+}。

水温对其作用影响较小,适用于浓度高、碱性强的废水,絮凝作用稳定,形成矾花速度快,絮凝效果好,但腐蚀性强。

6. 三氯化铁

三氯化铁($FeCl_3 \cdot 6H_2O$)呈片状或块状,吸湿性强,易溶于水,同时水解成棕色絮状的氢氧化铁沉淀;为强氧化剂;易溶于水、乙醇、乙醚、丙酮等有机溶剂中。使用的pH范围为6.0~11.0,最佳pH使用范围为6.0~8.4,通常的用量为10~50 mg/L。形成的絮凝体粗大,沉淀速度快,不受水温影响。处理高浊度水效果显著。但腐蚀性较强,能腐蚀混凝土,使某些塑料变形。

7. 聚合硫酸铁

聚合硫酸铁又名碱式硫酸铁,化学通式为[$Fe_2(OH)_m(SO_4)_{3-m}$]$_n$,是一种高分子絮凝剂。使用的pH范围是4.0~11.0,最佳pH使用范围为6.0~9.0。适合的水温是20~40 ℃。用量少,絮凝效果好,絮凝体沉淀沉降速度快。在水溶液中残留的铁比三氯化铁少。无机絮凝剂中,它对COD的去除率和脱色效果好。腐蚀性比三氯化铁小。生活给水、生产给水参考用量为20~60 mg/L。

8. 有机高分子混凝剂

有机高分子混凝剂有天然和人工之分。这类混凝剂都是巨大的线性高分子化合物。我国目前使用较多的是人工合成的聚丙烯酰胺(PAM)。其分子结构式为[C_3H_5ON]$_n$,n为聚合度,一般可达到 $2\times10^4 \sim 9\times10^4$,相应的分子量可达到 $1.5\times10^6 \sim 6\times10^6$。

这类有机高分子混凝剂的最大特点是混凝效果大大优于其他混凝剂,投用量也相对较少。实验室可配成 0.1%～0.5%的浓度,随配随用,加药量 0.5～3 mg/L。缺点是制造相对复杂,成本较高。另外,由于聚丙烯酰胺的单体丙烯酰胺有一定的毒性,因此其毒性问题引起了人们的注意和研究。近年来许多科研机构已致力于这方面研究,并开发出了低残留聚丙烯酰胺。

(二)助凝剂

当单独使用混凝剂不能取得良好的效果时,可投加某些辅助药剂以改善混凝功能,提高混凝效果,这种辅助药剂称为助凝剂。助凝剂有以下几类。

1. pH 调整剂

当原水的碱度不足时可投加石灰或碳酸钠等调节 pH。常用的 pH 调整剂有 H_2SO_4、CO_2、$Ca(OH)_2$、$NaOH$、Na_2CO_3 等。

2. 氧化剂

当采用硫酸亚铁作混凝剂时可用氯气将 Fe^{2+} 氧化成 Fe^{3+} 等。

3. 絮凝结构改良剂

助凝剂也可用于改善絮凝体的结构,利用高分子助凝剂的强烈吸附架桥作用,使细小松散的絮凝体变得粗大而紧密,常用的有聚丙烯酰胺、活化硅酸、海藻酸钠、骨胶、粉煤灰、黏土等。

三、混凝工艺与设备

(一)混凝动力学

胶体颗粒之间或者胶体与混凝剂之间发生絮凝的首要条件是颗粒的相互碰撞。碰撞速率和混凝速率问题属于混凝动力学研究范畴。

水中颗粒碰撞的动力来自两方面:颗粒在水中的布朗运动和在水力或机械搅拌下所造成的流体运动。

1. 异向絮凝

细小颗粒在水分子无规则热运动的撞击下做布朗运动所造成的颗粒间碰撞聚焦,称为异向絮凝。

脱稳后的颗粒在相互碰撞时就可能发生聚集,使小颗粒变成大颗粒,虽然水中的固体颗粒总质量不变,但其数量浓度(单位体积中颗粒数目)减少。颗粒的凝聚速率取决于碰撞速率。

相关研究表明,布朗运动所导致的颗粒碰撞速率与水温成正比,与颗粒数量浓度的平方成正比,而与颗粒的尺寸无关。随着颗粒聚集过程的进行,水中颗粒的粒径增大,当粒径大于 1 μm 时,布朗运动对颗粒的聚集基本不起作用,因此要使较大颗粒进一步碰撞聚集,就要靠外界向流体输入能量,推动流体运动来促使颗粒相互碰撞,即进行同向絮凝。

2. 同向絮凝

由外力所造成的流体运动而产生的颗粒碰撞聚集,称为同向絮凝。

外力推动流体运动的方式一般有两种:机械搅拌和水力搅拌。

对胶体颗粒的最终沉淀来说,同向絮凝是很重要的。一般所说的絮凝是指同向絮凝。

对于同向絮凝的理论研究仍在进行中,至今尚无完全统一的认识。

3. 混凝控制指标

在水处理中,"混凝"是"凝聚"和"絮凝"的总称。"凝聚"和"絮凝"两个过程对应的设备分别为混合设备和絮凝设备。混凝工艺过程的控制指标为速度梯度 G 值和水力停留时间 T,有时也可以二者的乘积的形式 GT 表示。

在混合阶段,要使药剂迅速均匀地分散到水中以利于药剂水解,并使颗粒的脱稳及聚合,必须对水流进行剧烈、快速的搅拌,即应采用较大的 G 值,较小的 T 值;而在絮凝阶段,絮体已经长大,易破碎,所以 G 值比前一阶段要减小,相应的 T 值则需变大。

混凝过程的控制参数为:

混合池:$G=500 \sim 1000 \text{ s}^{-1}$;

$T=10 \sim 60 \text{ s}$(若需要延长搅拌时间,但一般亦均小于 2 min);

$GT=(1 \sim 3) \times 10^4$。

絮凝池:$G=20 \sim 70 \text{ s}^{-1}$;

$T=15 \sim 20 \text{ min}$;

$GT=10^4 \sim 10^5$。

(二)影响混凝的主要因素

影响混凝的因素较复杂,主要有以下几种:

1. pH

溶液 pH 对混凝剂的影响视混凝剂的品种而异。不同混凝剂,都有相对最佳的 pH,此时,混凝反应速度最快,絮体溶解最少,混凝效果最佳。一般通过试验得到最佳的 pH,如硫酸铝去除水中浊度时,最佳的 pH 范围为 6.5~7.8;用三氯化铁时,最佳 pH 范围为 6.0~8.4。高分子混凝剂尤其是有机高分子混凝剂,其混凝效果受 pH 影响较小。

从铝盐的水解反应可知,水解过程不断产生 H^+,从而导致 pH 下降。要使 pH 保持在最佳范围以内,水中应有足够的碱性物质与 H^+ 中和。天然水均是有一定的碱度(通常含 HCO_3^-),它对 pH 有缓冲作用。

$$HCO_3^- + H^+ \rightleftharpoons CO_2 \uparrow + H_2O$$

当原水碱度不足或混凝剂投加量较高时,水的 pH 将大幅下降,使混凝剂继续水解困难。因此,应投加碱剂(如石灰)以中和水中的 H^+,反应为

$$Al_2(SO_4)_3 + 3H_2O + 3CaO \rightleftharpoons 2Al(OH)_3 + 3CaSO_4$$

$$2FeCl_3 + 3H_2O + 3CaO \rightleftharpoons 2Fe(OH)_3 + 3CaCl_2$$

2. 水温

水温对混凝效果有一定影响。水温高时,黏度降低,布朗运动加快,胶粒碰撞机会增多,从而混凝效果提高,对于无机盐类混凝剂,由于其水解反应是吸热反应,故温度高时,水解加快,混凝时间缩短。当水温低于 5 ℃时,硫酸铝水解速度减慢。当然,温度过高也有些不利影响,如对于某些高分子混凝剂,当温度大于 90 ℃时,混凝剂会老化生成非水溶性物质,大大降低混凝效果。

3. 混凝剂的种类和投加量

由于工业废水水质比较复杂,因此对所加药剂的种类具有选择性。

混凝剂的投加量与被处理的胶体浓度不存在严格的比例关系，对任何废水的混凝处理，都存在着最佳混凝剂和最佳投加量问题。最佳投加量是对于某种废水在取得同样效果的情况下的最小投加药量，一般需经试验确定。

4. 水力条件的影响

混凝过程中的水力条件对混凝效果有重要影响，在混凝阶段，要求药剂迅速而均匀地扩散到水中，为此被处理水应在短时间内进行激烈紊动，一般为 20～30 s，最多不超过 2 min。到了反应阶段，要求水的紊动程度逐渐降低，停留在时间延长到 15～30 min，以创造足够的碰撞机会和良好的吸附条件，使微小的絮体继续长大而形成具有良好沉淀性能的絮凝体。

(三)混凝设备

如图 4-6 所示为混凝剂的溶解和投加过程。混凝设备包括混凝剂配制和投加设备、混合设备和反应设备。

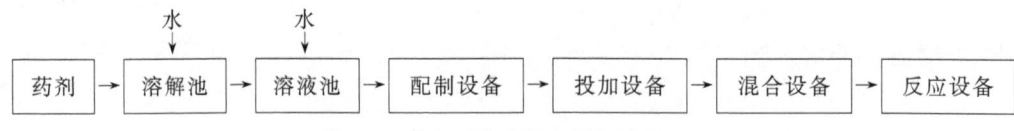

图 4-6 混凝剂的溶解和投加过程

1. 混凝剂的配制与投加设备

混凝剂的投加可分为固体投加和液体投加两种方式，目前国内主要采用液体投加的形式，即将混凝剂先溶解配制成一定浓度的溶液再定量投加。因此，它包括配制设备和投加设备。

混凝剂是在溶解池中进行溶解的。为加速药剂的溶解，溶解池中应配备搅拌装置。常见的搅拌方法有机械搅拌、压缩空气搅拌和水泵搅拌。机械搅拌是利用电机带动搅拌桨或涡轮；压缩空气搅拌是通过在溶解池中加入压缩空气实施搅拌；水泵搅拌是直接用水泵从溶液池内抽取溶液再循环回溶解池。上述的几种装置在溶解无机盐类混合剂时必须考虑防腐措施，管、配件等都相应使用防腐材料。

2. 混合设备

如果药剂投加采用的是泵前重力投加形式，由于水泵的混合效果较好，因此不需另建混合设备。对于其他的投加药剂方式，则需兴建混合设备。常见的有隔板混合及机械混合两种形式，对应的混合池称为隔板混合池及桨板混合池。

隔板混合池内设有数块隔板，水流通过隔板孔道时产生急剧的收缩和扩散，形成涡流，使药剂与原水充分混合。隔板间距约为池宽的 2 倍。隔板孔道交错设置，通过孔道的水流速度不应小于 1 m/s，池内的平均流速不小于 0.6 m/s。混合时间一般为 10～30 s。隔板混合一般适用于水流变化较小时的混合，若水流变化较大，则混合效果不太好。

机械混合是借助电动机带动搅拌桨进行搅拌的一种混合，所以又称桨板混合(图 4-7)。搅拌时，桨板的外缘线速度一般为 2 m/s，混合时间约为 10 s，搅拌的强度可以通过调节转速来调节，比较灵活。缺点是能耗及维护保养工作增加。

3. 反应设备

根据反应池中水力流动方式，反应设备分为隔板反应池和机械搅拌反应池。

(1)隔板反应池

常见的隔板反应池类型有往复式隔板反应池和回转式隔板反应池，利用水流断面上流

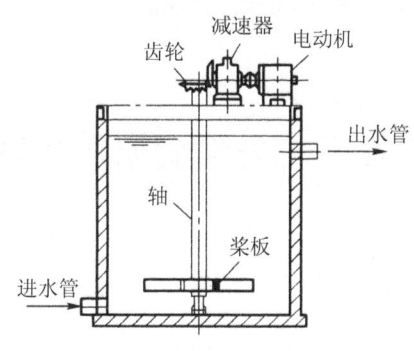

图 4-7 机械混合池

速分布不均匀造成的速度梯度,促进颗粒相互碰撞,从而达到混凝的目的。为避免结成的絮凝体被打碎,隔板中的流速应逐渐减小。回转式隔板反应池将往复式隔板 180° 的急剧转折改为 90°,水流由池中间进入,逐渐回转至外侧,其最高水位出现在池的中间,同时也减小了颗粒碰撞机会,影响了絮凝速度。为保证絮凝初期颗粒的有效碰撞和后期矾花顺利形成而免遭破碎,出现了往复—回转组合式隔板絮凝池。

隔板反应池的主要设计参数为:反应池隔板的流速,起端部分为 $0.5 \sim 0.6$ m/s,末端部分为 $0.15 \sim 0.2$ m/s;隔板的间距从进口到出口,逐渐增大;反应时间设计为 $20 \sim 30$ min。

为便于施工和检修,隔板间距应大于 0.7 m。池底应有 $0.02 \sim 0.03$ 坡度并设排泥管。转弯处的过水断面应是隔板间过水断面积的 $1.2 \sim 1.5$ 倍,反应池的总水头损失为 $0.3 \sim 0.5$ m。

隔板反应池结构简单,管理方便,混凝效果好。缺点是反应时间长。由于池体容积较大,特别适合处理水流量大的污水处理厂。如果水流量过小,隔板间距过窄,会给施工和维修带来困难。

(2) 机械搅拌反应池

机械搅拌反应池是利用搅拌桨的传动引起水中颗粒相互碰撞而进行混凝,传动轴可以是水平式,也可以是垂直式。

机械搅拌反应池的主要设计参数如下:每台搅拌设备上的桨板总面积为水截流面积的 $10\% \sim 20\%$,一般不超过 20%;桨板长度不大于叶轮直径的 75%,宽度为 $10 \sim 30$ cm;叶轮半径中心点的旋转线速度第一格为 $0.5 \sim 0.6$ m/s,以后逐格减小,最后一格为 $0.1 \sim 0.2$ m/s,不得大于 0.3 m/s;反应时间为 $15 \sim 20$ min。

(四) 工程实例

北京某造纸厂利用废报纸造纸产生的造纸脱墨废水污染物浓度较高,COD = $1500 \sim 2000$ mg/L,BOD = 1000 mg/L,SS = $1000 \sim 1500$ mg/L,pH = 8.4。废水中主要含有碎纸浆、短纤维、油墨等物质,它们大都以悬浮物、漂浮物的形式存在。

经过试验研究,采用两级混凝气浮+过滤处理工艺。混凝剂采用碱式氯化铝,投配量为 $500 \sim 800$ mg/L,处理后要求达到北京市排入城市下水道 B 级标准:COD ≤ 500 mg/L,BOD ≤ 500 mg/L,SS ≤ 500 mg/L,pH = $6.0 \sim 9.0$。如果投加混凝剂后,再投加聚丙烯酰胺作助凝剂,矾花变大,上浮速度变快。

经过处理后实际处理出水水质：COD≤100 mg/L，BOD≤50 mg/L，SS≤5 mg/L，pH＝7.20～7.46。

任务三　去除病原微生物

> **启发引导：**
> 医院污水含有大量病原微生物，由此引出处理废水的消毒处理应用需求。

4.3　消毒

一、消毒的目的与方法

消毒是指用某种方法杀死所有病原微生物的措施。

消毒的目的是避免病原微生物的传播，防止疾病产生。具有消毒作用的化学物质称为消毒剂，一般消毒剂在常用浓度下只能杀死微生物的营养体，对芽孢无杀灭作用。

为防止通过饮用水传播疾病，在生活饮用水处理中，消毒是必不可少的。城市污水经过二级处理，水质大大改善，细菌含量大幅度减少，但仍然存在病原菌。因此在排放水体前，也应进行消毒处理。

水的消毒方法很多，包括氯气及氯化物消毒、臭氧消毒、紫外线消毒及某些重金属离子消毒等。

二、物理消毒

物理消毒目前常用的方法是紫外线消毒。水银灯发出的紫外线，可以穿透细菌细胞壁并与细胞质反应从而达到消毒的目的。紫外线杀菌的机理有两点：一是破坏蛋白质结构使其变性，二是破坏核酸分子结构。波长为250～360 nm的紫外光线杀菌能力最强。因为紫外光线需穿透水层才可起消毒作用，所以污水中的悬浮物、有机物、浊度及氨氮都会干扰紫外光线的传播。因此，处理水水质越好，紫外光线消毒的效果也越好。

紫外线光源是高压石英水银灯，杀菌设备主要有两种：浸水式和水面式。浸水式是把石英灯管置于水中，此法的特点是紫外线利用率高，杀菌效果好，但设备的构成复杂。水面式的构造简单，但由于反光罩吸收紫外线以及光线的散射，杀菌效果不如前者。

紫外线消毒具有以下优点：①消毒效果快，效率高。据试验测试，紫外线照射几十秒钟即可杀菌。一般大肠杆菌的平均去除率可达98%，细菌总数平均去除率为96.6%。此外还能去除化学法难以杀死的芽孢与病毒。②不影响水的物理性质与化学性质，不增加水中异味。③操作简单，便于管理，易于实现自动化。紫外线消毒的缺点是：不能解决消毒后在管网中的再污染问题，电耗比较大，水中悬浮物杂质影响光线透射等。

三、化学法消毒

投加化学药剂对水进行消毒称为化学法消毒。

(一)氯气消毒

氯气消毒经济有效,使用方便,应用历史最久也最为广泛。但自20世纪70年代发现受污染水源经氯气消毒后往往会产生一些有害健康的副产物如三卤甲烷等后,人们便开始重视对其他消毒剂或消毒方法的研究,例如近年来人们对二氧化氯消毒日益重视。但不能就此认为氯气消毒会被淘汰。一方面,对于不受有机物污染的水源或在消毒前通过处理把形成氯消毒副产物的前期物(如腐殖酸)预先去除的水源,氯气消毒仍是安全、经济、有效的消毒方法;另一方面,除氯气以外其他各种消毒剂的副产物以及残留于水中的消毒剂本身对人体健康的影响,仍需要进行全面、深入的研究。因此,就目前情况而言,氯气消毒仍是应用最广泛的一种消毒方法。

1. 氯气消毒原理

氯气易溶解于水,当氯气溶解在清水中时,次氯酸 HClO 部分离解为 H^+ 和 ClO^-,HClO 与 ClO^- 的相对比例取决于温度和 pH。

氯气消毒作用的机理,一般认为主要通过次氯酸(HClO)起作用。HClO 为很小的中性分子,只有它才能扩散到带负电的细菌表面,并通过细菌的细胞壁穿透到细菌内部。当 HClO 分子到达细菌内部时,能起氧化作用破坏细菌的酶系统而使细菌死亡。ClO^- 虽亦具有杀菌能力,但是带有负电,难以接近带负电的细菌表面,杀菌能力比 HClO 差得多。生产实践表明,pH 越低,则消毒作用越强,证明 HClO 是消毒的主要因素。

很多地表水源中,由于有机污染而含有一定的氨氮。将氯气通入这种水中,会产生如下的反应

$$Cl_2 + H_2O \Longrightarrow HClO + HCl$$

$$NH_3 + HClO \Longrightarrow NH_2Cl + H_2O$$

$$NH_2Cl + HClO \Longrightarrow NHCl_2 + H_2O$$

$$NHCl_2 + HOCl \Longrightarrow NCl_3 + H_2O$$

从上述反应可见,HClO、一氯胺(NH_2Cl)、二氯胺($NHCl_2$)和三氯胺(NCl_3)都存在,它们在平衡状态下的含量比例取决于氯、胺的相对浓度、pH 和温度。一般来讲,当 pH>9 时,一氯胺占优势;当 pH=7 时,一氯胺和二氯胺同时存在,近似等量;当 pH<6.5 时,主要是二氯胺;而三氯胺只有在 pH<4.5 时才存在。

比较三种氯胺的消毒效果,$NHCl_2$ 要胜过 NCl_3,但前者具有臭味。当 pH 较低时,$NHCl_2$ 所占比例大,消毒效果好。NCl_3 所占比例小,且具有恶臭味(含量达到 0.05 mg/L 时,已不能忍受)。一般自来水中不太可能产生 NCl_3,而且 NCl_3 在水中溶解度很低,不稳定而易汽化,所以 NCl_3 的恶臭味并不引起严重问题。水中所含的氯以氯胺存在时,称为化合性氯。自由性氯的消毒效果比化合性氯要好得多。

2. 加氯量

水中加氯量包括两部分,即需氯量和余氯量。需氯量指由于灭活水中微生物、氧化有机物和还原性物质等所消耗的部分。为了抑制水中残余病原微生物的再度繁殖,管网中尚需维持少量余氯。我国饮用水标准规定出厂水余氯在接触 30 min 后不应低于 0.3 mg/L,在管网末梢不应低于 0.05 mg/L。

对污水处理来说,加氯量因不同水质和消毒需要差别很大,应通过试验确定加氯量。一般城市污水一级处理排放时,投氯量为 20~30 mg/L;二级处理排放时,投氯量为 5~

10 mg/L。接触时间约 1 h，废水经消毒后，1 h 后的余氯量应不小于 0.5 mg/L。

3. 加氯点

饮用水消毒一般安排在过滤之后，为处理的最后一步。

在加混凝剂时同时加氯，可氧化水中的有机物，提高混凝效果。用硫酸亚铁作为混凝剂时，可以同时加氯，将亚铁氧化成三价铁，促进硫酸亚铁的凝聚作用。这些氯化法称为滤前氯化或预氯化。当城市管网延伸很长，管网末梢的余氯难以保证时，需要在管网中途补加氯，这样既能保证管网末梢的余氯，又不致使水厂附近管网中的余氯过高。管网中途加氯的位置一般都设在加压泵站或水库泵站内。

4. 加氯设备

氯气通常以液氯的形式贮存在钢瓶中，使用时，在有压力的条件下操作。由于氯气是有毒气体，空气中浓度达 30 μL/L 时即可引起咳嗽；40～60 μL/L 时，呼吸 30 min 即有生命危险；达到 100 μL/L 时，可使人立即死亡。因此投加液氯时，应注意安全。

加氯机是安全、准确地将来自氯瓶的氯气输送到加氯点的设备。加氯机的种类很多，有转子加氯机、真空加氯机等。可根据加氯量的多少、操作要求等选用。氯瓶是一种储氯的钢制压力容器。干燥氯气或液态氯对钢瓶无腐蚀作用，但遇水或受潮则会严重腐蚀金属，故必须严格防止水或潮湿空气进入氯瓶。氯瓶内保持一定的余压也是为了防止潮气进入氯瓶。

加氯间是安置加氯设备的操作间。氯库是储备氯瓶的仓库。加氯间和氯库可以合建，也可分建。由于氯气是有毒气体，故加氯间和氯库位置除了靠近加氯点外，还应位于主导风向下方，且需与经常有人值班的工作间隔开。加氯间和氯库在建筑上的通风、照明、防火、保温等应特别注意，还应设置一系列安全报警、事故处理设施等。

(二) 二氧化氯消毒

二氧化氯（ClO_2）消毒也是一种氯消毒法，但它只起氧化作用而不起氯化作用，因此与水中杂质形成三氯甲烷等比氯气消毒要少得多。

ClO_2 极不稳定，气态和液态 ClO_2 均易爆炸，故必须以水溶液形式现场制取，即时使用。ClO_2 在水中以溶解气体形式存在，不发生水解反应。在水处理中，ClO_2 参与氧化还原反应生成副产物 ClO_2^-。制取 ClO_2 的方法很多。在给水处理中，制取 ClO_2 的方法主要用亚氯酸钠（$NaClO_2$）和氯气（Cl_2）制取，反应为

$$2NaClO_2 + Cl_2 = 2ClO_2 + 2NaCl$$

ClO_2 既是消毒剂，又是氧化能力很强的氧化剂。作为消毒剂，据有关专家研究，ClO_2 对细菌的细胞壁有较强的吸附和穿透能力，从而有效地破坏细菌内含硫基的酶，故 ClO_2 对细菌、病毒等有很强的灭活能力。ClO_2 的最大优点是不会与水中有机物作用生成三氯甲烷。这正是 ClO_2 在当前水处理中受到重视的主要原因。此外，ClO_2 消毒还有以下优点：消毒能力比 Cl_2 慢，由于 ClO_2 不水解，故消毒效果受水的 pH 影响极小；作为氧化剂，ClO_2 能有效地去除或降低水的色、嗅及铁、锰、酚等物质含量，它与酚起氧化反应，不会生成氯酚。不过，采用 ClO_2 消毒或作为氧化剂，还存在以下值得注意的问题：ClO_2 本身和副产物 ClO_2^- 对人体血红细胞有损害，不过作为消毒剂，ClO_2 投加量一般为 1.0～2.0 mg/L，不会产生副作用，但作为氧化剂，ClO_2 投加量比较大，就应注意水中剩余 ClO_2 和 ClO_2^- 的副作用。另外，由于制取 ClO_2 的 $NaClO_2$ 价格很高（约为 Cl_2 的 10 倍左右），所以 ClO_2 消毒的广泛应用受到

了限制。

(三) 漂白粉消毒

漂白粉由氯气和石灰加工而成,主要成分是氯化钙和次氯酸钙,有效成分为次氯酸钙,分子式为 $Ca(ClO)_2$,有效氯约 30%。漂白精主要成分也是氯化钙和次氯酸钙,有效氯达 60% 左右。两者均为白色粉末,有氯气的气味,易受光、热和潮气作用而分解,使有效氯降低,故必须放在阴凉干燥处和通风良好的地方。漂白粉加入水中的反应式为

$$2Ca(ClO)_2 + 2H_2O \Longrightarrow 2HClO + CaCl_2 + Ca(OH)_2$$

反应后生成 HClO,因此消毒原理与氯气相同。

漂白粉需配成溶液加注,溶解时先调成糊状物,然后再加水配成 1.0%～2.0%(以有效氯计)浓度的溶液。当投加在滤后水中时,溶液必须经过 4～24 h 澄清,以免杂质带进清水中;若加入浑水中,则配制后可立即使用。其投加设备和混合设备与混凝剂操作类似。漂白粉消毒一般用于小水厂或临时性给水。

(四) 次氯酸钠消毒

次氯酸钠(NaClO)是电解食盐水而制得的,反应为

$$NaCl + H_2O \xrightarrow{\text{电解}} NaClO + H_2 \uparrow$$

NaClO 也是强氧化剂和消毒剂,但消毒效果不如氯气强。NaClO 消毒作用仍依靠 HClO,反应为

$$NaClO + H_2O \Longrightarrow HClO + NaOH$$

NaClO 发生器有成品出售。由于 NaClO 易分解,故通常采用次氯酸钠发生器现场制取,就地投加,不宜贮运。次氯酸钠消毒通常用于小型水厂。

(五) 臭氧消毒

臭氧(O_3)由 3 个氧原子组成,在常温常压下,它是淡蓝色的具有强烈刺激性气味的气体。臭氧密度为空气的 1.7 倍,易溶于水,在空气或水中均易分解消失。臭氧对人体健康有影响,空气中臭氧浓度达到 15～20 mg/L 时即有致命危险,故在水处理中散发出来的臭氧尾气必须处理。

臭氧既是消毒剂,又是氧化能力很强的氧化剂。在水中投入臭氧进行消毒或氧化通称臭氧化。作为消毒剂,由于臭氧在水中不稳定,易消失,故在臭氧消毒后,往往仍需要投加少量氯气、二氧化氯或氯胺以维持水中剩余消毒剂。用臭氧作为唯一消毒剂的情况极少。当前,臭氧作为氧化剂以氧化去除水中有机污染物更为广泛。臭氧的氧化作用分直接作用和间接作用两种。臭氧直接与水中物质反应称直接作用。直接氧化作用有选择性且反应较慢。间接作用是指臭氧在水中可分解产生二级氧化剂——氢氧自由基·OH(表示 OH 带有一个未配对电子,故活性大)。·OH 是一种非选择性的强氧化剂($E = 3.06$ V),且反应速率很快。不过,仅由臭氧产生的·OH 很少,除非与其他物理化学方程配合方可产生较多的·OH。据有关专家认为,水中 OH^- 及某些有机物是臭氧分解的引发剂或促进剂。臭氧消毒机理实际上仍是氧化作用。臭氧化可迅速杀灭细菌、病毒等。

臭氧作为消毒剂或氧化剂的主要优点是不会产生三卤甲烷等副产物,其杀菌和氧化能力均比氯气强。但近年来有关臭氧化的副作用也引起人们的关注。有人认为,水中有机物

经臭氧化后,有可能将大分子有机物分解成分子量较小的中间产物,而在这些中间产物中,可能存在毒性物质或致突变物。或者,有效中间产物与氯气(臭氧化后往往还需加适量氯气)作用后致突变反而增强。因此,当前通常把臭氧与粒状活性炭联用,一方面可避免上述副作用产生,同时也改善了活性炭吸附条件。

臭氧生产设备较复杂,投资较大,电耗也较高,目前我国应用很少,欧洲一些国家(特别是法国)应用最多。

任务四　去除色素

启发引导:
介绍色度比较大的废水中具有颜色的物质及其性质,由此引出处理色度大的废水的应用需求。

4.4　吸附

一、吸附

(一)吸附基本原理

吸附是一种物质附着在另一种物质表面上的过程,它可发生在气液、气固、液固两相之间。在相界面上,物质的浓度自动发生累积或浓集。在水处理中,主要利用固体物质表面对水中物质的吸附作用。

当一种固体吸附剂表面与一种溶液接触时,就会发生吸附现象。由于表面力的不平衡,固体物表面上就会积聚一层溶质分子(图4-8)。吸附法可有效完成对水的多种净化功能,例如脱色、脱臭,脱除重金属离子、放射性元素,脱除多种难以用一般方法处理的剧毒或难生物降解的有机物等。

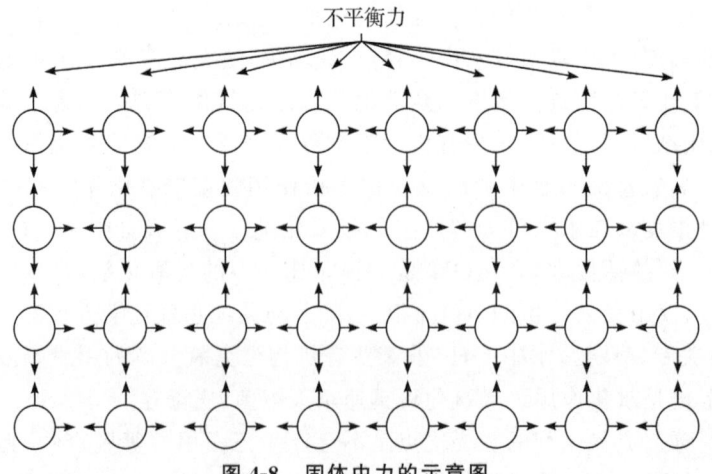

图4-8　固体中力的示意图

具有吸附能力的多孔性固体物质称为吸附剂,如活性炭、焦煤、煤渣、吸附树脂、木屑等,其中以活性炭的应用最为普遍;而废水中被吸附的物质则称为吸附质;包容吸附剂和吸附质并以分散形式存在的介质被称为分散相。

吸附处理可作为离子交换、膜分离处理系统的预处理单元,用以分离、去除对后续处理单元有毒害作用的有机物、胶体和离子型物质,还可以作为三级处理后出水的深度处理单元,以获取高质量的处理出水,进而实现废水的资源化应用。吸附过程可有效捕集浓度很低的物质,所以在水处理技术领域中得到了广泛的应用。但是,吸附法对进水的预处理要求较为严格,运行费用较高。

(二)吸附的分类

吸附剂表面的吸附力可分为三种,即分子间引力(范德华力)、化学键力和静电引力,由此吸附可分为三种类型:物理吸附、化学吸附和离子交换吸附。

1. 物理吸附

物理吸附是一种常见的吸附现象,亦称为范德华力吸附,是由于吸附质与吸附剂之间的静电力或分子间引力而产生的吸附过程。物理吸附的特征表现在以下几个方面。

(1)物理吸附是一种放热反应,当系统温度升高时,被吸附的物质由于分子的热运动会脱离吸附剂表面而自由转移,该现象称为脱附或解吸。吸附质在吸附剂表面可以较易解吸。

(2)由于物理吸附是分子间力引起的,所以吸附热较小,一般在 41.9 kJ/mol 以内。

(3)没有特定的选择性。由于物质间普遍存在着分子引力,同一种吸附剂可以吸附多种吸附质,只是因为吸附质间性质的差异而导致同一种吸附剂对不同吸附质的吸附能力有所不同。因此,物理吸附可以是单分子层吸附,也可以是多分子层吸附。

(4)影响物理吸附的主要因素是吸附剂的比表面积。

2. 化学吸附

化学吸附是吸附质与吸附剂之间通过化学键力结合而引起的吸附过程。化学吸附的特征有:

(1)吸附热大,相当于化学反应热,吸附热一般为 83.7~418.7 kJ/mol。

(2)有选择性,一种吸附剂只能对一种或几种吸附质发生吸附作用,且只能形成单分子层吸附。

(3)化学吸附比较稳定,当吸附的化学键力较大时,吸附反应为不可逆。

(4)吸附剂表面的化学性能、吸附质的化学性质以及温度条件等,对化学吸附有较大的影响。

3. 离子交换吸附

离子交换吸附是指吸附质的离子由于静电引力聚集到吸附剂表面的带电点上,同时吸附剂表面原先固定在这些带电点上的其他离子被置换出来,等于吸附剂表面放出一个等当量离子。这种吸附实质上在吸附剂的表面发生了离子交换反应。在吸附质浓度相同的条件下,离子所带电荷越多,吸附越强。而对于电荷相同的离子,其水合半径越小,越易被吸附。

物理吸附、化学吸附和离子交换吸附并不是孤立的,往往相伴发生。在污水处理中,大多数的吸附现象往往是上述吸附作用的综合结果。吸附质、吸附剂以及吸附温度等具体吸附条件的不同,可能使得某种吸附占主要地位。例如同一吸附体系在中高温下可能主要发生化学吸附,而在低温条件下可能主要发生物理吸附。

(三)吸附平衡和吸附容量

1. 吸附平衡

吸附过程是吸附和解吸的一个可逆的平衡过程。当废水与吸附剂充分接触后,一方面溶液中的吸附质被吸附剂吸附;另一方面,热运动的结果使一部分已被吸附的吸附质脱离吸附剂的表面,又回到液相中去。这种吸附质被吸附剂吸附的过程称为吸附过程,已被吸附的吸附质脱离吸附剂的表面又回到液相中去的过程称为解吸过程。当吸附速度和解吸速度相等时,即单位时间内吸附的数量等于解吸的数量时,则吸附质在溶液中的浓度和吸附剂表面上的浓度都不再改变而达到平衡,即达到动态的吸附平衡。此时吸附质在溶液中的浓度称为平衡浓度。

2. 吸附容量

所谓吸附容量是指单位质量的吸附剂所吸附的吸附质的质量。吸附剂的吸附容量用下式计算:

$$q = V(c_0 - c)/M$$

式中,q——吸附容量,g/L;

V——水容积,L;

c_0——原水中吸附质浓度,g/L;

c——吸附平衡时水中剩余的吸附质浓度,g/L;

M——活性炭投量,g。

在温度一定的条件下,吸附量随吸附质平衡浓度的提高而增加,吸附量随平衡浓度而变化。

(四)吸附速度与吸附等温线

1. 吸附速度

吸附速度是指单位质量的吸附剂在单位时间内所吸附的吸附质的数量。

吸附速度取决于吸附剂和吸附质的性质,实际废水处理中,由于废水中成分复杂,吸附速度由试验来确定。

吸附速度决定了废水和吸附剂的接触时间。吸附速度越快,接触时间越短,所需的吸附设备的容积也就越小。

2. 吸附等温线

吸附剂与被吸附质之间的平衡关系用吸附等温线阐明。本节仅叙述了兰格缪尔(Langmuir)与弗兰德利希(Freundlich)两种等温线。

(1)兰格缪尔(Langmuir)等温线

在兰格缪尔等温线的推导中,假定溶质是作为单分子层吸附在吸附剂的表面,这是最经常使用的吸附等温线,以下列关系式给出:

$$X/M = Kbc/(1 + Kc)$$

式中,X——被吸附溶质的质量(被吸附物),mg;

M——吸附剂质量,g;

K——平衡常数,cm^3 吸附剂/mg 吸附质;

c——溶质的平衡浓度,mg/L;

b——常数,代表每单位质量吸附剂所覆盖的单分子层,mg 吸附质/g 吸附剂。

上式绘制的 X/M 对应 c 的典型图形示于图 4-9。

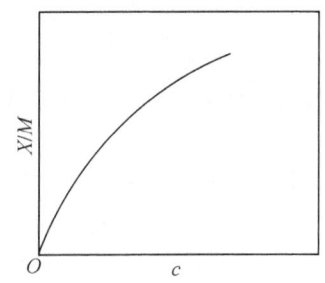

图 4-9　兰格缪尔(Langmuir)等温线

取方程式左右两边的倒数,重写成线性方程式

$$\frac{1}{X/M}=\frac{1}{Kb}\cdot\frac{1}{c}+\frac{1}{b}$$

可以根据 M/X 对应 $\frac{1}{c}$ 作一条直线,就可以确定常数 K 与 b。

(2)弗兰德利希(Freundlich)等温线

弗兰德利希等温线用方程式表示如下

$$\frac{X}{M}=kc^{\frac{1}{n}}$$

其中 X/M 和 c 的含义与兰格缪尔等温线中的相同,而常数 k 与 n 取决于一些环境因素。取上式两边的对数,即可重写为线性方程

$$\lg(\frac{X}{M})=\frac{1}{n}\lg c+\lg k$$

由上式可知,可以根据 $\lg(\frac{X}{M})$ 对应 $\lg c$ 作一条直线,这条直线的截距为 $\lg k$,斜率为 $1/n$。$1/n$ 越小,吸附性能越好。一般认为 $1/n=0.1\sim0.5$ 时,吸附处理出水的水质较好;$1/n>2$ 时,出水水质较差。当 $1/n$ 较大时,由于吸附质平衡浓度较高,故吸附量较大,吸附能力发挥得也越充分,这种情况最好采用连续式吸附操作;$1/n$ 较小时,多采用间歇式吸附操作。

吸附容量是选择吸附剂和设计吸附设备的重要数据。这些指标虽然表示吸附剂对吸附质的吸附能力,但这些指标与对水中吸附质的吸附能力不一定相符,因此还应参考试验数据确定吸附容量,进行设备的设计。吸附容量的大小,决定吸附再生周期的长短。

(五)吸附的影响因素

在实际应用中,若想达到预期的吸附净化效果,除了需要针对所处理的废水性质选择合适的吸附剂外,还必须将处理系统控制在最佳的工艺操作条件下。影响吸附的因素主要有吸附剂的性质、吸附质的性质和吸附过程的操作条件等。

1. 吸附剂的性质

吸附剂的性质主要有比表面积、种类、极性、颗粒大小、细孔的构造和分布情况及表面化学性质等。吸附是一种表面现象,比表面积越大,颗粒越小,吸附容量就越大,吸附能力就越强。

吸附剂表面的化学结构和表面荷电性质对吸附过程也有较大影响。一般是极性分子

(或离子)型的吸附剂易吸附极性分子(或离子)型的吸附质,反之亦然。如活性炭基本可以看成是一种非极性的吸附剂,对水中非极性物质的吸附能力大于极性物质。

2. 吸附质的性质

吸附质的性质主要有溶解度、表面自由能、极性、吸附质分子大小和不饱和度、吸附质的浓度等。

(1)吸附质的溶解性能对平衡吸附有重大影响。溶解度越小的吸附质越容易被吸附,也就越不容易被解吸。对于有机物在活性炭上的吸附,随同系物含碳原子数的增加,有机物疏水性增强,溶解度越小,因而活性炭对其吸附容量越大,如活性炭从水中吸附有机酸的次序是按甲酸—乙酸—丙酸—丁酸而增加。

(2)吸附质分子的大小和化学结构对吸附也有较大的影响。吸附质体积越大,其扩散系数越大,吸附效率就越高。对于活性炭吸附剂来说,同系物中,分子大的较分子小的易被吸附,不饱和键的有机物较饱和的易被吸附,芳香族的有机物较脂肪族的有机物易被吸附。

(3)吸附质的浓度在一定范围时,随着浓度增高,吸附容量增大。

3. 吸附过程的操作条件

吸附过程的操作条件主要包括溶液的pH、共存物质、温度、接触时间等。

(1)pH

pH 会影响因吸附质在水中的离解度、溶解度及其存在状态,同样会影响吸附剂表面的荷电性和其他化学特性,从而会影响吸附效果。活性炭从水中吸附有机污染物质的效果,一般随溶液 pH 的增加而降低,pH>9 时,不易吸附;pH 越低,效果越好。在实际应用中,通过试验确定最佳 pH 范围。

(2)共存物质

应用吸附法处理水时,通常水中不是单一的污染物质,而是多组分污染物的混合物。物理吸附过程中,吸附剂可对多种吸附质产生吸附作用,所以多种吸附质共存时,吸附剂对其中任一种吸附质的吸附能力,都要低于组分浓度相同但只含有该吸附质时的吸附能力,即每种溶质都会以某种方式与其他溶质竞争吸附活性中心点。另外废水中有油类或悬浮物质存在时,油类物质会在吸附剂表面形成油膜,悬浮物质会堵塞吸附剂孔隙,对孔隙扩散产生干扰和阻碍作用,故应采取预处理措施。

(3)温度

吸附过程一般是放热过程,所以低温有利于吸附,特别是以物理吸附为主的场合。吸附过程的热效应较低,在通常情况下温度变化并不明显,因而温度对吸附过程的影响不大。用活性炭处理时,温度对吸附的影响不显著。而在活性炭再生时,则需要通过大幅度加温以促使吸附质解吸。

(4)接触时间

只有保证足够的时间使吸附剂和吸附质接触,才能达到吸附平衡,吸附剂的吸附能力才能得到充分发挥。达到吸附平衡所需要的时间长短取决于吸附操作,吸附速度快,达到平衡所需要的接触时间就越短。

综上所述,影响吸附的因素很多,应综合分析,根据具体情况,选择最佳吸附条件,达到最好的吸附效果。

二、吸附剂

(一)吸附剂的种类

广义而言,一切固体物质的表面都有吸附作用。但实际上,只有多孔性物质或磨得极细的物质,由于具有很大的比表面积,才有明显的吸附能力,也才能作为吸附剂。

工业应用的吸附剂必须满足以下要求:

①吸附选择性好;
②吸附容量大;
③吸附平衡浓度低;
④机械强度高;
⑤化学性质稳定;
⑥容易再生和再利用;
⑦制作原料来源广泛,价格低廉。

可用于水处理的吸附剂种类很多,包括活性炭、磺化煤、焦炭、煤灰、炉渣、硅藻土、白土、沸石、麦饭石、木屑、腐殖酸、氧化硅、活性氧化铝、树脂吸附剂等,其中应用较为广泛的是活性炭、吸附树脂和腐殖酸类吸附剂。

铝—硅系吸附剂是亲水性的吸附剂;活性炭是疏水性吸附剂,对水溶性小的有机物具有较强的吸附作用,因此常作为城市污水与工业废水处理用的吸附剂。

这里我们重点介绍污水处理中应用最广的活性炭,简单介绍其他种类的吸附剂。

1. 活性炭

活性炭吸附在废水处理中有下述作用:

- 除臭。除去由酚、石油等引起的异味。
- 去色。去除由各种染料形成的颜色或有机污染物及铁、锰等形成的色度。
- 去除有机物。如农药、杀虫剂、氯代烃、芳香烃化合物以及其他生物难降解有机物的去除。
- 去除重金属,如汞、铬等重金属离子。
- 合成洗涤剂的去除。
- 放射性物质的去除。

(1)活性炭吸附的原理

活性炭是用含炭为主的物质(如煤、果壳、木材)作为原料,经高温炭化和活化而制成的吸附剂。活性炭在制造过程中,晶格间生成的孔隙形成各种形状大小不同的细孔。吸附作用主要发生在细孔的表面上。每克吸附剂所具有的表面积称为比表面积。活性炭的比表面积可达 $500 \sim 1700 \text{ m}^2/\text{g}$。吸附量不仅与比表面积有关,而且还与细孔的构造和大小孔的分布情况有关。

活性炭的空隙结构通常分为小孔(微孔)、过渡孔(中孔)和大孔。

孔隙大小不同,它在吸附过程中所起的主要作用也就不同。在活性炭的吸附过程中,这三种孔隙有其各自的作用。一般情况如下:

①大孔。主要为吸附质的扩散提供通道作用,使吸附质通过此通道扩散到过渡孔和小孔中去,因此吸附质的扩散速度受大孔影响。

②过渡孔。为吸附质的扩散提供通道,使吸附质扩散到小孔中,对于分子直径较大的吸附质也具有吸附作用。

③小孔。对于活性炭是最重要的,小孔的表面积占比表面积的95%以上,活性炭的吸附容量主要受小孔支配。除了孔隙率及比表面积等性能外,对活性炭产品还有其他一些方面的要求。

(2) 活性炭水处理的特点

活性炭对水中有机物有较强的吸附作用。由于活性炭具有发达的微孔结构和巨大的比表面积,所以对水中溶解的有机污染物,如苯类化合物、酚类化合物、石油及石油产品等具有极强的吸附能力,而且对用生物法和化学法难以去除的有机污染物,如亚甲基蓝表面活性物质、除草剂、杀虫剂、农药、合成洗涤剂、合成染料、胺类化合物及许多人工合成的有机化合物等有较好的去除效果。

活性炭对水质、水温及水量的变化有较强的适应能力。对同一种有机污染物的污水,活性炭在高浓度或低浓度时都有较好的去除效果。

饱和的活性炭可经再生后重复使用,不产生二次污染。活性炭水处理装置占地面积小,易于自动控制,运转管理简单。

2. 其他吸附剂

(1) 树脂吸附剂

树脂吸附剂又称吸附树脂,是一种用人工合成的有机材料制备的有机吸附剂。它具有立体网状结构,微观上呈多孔海绵状,具有良好的物理化学性能,在 150 ℃下使用不熔化、不变形,耐酸耐碱,不溶于一般溶剂,比表面积达 $800 \text{ m}^2/\text{g}$。

按吸附树脂的特性,可以将其划分为非极性、弱极性、极性和强极性四种类型。在制造过程中,吸附树脂的结构特性可以较容易地进行人为控制,例如可以根据吸附质的特性要求,设计特殊的专用树脂,但价格较高。

吸附树脂是水处理中有发展前途的一种吸附剂,具有选择性好、稳定性高、应用范围广等特点,吸附能力接近活性炭,比活性炭更易再生。在应用上,其性能介于活性炭与离子交换树脂之间,适用于微溶于水、极易溶于水的有机溶剂,分子量略大且带有极性的有机物的吸附处理,如脱色、脱酚和除油等。

(2) 腐殖酸类吸附剂

腐殖酸是一组具有芳香结构、性质相似的酸性物质的复合混合物。腐殖酸的结构单元中含有大量的活性基团,包括酚基、羧基、醇烃基、甲氧基、羰基、醌基、胺基和磺酸基等。腐殖酸对阳离子的吸附性能,由上述活性基团决定。

作为吸附剂使用的腐殖酸类物质有两类:一类是直接或经简单处理后用作吸附剂的天然富含腐殖酸的物质,如泥煤、风化煤、褐煤等;另一类是将富含腐殖酸的物质用适当的黏合剂制备腐殖酸系树脂,造粒成形后应用。

腐殖酸类物质能吸附污水中的多种金属离子,尤其是重金属和放射性离子,吸附率达90%~99%。腐殖酸对于阳离子的吸附净化过程包括离子交换、螯合、表面吸附、凝聚等作用,既有化学吸附,也有物理吸附。金属离子的存在形态不同,吸附净化的效果也不同。当金属离子浓度高时,离子交换占主导地位;当金属离子浓度低时,以螯合作用为主。

腐殖酸物质在吸附重金属离子后,容易解吸再生,重复利用。常用的解吸剂有 H_2SO_4、

HCl、NaCl、CaCl$_2$等。但应用中存在吸附容量不高、机械强度低、pH范围窄等问题,还需要进一步的研究处理。

(二)吸附剂的再生

吸附剂在达到吸附饱和后,必须进行脱附再生,才能重复使用。吸附剂的再生,就是在吸附剂本身结构不发生或极少发生变化的情况下,用某种方法将被吸附的物质从吸附剂的细孔中除去,以达到能够重复使用的目的。

1. 加热再生法

(1)低温法

适用于吸附浓度较高的简单低分子量的碳氢化合物和芳香族有机物的活性炭的再生。由于沸点较低,一般加热200 ℃即可脱附。一般采用水蒸气再生,可直接在塔内进行再生。被吸附的有机物脱附后可利用。

(2)高温法

适用于粒状炭的再生,高温加热再生过程一般分五步进行:

第一步,进行脱水,使活性炭和输送液体进行分离。第二步,进行干燥处理,加温到100~130 ℃,将吸附在活性炭细孔中的水分蒸发出来,同时部分低沸点的有机物也能够挥发出来。第三步,进行炭化,继续加热到300~700 ℃,高沸点的有机物由于热分解,一部分成为低沸点的有机物进行挥发,另一部分被炭化,留在活性炭的细孔中。第四步,进行活化处理,将炭化留在活性炭细孔中的残留炭用活化气体(如水蒸气、二氧化碳及氧)进行气化,达到重新造孔的目的。活化温度一般为700~1000 ℃。第五步,进行冷却处理,活化后的活性炭用水急剧冷却,防止氧化。

活性炭高温加热再生系统由再生炉、活性炭贮罐、活性炭输送及脱水装置等组成。

采用高温加热再生法再生的再生炭质量均匀,性能恢复率高,一般在95%以上,再生时间短(粉状炭在30~60 min),不产生有机再生废液。但再生设备造价高,再生损失率高,再生一次活性炭损失率达3%~10%。由于在高温下进行工作,再生炉内衬材料的耗量大,且需要严格控制温度和气体条件。

2. 药剂再生法

药剂再生法分无机药剂再生法和有机溶剂再生法两类。

(1)无机药剂再生法

采用碱(NaOH)或无机酸(H$_2$SO$_4$、HCl)等无机药剂,使吸附在活性炭上的污染物脱附。如能电离的物质最好以分子形式吸附,以离子形式脱附,即酸性物质宜在酸中吸附,在碱中脱附;碱性物质在碱中吸附,在酸中脱附。

(2)有机溶剂再生法

用苯、丙酮及甲醇等有机溶剂,萃取吸附在活性炭上的有机物。例如吸附含二硝基氯苯的染料废水的饱和活性炭,用有机溶剂氯苯脱附后,再用热蒸气吹扫氯苯,脱附率可达93%。树脂吸附剂从污水中吸附酚类后,一般采用丙酮或甲醇脱附。

药剂用量应尽量节省,控制在2~4倍吸附剂体积为宜。药剂再生设备和操作管理简单,可在吸附塔内进行。但药剂再生一般随再生次数的增加,吸附性能明显降低,需要补充新炭,废弃一部分饱和炭。

(3)氧化再生法

①湿式氧化法。吸附饱和的粉状炭可采用湿式氧化法进行再生。饱和炭用高压泵经换热器和水蒸气加热器送入氧化反应塔,在塔内被活性炭吸附的有机物与空气中的氧反应,进行氧化分解,使活性炭得到再生。再生后的炭经热交换器冷却后,再送入再生贮槽。

②电解氧化法。将炭作阳极,进行水的电解,在活性炭表面产生的氧气把吸附质氧化分解。

③臭氧氧化法。利用强氧化剂臭氧,将被活性炭吸附的有机物加以氧化分解。

④生物氧化法。利用微生物的作用,将吸附在活性炭上的有机物氧化分解。

(三)吸附操作及设备

在水处理中,根据水的状态,可以将吸附操作分为静态吸附和动态吸附。

1. 静态吸附

静态吸附,又称静态间歇式吸附,是指在水不流动的条件下进行的吸附操作。其操作的工艺过程是:把一定数量的吸附剂投入待处理的水中,不断进行搅拌,经过一定时间达到吸附平衡时,以静置沉淀或过滤方法实现固液分离。若一次吸附的出水不符合要求时,可增加吸附剂用量,延长吸附时间或进行二次吸附,直到符合要求。

静态吸附常用于小水量处理或试验研究。静态吸附常用的设备为一个池子和桶或搅拌槽。

2. 动态吸附

动态吸附,又称动态连续式吸附,是在水流动条件下进行的吸附操作。其操作工艺过程是:污水不断地流过有吸附剂的吸附床(柱、罐、塔),污水中的污染物和吸附剂接触并吸附,在流出吸附床之前,污染物浓度降至处理要求值以下,直接获得净化出水。实际中的吸附处理系统一般都采用动态连续式吸附工艺。

常用的动态吸附设备有固定床、移动床和流动床。

①固定床:指在操作过程中吸附剂固定填放在吸附设备中,是水处理吸附工艺中常用的一种方式。如图 4-10 所示。

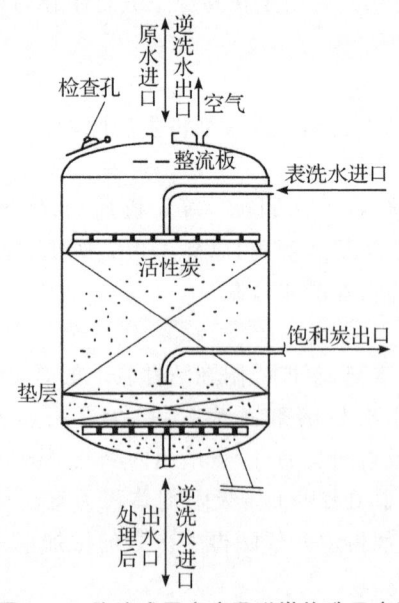

图 4-10 降流式固定床吸附塔构造示意图

固定床的吸附工艺过程是：当污水连续流经吸附床（吸附塔或吸附池）时,待去除的污染物（吸附质）不断地被吸附剂吸附,吸附剂的数量足够多时,出水中的污染物浓度可降低到零。在实际运行过程中,随吸附过程的进行,吸附床上部饱和厚度不断增加,下部新鲜吸附层则不断减少,出水中污染物浓度会逐渐增加,其浓度达到出水要求的限度值时,必须停止进水,转入吸附剂的再生程序。吸附和再生可在同一设备内交替进行,也可将失效的吸附剂卸出,送到再生设备进行再生。因这种动态设备中,吸附剂在操作过程中是固定的,所以叫固定床。

废水采用的固定床吸附设备的大小和操作条件,根据实际设备的运行资料建议采用下列数据：

塔径：1～3.5 m；吸附塔（填充层）高度：3～10 m；填充层高度与塔径比：(1～4)∶1；吸附剂粒径：0.5～2 mm（活性炭）；接触时间：10～50 min；容积（体积）速度（单位体积的吸附剂在单位时间内通过处理水的体积数）：2 $m^3/(h \cdot m^3)$ 以下（固定床）,5 $m^3/(h \cdot m^3)$ 以下（移动床）；线速度（单位时间内,水通过吸附层的线速度,又称为空塔速度）：2～10 m/h（固定床）,10～30 m/h（移动床）。

②移动床：指在操作过程中定期将接近饱和的吸附剂从吸附设备中排出,并同时加入等量的吸附剂,也称为脉冲床。在移动床中,废水从下而上流过吸附层,吸附剂由上而下间歇或连续移动。如图4-11所示。

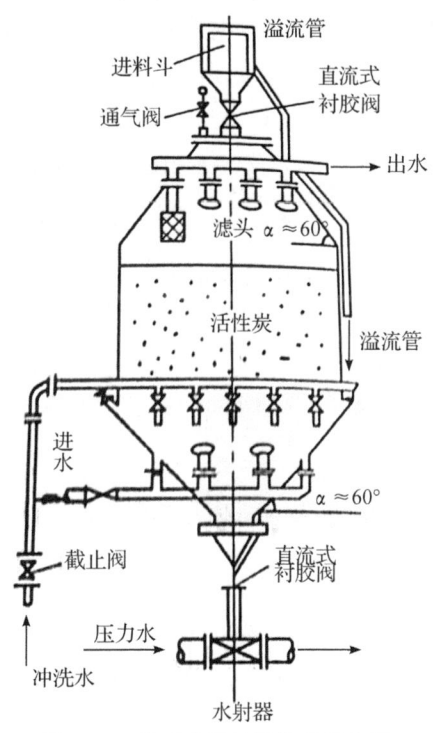

图4-11　移动床吸附塔构造示意图

移动床的工艺过程是：原水从吸附塔底部流入,与吸附剂进行逆流接触,处理后的水从塔顶流出,再生后的吸附剂从塔顶加入,接近吸附饱和的吸附剂从塔底间歇地排出。这种方式较固定床能充分利用吸附剂的吸附容量,并且水头损失小。由于采用升流式,废水从塔底流入,从塔顶流出,被截留的悬浮物随饱和的吸附剂间歇地从塔底排出,故不需要反冲洗设备。但这种操作方式要求塔内吸附剂上、下层不能互相混合,操作管理要求高。

移动床一次卸出的炭量一般为总填充量的5%～20%,卸炭和投炭的频率与处理的水量和水质有关,从数小时到一周。在卸料的同时投加等量的再生炭或新炭。移动床高度可达5～10 m。移动床进水的悬浮物浓度不大于30 mg/L。移动床设备简单,出水水质好,占地面积小,操作管理方便,较大规模的废水处理多采用这种方式。

③流化床:指在操作过程中吸附剂悬浮于由下至上的水流中,处于膨胀状态或流化状态。被处理的废水与活性炭基本上也是逆流接触。流化床一般连续卸炭和投炭,空塔速度要求上下部混层,保持炭层成层状向下移动,所以运行操作要求严格。由于活性炭在水中处于膨胀状态,与水的接触面积大,因此用少量的炭就可以处理较多的废水,基建费用低。这种操作适于处理含悬浮物较多的废水,不需要进行反冲。

由于移动床、流化床操作较麻烦,在水处理中应用较少。

(四)应用实例

吸附法处理工业废水,主要用于低浓度工业废水的净化处理,下面举几个实际应用的例子。

1. 含汞废水

图4-12是某工厂用活性炭处理含汞废水的流程示意图。该厂含汞废水经硫化钠置换反应沉淀处理后,仍含有金属汞和汞化物(加氯化汞等)。含汞量约在1 mg/L,高峰时达2～3 mg/L,而该地允许排放标准是0.05 mg/L,所以用活性炭间歇式吸附池进一步处理,处理构筑物主要由三个池子组成,其作用如下:

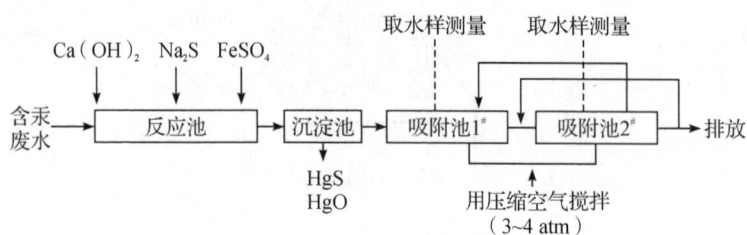

图4-12 某工厂吸附法处理含汞废水流程示意图

(1)反应池

废水排入反应池后,加入硫化钠,与含汞废水起置换反应后流入沉淀池。加硫酸亚铁和石灰的目的是除去六价铬。

(2)沉淀池

该厂含汞废水量每天有10～20 m³,沉淀池能容纳1～2 d的废水总量。沉淀池的作用一是调节水量和水质,二是将泥沙、杂质以及一部分汞化物(如氧化汞、硫化汞)沉淀下来。

(3)吸附池

吸附池有两个,每个能容纳约40 m³废水,废水流入池1#到40 m³后停止进水,用3～4个大气压的压缩空气搅拌30 min,然后静置2 h,取水样测量汞浓度,若小于0.03 mg/L,则直接排放;若大于0.05 mg/L,还要进入池2#进一步吸附净化,操作条件同池1#。一般经过2～3次吸附处理后就能达到排放标准。第一个池子吸附了95%以上的汞,第二、三次吸附的汞量较少,出水也比较干净了。

2. 三硝基甲苯(TNT 炸药)废水

将粉末状工业用活性炭与混凝剂一起使用,来沉淀处理含 TNT 的废水。活性炭用量为废水中 TNT 的 10～20 倍,明矾用量为 20 mg/L。间歇式操作,用机械或压缩空气搅拌 10 min,静置沉淀 2 h。

3. 染料废水

某化工厂用硫化染料废液制造大苏打(硫代硫酸钠),先用活性炭进行脱色。废液含硫代硫酸钠 18%～20%,活性炭用量为废液量的 0.1%～0.2%,可视废液色泽而定。

吸附法处理工业废水还存在不少问题,如目前在废水回收利用中,用得较多的吸附剂是活性炭和磺化煤,存在的主要问题是处理成本较高,再生困难,对预处理要求较高。活性炭吸附后,解吸要用火化炉将其加热到 1000 ℃,也是比较困难的。正因为存在着上述问题,吸附法在废水中的广泛应用受到了极大限制。

寻找满足一定去除效率、价格低廉的吸附剂在国内外都受到了一定的重视。研究证明,用活性炭能吸附的水中污染物,如酚、砷、氰酸盐、硫氰化物等,也可以用某些燃料的炉渣来除掉。随着工业发展和科学研究的进一步深入,上述问题将得到不同程度的解决。

虽然存在上述问题,吸附法仍有其独到之处。吸附法的主要优点是在处理低浓度工业废水时,显示出较高的净化效率;吸附操作也较简单,易于掌握,因此在处理低浓度工业废水中得到了一定的应用。

任务五　去除金属离子

启发引导:
到工厂取一定量电镀污水,通过观察使学生对电镀污水形成感性认识。

4.5　离子交换

一、离子交换基本原理

离子交换法是水质软化和去除水中盐的主要方法。在废水处理中用来去除金属离子和一些非金属离子。例如,可去除废水中的钙、镁、钾、钠离子以及氯离子、硫酸根离子等。这种方法的实质是利用不可溶解的离子化合物(称为离子交换树脂)上的可交换离子或基团与水中其他同性离子进行离子交换反应,类似化学中的置换反应。这种离子交换过程是可逆的。其反应式可表达为

$$RH + M^+ \rightleftharpoons RM + H^+$$

上式自左向右进行时为交换反应,而其逆反应为再生反应,交换树脂(RH)对两种离子(M^+、H^+)选择性的不同是离子交换分离的基础。

因此,运用离子交换法处理废水时,离子交换剂的选择非常重要。

离子交换过程可以分为五个连续的步骤:

(1)电解质离子由溶液向树脂表面扩散,穿过液膜至树脂表面;
(2)电解质离子进入树脂内部的交联网孔,并在内孔中扩散至某一活性基团位置;
(3)电解质离子与树脂交换离子进行离子交换反应;
(4)交换下来的离子从树脂结构内部向外扩散;
(5)交换下来的离子扩散穿过液膜进入水流主体。

因上述第(3)步速度很快,而其他几步骤即离子扩散过程的速度一般较慢,故离子交换过程速度主要取决于离子扩散速度。第(2)步和第(4)步是离子通过交换剂内部的孔道,即孔道扩散;第(1)步和第(5)步为液膜扩散。

表 4-1 离子交换在水处理中的用途

废水种类	有害物质	交换树脂	废水出路	再生剂	再生液出路
电镀(铬)废水(镀件清洗水)	CrO_4^{2-}	大孔阴离子	循环	食盐、烧碱	氢型阳离子交换除钠后回用
电镀废水	Cr^{3+}、Cu^{2+}	氢型强酸性阳离子	循环	18%~20%硫酸	蒸发浓缩后回用
含汞废水	Hg^{2+}、$HgCl_x^{(x-2)}$	氯型强碱性大孔阴离子	中和后排放	盐酸	回收汞
黏胶纤维废水	Zn^{2+}	强酸性阳离子	中和后排放	硫酸	回用
放射性废水	放射性离子	强酸碱阴阳离子	排放	硫酸、盐酸、烧碱	进一步处理
氯苯酚废水	氯苯酚	弱碱大孔阴离子	排放	2% NaOH、甲醇	回收酚及甲醇

二、离子交换剂

在污水处理中使用的离子交换剂分为无机和有机两大类。前者如天然沸石和人造沸石等;后者是一种高分子聚合物电解质,称为离子交换树脂,它是使用最广泛的离子交换剂。

(一)离子交换树脂的结构

离子交换树脂常分为凝胶型和大孔型两类。

凝胶型树脂的高分子骨架在干燥的情况下内部没有毛细孔。它在吸水时润胀,在大分子链节间形成很微细的孔隙,通常称为显微孔(micro-pore)。湿润树脂的平均孔径为 2~4 nm($2×10^{-6}$~$4×10^{-6}$ mm)。

凝胶型树脂较适合用于吸附无机离子,它们的直径较小,一般为 0.3~0.6 nm。这类树脂不能吸附大分子有机物质,因后者的尺寸较大,如蛋白质分子直径为 5~20 nm,不能进入这类树脂的显微孔隙中。

大孔型树脂是在聚合反应时加入致孔剂,形成多孔海绵状构造的骨架,内部有大量永久性的微孔,再导入交换基团制成。它并存有微细孔和大网孔(macro-pore),润湿树脂的孔径达 100~500 nm,其大小和数量都可以在制造时控制。孔道的比表面积可以增大到超过 1000 m^2/g。

大孔型树脂内部的孔隙又多又大,比表面积很大,活性中心多,离子扩散速度快,离子交换速度也快很多,约比凝胶型树脂快 10 倍。使用时的作用快,效率高,所需处理时间缩短。

大孔型树脂还有多种优点：耐溶胀，不易碎裂，耐氧化，耐磨损，耐热及耐温度变化，以及对有机大分子物质较易吸附和交换，因而抗污染力强，并较容易再生。

(二)离子交换树脂的组成

离子交换树脂(ion-exchange resin)的基体(matrix)制造原料主要有苯乙烯和丙烯酸(酯)两大类(图 4-13)，它们分别与交联剂二乙烯苯产生聚合反应，形成具有长分子主链及交联横链的网络骨架结构的聚合物。苯乙烯系树脂是率先得到使用的，丙烯酸系树脂则应用得较晚。

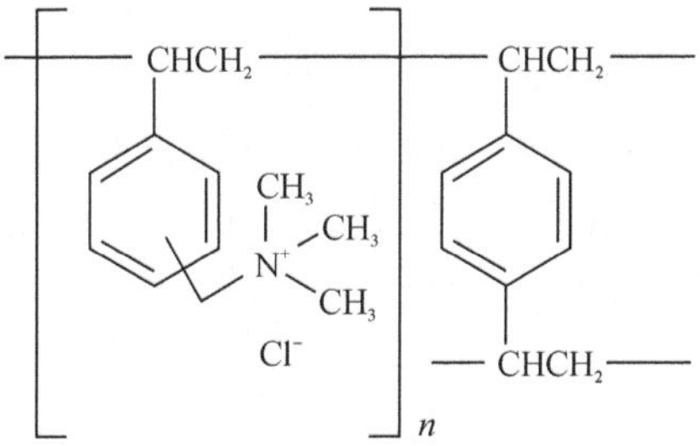

图 4-13 强碱性苯乙烯系阴离子交换树脂结构

这两类树脂的吸附性能都很好，但有不同特点。丙烯酸系树脂能交换吸附大多数离子型色素，脱色容量大，而且吸附物较易洗脱，便于再生，在糖厂中可用作主要的脱色树脂。苯乙烯系树脂适合吸附芳香族物质及糖汁中的多酚类色素(包括带负电的或不带电的)；但再生时较难洗脱。因此，糖液先用丙烯酸系树脂进行粗脱色，再用苯乙烯系树脂进行精脱色，可充分发挥两者的长处。

树脂的交联度即树脂基体聚合时所用二乙烯苯的百分数，对树脂的性质有很大影响。通常，交联度高的树脂聚合得比较紧密，坚牢而耐用，密度较高，内部空隙较少，对离子的选择性较强；而交联度低的树脂孔隙较大，脱色能力较强，反应速度较快，但在工作时的膨胀性较大，机械强度稍低，比较脆而易碎。工业应用的离子树脂的交联度一般不低于4%；用于脱色的树脂的交联度一般不高于8%；单纯用于吸附无机离子的树脂，其交联度可较高。

除上述苯乙烯系和丙烯酸系这两大系列以外，离子交换树脂还可由其他有机单体聚合制成，如酚醛系(FP)、环氧系(EPA)、乙烯吡啶系(VP)、脲醛系(UA)等。

(三)离子交换树脂的分类

1. 强酸性阳离子树脂

这类树脂含有大量的强酸性基团，如磺酸基($-SO_3H$)，容易在溶液中离解出 H^+，故呈强酸性。强酸性树脂的离解能力很强，在酸性或碱性溶液中均能离解和发生离子交换作用。

此类树脂用强酸进行再生处理，此时树脂释放出被吸附的阳离子，再与 H^+ 结合而恢复原来的组成。

2. 弱酸性阳离子树脂

这类树脂含弱碱性基团，如羧基($-COOH$)，能在水中离解出 H^+ 而呈酸性。树脂离解后余下的负电基团，如 $R-COO^-$(R 为碳氢基团)，能与溶液中的其他阳离子吸附结合，从而产生阳离子交换作用。这种树脂的酸性即离解性较弱，在低 pH 下难以离解和进行离子交换，只能在碱性、中性或微酸性溶液中（如 pH＝5～14）起作用。这类树脂亦用酸进行再生（比强酸性树脂较易再生）。

3. 强碱性阴离子树脂

这类树脂含有强碱性基团，如季铵基（—NR_3OH，R 为碳氢基团），能在水中离解出 OH^- 而呈强碱性。这种树脂的正电基团能与溶液中的阴离子吸附结合，从而产生阴离子交换作用。这种树脂的离解性很强，在不同 pH 下都能正常工作。它用强碱（如 NaOH）进行再生。

4. 弱碱性阴离子树脂

这类树脂含有强碱性基团，如伯胺基（—NH_2）、仲胺基（—NHR）或叔胺基（—NR_2），它们在水中能离解出 OH^- 而呈弱碱性。这种树脂的正电基团能与溶液中的阴离子吸附结合，从而产生阴离子交换作用。这种树脂在多数情况下是将溶液中的整个其他酸分子吸附。它只能在中性或酸性条件下（如 pH＝1～9）下工作。它可用 Na_2CO_3、$NH_3 \cdot H_2O$ 进行再生。

5. 离子树脂的转型

以上是树脂的四种基本类型。在实际使用上，常将这些树脂转变为其他离子型使用，以适应各种需要，例如常将强酸性阳离子树脂与 NaCl 作用转变为钠型树脂再使用。工作时钠型树脂放出 Na^+，与溶液中的 Ca^+、Mg^{2+} 等阳离子交换吸附，除去这些离子。反应时没有放出 H^+，可避免溶液 pH 下降和由此产生的副作用（如蔗糖转化和设备腐蚀等）。这种树脂以钠型运行使用后，可用盐水再生（不用强酸）。又如阴离子树脂可转变为氯型再使用，工作时放出 Cl^- 而吸附交换其他阴离子，它的再生只需用食盐水溶液。氯型树脂也可转变为碳酸氢型（HCO_3^-）运行。强酸性树脂及强碱性树脂在转变为钠型和氯型后，就不再具有强酸性及强碱性，但它们仍然有这些树脂的其他典型性能，如离解性强，工作的 pH 范围宽等。

(四) 离子交换树脂的性质

离子交换树脂的颗粒尺寸和有关的物理性质对其工作和性能有很大的影响。

1. 颗粒尺寸

离子交换树脂通常制成珠状的小颗粒，它的尺寸也很重要。树脂颗粒较细者，反应速度较大，但细颗粒对液体通过的阻力较大，需要较高的工作压力；特别是浓糖液黏度高，这种影响更显著。因此，树脂颗粒的大小应选择适当。如果树脂粒径在 0.2 mm（约为 70 目）以下，会明显增大流体通过的阻力，降低流量和生产能力。

树脂颗粒大小的测定通常用湿筛法，即将树脂在充分吸水膨胀后进行筛分，累计其在 20、30、40、50 等目筛网上的留存量，以 90％粒子可以通过其相对应的筛孔直径称为树脂的"有效粒径"。多数通用的树脂产品的有效粒径在 0.4～0.6 mm 之间。

树脂颗粒是否均匀以均匀系数表示。它是在测定树脂的"有效粒径"坐标图上取累计留存量为 40％的粒子相对应的筛孔直径与有效粒径的比例。

2. 密度

树脂在干燥时的密度称为真密度。湿树脂每单位体积（包括颗粒间空隙）的质量称为湿密度。树脂的密度与它的交联度和交换基团的性质有关。通常，交联度高的树脂的密度较高，强酸性或强碱性树脂的密度高于弱酸或弱碱性者，而大孔型树脂的密度则较低。

3. 溶解性

离子交换树脂应为不溶性物质。但树脂在合成过程中夹杂的聚合度较低的物质,及树脂分解生成的物质,会在工作运行时溶解出来。交联度较低和含活性基团多的树脂,溶解倾向较大。

4. 膨胀度

离子交换树脂含有大量亲水基团,与水接触即吸水膨胀。当树脂中的离子变换时,如阳离子树脂由 H^+ 转为 Na^+,阴离子树脂由 Cl^- 转为 OH^-,都会因离子直径增大而发生膨胀,从而使树脂的体积增大。通常,交联度低的树脂的膨胀度较大。在设计离子交换装置时,必须考虑树脂的膨胀度,以适应生产运行时树脂中的离子转换发生的树脂体积变化。

5. 耐用性

树脂颗粒使用时有转移、摩擦、膨胀和收缩等变化,长期使用后会有少量损耗和破碎,故树脂要有较高的机械强度和耐磨性。通常,交联度低的树脂较易碎裂,但树脂的耐用性更主要地取决于交联结构的均匀程度及强度。如大孔型树脂具有较高的交联度者,其结构稳定,能反复再生。

(五)离子交换树脂的选用

离子交换树脂对溶液中的不同离子有不同的亲和力,对它们的吸附有选择性。各种离子受交换吸附作用的强弱程度有一般的规律,但不同的树脂可能略有差异。主要规律如下:

1. 对阳离子的吸附

高价离子通常被优先吸附,而低价离子的吸附性较弱。在同价的同类离子中,直径较大的离子被优先吸附。一些阳离子被吸附的顺序如下:

$$Fe^{3+} > Al^{3+} > Pb^{2+} > Ca^{2+} > Mg^{2+} > K^+ > Na^+ > H^+$$

2. 对阴离子的吸附

强碱性阴离子树脂对无机酸根的吸附的一般顺序为:

$$SO_4^{2-} > NO_3^- > Cl^- > HCO_3^- > OH^-$$

弱碱性阴离子树脂对阴离子的吸附的一般顺序如下:

$$OH^- > 柠檬酸根 > SO_4^{2-} > 酒石酸根 > C_2O_4^{2-} > PO_4^{3-} > NO_3^- > Cl^- > CH_3COO^- > HCO_3^-$$

3. 对有色物的吸附

糖液脱色常使用强碱性阴离子树脂,它对拟黑色素(还原糖与氨基酸反应产物)和还原糖的碱性分解产物的吸附较强,而对焦糖色素的吸附较弱。这被认为是由于前两者通常带负电,而焦糖的电荷很弱。

通常,交联度高的树脂对离子的选择性较大,大孔型树脂的选择性小于凝胶型树脂。这种选择性在稀溶液中较大,在浓溶液中则较小。

三、离子交换的过程

离子交换法的全过程包括交换、反冲洗、再生、清洗(或淋洗)四个阶段。

交换阶段是利用离子交换树脂的交换能力,从废水中分离脱除需要去除的离子的操作过程。操作时,开启进、出水阀,关闭其他阀。当运行到出水中的离子浓度达到限定值时,应立即停止交换。

反冲洗的目的有二:一是松动树脂层,使再生液能均匀渗入层中,与交换剂颗粒充分接触;二是把过滤过程中(即交换阶段)产生的破碎粒子和截留的污物冲走。为了达到这两个目的,树脂层在反冲洗时要膨胀40%～60%。反洗前,关闭进、出水阀门,打开反洗进水、排水阀,冲洗水可用自来水或废再生液。

当离子交换进行到一定时候,出水水质变差,即交换达到饱和,需要再生。再生是交换过程的逆过程,借助于较高浓度的再生液流过树脂层,把已吸附的离子置换出来,使树脂恢复交换能力。

再生方式分为顺流再生和逆流再生。再生阶段的液流方向和交换时的水流方向相同者称为顺流再生,反之为逆流再生。顺流再生的优点是设备简单,操作方便,工作可靠。缺点是再生剂用量多,获得的交换容量低,出水水质差。逆流再生时,再生剂用量少,树脂再生程度高,且能保证出水质量。但逆流再生的缺点是设备复杂,操作控制较严格。此外,采用这种方式时,切忌搅乱树脂层,以免影响出水水质,所以要控制再生流速,一般要小于1.5 m/h,而顺流再生的流速一般为2～5 m/h。为了提高再生速度,缩短再生时间,在再生时可通入0.03～0.05 MPa的压缩空气压住树脂层。

在再生剂的选择上,对于不同性质的废水和不同类型的离子交换树脂,所采用的再生剂也是不同的。通常用于阳离子交换树脂的再生剂有HCl、H_2SO_4等,用于阴离子交换树脂的再生剂有$NaOH$、Na_2CO_3、$NaHCO_3$等。具体地说,强酸性阳离子交换树脂可用HCl或H_2SO_4等强酸及$NaCl$、Na_2SO_4;弱酸性阳离子交换树脂可以用HCl、H_2SO_4等;强碱性阴离子交换树脂可用$NaOH$等强碱类及$NaCl$;弱碱性阴离子交换树脂可用$NaOH$、Na_2CO_3、$NaHCO_3$等。

在再生剂用量和再生率控制上,应尽可能地减少再生剂用量,降低再生费用,同时又便于回收处理再生废液。为此,尽量使用浓度较高的再生剂,采用顺流交换逆流再生方法。再生时,一般不追求过高的再生率,把交换剂的交换能力恢复到原来的80%即可。这样不仅可以节约再生剂,缩短再生时间,而且提高了再生液中回收物质的浓度,有利于回收。

清洗(或淋洗)的目的是洗涤残留的再生液和再生时可能产生的反应产物。通常清洗的水流方向和交换阶段是一样的,所以又称为正洗。清洗的水流速度应先小后大。清洗过程后期应特别注意掌握清洗终点的pH(尤其是弱性树脂转型之后的清洗),避免重新消耗树脂的交换容量。清洗水最好用交换处理后的净水。一般清洗用水为树脂体积的4～13倍,清洗水流速为2～4 m/h。

四、离子交换工艺

(一)离子交换设备

常用的离子交换设备有固定床、移动床和流动床三种,但是目前国内应用最为广泛的为固定床离子交换柱。固定床离子交换柱在工作时,床层固定不变,水流由上而下流动。根据料层的组成,又分为单层床、双层床和混合床三种。单层床只装一种树脂,可以单独使用,也可以串联使用。双层床是在同一个柱中装两种同性不同型树脂,由于比重不同而分为两层。混合床是把阴、阳离子两种树脂混合装成一床使用。固定床离子交换柱的上部和下部设有配水和集水装置,中部装填有1.0～1.5 m厚的交换树脂。这种交换柱的优点是设备紧凑,操作简单,出水水质好;缺点是再生费用大,生产效率不够高,但目前仍是应用比较广泛的一种设备。

移动床交换设备包括交换柱和再生柱两个主要部分,工作时,定期从交换柱排出部分失效树脂,送到再生柱再生,同时补充等量的新鲜树脂参与工作。它是一种半连续式的交换设备,整个交换树脂在间断移动中完成交换和再生。该法进行交换所需树脂量比固定式少,树脂利用率高,连续运行,效率高,但设备较复杂。

流动床交换设备是交换树脂在连续移动中实现交换和再生的。

移动床、流动床与固定床相比,具有交换速度快、生产能力大和效率高等优点。但是设备复杂,操作麻烦,对水质水量变化的适应性差,以及树脂磨损大等,限制了它们的应用范围。

(二)离子交换系统的设计

1. 离子交换系统的设计步骤

(1)根据排放标准或出水的去向和用途,确定处理后的水质要求。

(2)根据废水水量、水质及处理的要求,选择交换设备的类型,设计系统布置方案,确定合理的处理流程。

(3)选用离子交换树脂、再生剂种类,确定树脂的交换容量和再生剂用量。在选择中必须综合考虑技术与经济因素。

(4)确定合理的工艺参数,首先选定合适的过滤速度及工作周期,污染物的浓度大时,滤速应小些,反之则大些。人工操作时,过滤周期可长些,一般为 8~24 h 或更长;自动操作时,可以采用较高的流速和较短的工作周期,这样可以缩小交换器尺寸,节省投资。

(5)进行相关计算。

2. 固定床的设计计算

通过实验或生产实践取得设计参数后,按以下步骤计算。

(1)树脂用量的初步计算;

(2)交换柱主要尺寸的计算;

(3)核算过滤速度。

五、应用实例

用活性污泥法、凝聚法处理废水时,进行砂滤或活性炭吸附后,通常用离子交换法进行深度处理,除去处理水中的少量溶解性物质和胶质等。

(一)含氰废水的处理

离子交换法处理电镀含氰废水,既可以消除氰化物及重金属离子的污染,使废水得到净化,又能将废水中的氰化物及重金属回收利用。酸式盐型强碱性阴离子交换树脂对游离氰、络合氰均有交换吸附作用。反应式为

$$RCl + CN^- \longrightarrow RCN + Cl^-$$
$$2RCl + [Cu(CN)_3]^{2-} \longrightarrow R_2Cu(CN)_3 + 2Cl^-$$

吸附了 CN^- 和 $[Cu(CN)_3]^{2-}$ 的树脂用 HCl 再生,发生如下反应

$$RCN + HCl \longrightarrow RCl + HCN \uparrow$$
$$R_2Cu(CN)_3 + 3HCl \longrightarrow 2RCl + CuCl \downarrow + 3HCN \uparrow$$

除上述反应外,在高浓度 HCl 溶液中,铜可形成一系列铜氯络离子(以 $[CuCl_3]^{2-}$ 代表

络离子),对树脂同样存在强的亲和力。

$$R_2Cu(CN)_3 + 3HCl \longrightarrow R_2CuCl_3 + 3HCN \uparrow$$

盐酸再生的结果就是,铜氯络离子吸附在树脂上,构成"络合基"型离子交换基团,此树脂可继续投入运行。

(二)水银电解中的水银回收

制取苛性钠(NaOH)的方法之一是水银法电解食盐,在该法中,水银残存在盐水精制污泥中。用强碱性阴离子交换树脂处理这种水银,能到 0.02 mg/kg 以下。如再用螯合树脂处理,可达 0.001 mg/kg 以下。这时水银以 $HgCl_3^-$、$HgCl_4^{2-}$ 被吸附,被吸附的水银可用浓盐酸解吸。

(三)酚类的处理

在酚类吸附处理中,使用阴离子交换树脂或合成吸附剂(苯乙烯和二乙烯基苯的 MR 型聚合物)。MR 型弱碱性阴离子交换树脂能有效地吸收酚类。解吸可在酒精或碱的水溶液中进行。

(四)废水的中和

酸性和碱性废水需中和到排放标准以内进行排放。由于中和后产生盐,使水中盐的含量增加,故不适宜在生产中反复使用。如果使用弱碱性或中等碱性阴离子交换树脂,或者使用弱碱性或中等酸性阳离子交换树脂,就可以做到废水中和而不产生盐。

目前,离子交换树脂沿着两个方向发展:研制新型的特型树脂,发展新的操作技术和再生技术。例如新型的磁性树脂,它是将聚丙烯酸嫁接到磁性核心上形成的惰性泡沫状聚合物,具有强烈的凝聚作用,将污染物沉积下来。另一种是耐热树脂,这种树脂是将弱碱性基团同时固铸到简单的模格中,因此,具有弱酸和弱碱的功能,在给定的 pH 范围内能迅速吸附盐,可脱除约 80% 的溶解盐,并具有可用热水再生而不需化学试剂再生的特点。又如在新操作技术方面,连续运行的流化床离子交换法可以从工业废水中或采矿废水中回收微量金属,而所需树脂一般为固定床的 50%,且在处理浑浊废水时可省去过滤步骤,但其装置只有在大流量高负荷时才较经济。

离子交换法正向以下几方面发展:把沉淀剂接到聚合物中去;把酶附到聚合物上,可除有机物,在高温中仍保持活性;将生物体附到聚合物上,起吸附或浓缩作用;把金属与有机树脂接到一起,具抗高温能力,能与废水中特定的有机物作用。

任务六　污水回用

> **启发引导:**
> 提前到污水沟取一定量的污水,并通过图片给学生展示再生处理后的高品质再生水的形态和用途。

4.6 膜分离

一、膜分离基本原理

膜分离技术是一门以分离膜为组件,分离、浓缩和提纯物质的新兴技术。自从1784年法国科学家Abble Nollet首次揭示膜分离现象以来,膜分离技术经历了漫长的发展过程,近几十年来,膜分离技术工业化应用发展迅速,除微滤、超滤等方法外,新发展了纳滤、膜蒸馏、渗透蒸馏、气体渗透、液膜分离等膜分离方法。膜分离技术在食品、医药和化工工业得到了广泛应用。

(一)膜分离的基本知识

1. 膜的定义

膜是一种起分子级分离过滤作用的介质,当溶液或混合气体与膜接触时,在压力下,或电场作用下,或温差作用下,某些物质可以透过膜,而另些物质则被选择性地拦截,从而使溶液或混合气体的不同组分被分离,这种分离是分子级的分离。

2. 膜的种类

分离膜包括反渗透膜($0.0001 \sim 0.005~\mu m$)、纳滤膜($0.001 \sim 0.005~\mu m$)、超滤膜($0.001 \sim 0.1~\mu m$)、微滤膜($0.1 \sim 1~\mu m$)、电渗析膜、渗透气化膜、液体膜、气体分离膜、电极膜等。它们对应不同的分离机理、不同的设备,有不同的应用对象。膜本身可以由聚合物或无机材料或液体制成,其结构可以是均质或非均质的,多孔或无孔的,固体的或液体的,荷电的或中性的。膜的厚度可以薄至$100~\mu m$,厚至几毫米。不同的膜具有不同的微观结构和功能,需要用不同的方法制备。制膜方法一直是膜领域的核心研究课题,也是各公司严格保密的核心技术。

3. 膜分离技术的定义

把上述的膜制成适合工业使用的构型,与驱动设备(压力泵或电场、加热器、真空泵)、阀门、仪表和管道联成设备,在一定的工艺条件下操作,就可以来分离水溶液或混合气体。透过膜的组分称为透过流分。这种分离技术被称为膜分离技术。

(二)膜分离的原理

膜分离的机理主要是筛分过程。但有多种因素起作用,如溶质、溶剂分子与膜的吸引和排斥,水和溶液对膜的优先吸附,以及一些特殊的负分离等作用。已提出的膜传质机理与传递模型有吸附孔流模型、微孔扩散模型、优先吸附毛细孔流模型、溶解扩散模型、不完全溶解扩散模型及以不可逆热力学为基础的传递模型等。膜分离种类多,具体机理各不相同,适用范围也不一样,各自具有不同的优缺点。

(三)在环境保护和水资源化的应用

膜技术在废水处理、污染防治和水资源综合利用方面得到广泛应用。在许多情况下,不仅处理了废水,还能回收有用物质和能量。

1. 各种含油废水及废油的处理

①采油回注水的处理:膜法可以除去在水中的乳化溶解油,提高注入水的质量。②含油废水的处理:许多工业生产和运输业都产生大量的含油废水,膜滤技术是达标排放最有效的

方法。③废润滑油的纯化：用常规技术加膜分离，可得到很纯的润滑油，适用于汽车等的废机油的处理。④机床切削油的纯化回收：膜法可除去废切削油中的细菌和杂质，处理后回用。⑤废食用油的纯化处理技术：食用油在连续高温下产生致癌物质，用膜法可将这部分除去。⑥食用菜籽油的纯化：菜籽油中含有15％～48％高含碳量的芥子酸。用膜法可除去，达到标准（芥子酸＜5％）。

2. 废水的处理及回用

①膜生物反应器处理生活污水回用中水，其占地面积小，设备投资低，处理水质好。②印刷显影废水的处理及回用，采用膜技术处理可以达标排放，也可回收。③对电镀废水，可采用膜技术处理，水回用，污染物回槽利用。④对印染废水，采用膜分离可除去有色染料，得到的水回用。牛仔布印染废水可回收靛蓝染料。⑤对造纸废水，用膜可将废水中的木质素、色素等分离出来，净化水可排放或回用。

膜分离技术的应用越来越广，是因为该技术在常温下进行，操作方便，适用范围广，具有许多优点；而且不加入化学物质，消除了环境污染。

二、电渗析

电渗析法最早于1940年开始应用，到1950年，美国盐水研究机构用电渗析法研究海水淡化。最初仅应用于海水淡化，后来逐渐发展到用于工业生产中的分离、净化、浓缩以及废水处理等方面。电渗析这门新技术，近年来已广泛应用于机电、冶金、化工、纺织、化纤、食品、医药、运输、国防和科学研究等方面，如工业用水、生活用水的脱盐，化工原料的制备和提纯，酸碱等基本原料的制造和回收。电渗析还用于处理放射性废液、奶制品的脱盐、电镀液的回收、氨基酸的精制、血清疫苗的精制、处理照片乳胶、处理乳液、制造无机药品、处理亚硫酸纸浆废液，提供锅炉用水、电子元件用高纯水等。此外，还用于电化合成、纯化、废液回收以及冶金、化工、医药、食品等方面的废水处理。它对去除废水中的无机营养物（磷、氮）是一种很有前途的方法，而在废水处理流程中可能为最后一个步骤。

（一）电渗析原理

海水或咸水中的盐分能够解离成阳离子和阴离子。因此，在直流电场作用下，利用只能通过阳离子的阳离子交换膜和另一种只能通过阴离子的阴离子交换膜，分别选择性地除去水中的阳离子和阴离子，从而达到分离、浓缩和淡化的目的。

离子交换膜具有对离子的选择透过性，即阳离子交换膜（苯乙烯磺酸型）$R-SO_3$构成足够强烈的负电场，正离子易通过，负离子难通过；阴离子交换膜（苯乙烯季铵型）$R-CH_2N^+(CH_3)_3$构成足够强烈的正电场，负离子易通过，正离子难通过。多层电渗析装置由交替的阴、阳离子交换膜用隔板隔开，形成浓室及淡室。在通直流电后，一半隔室溶液中阴、阳离子分别穿过阴膜和阳膜向两极方向移动，因此隔室中的水不断地淡化，形成淡室；另一半隔室溶液中的阴、阳离子，由于膜的选择透过性及同性电荷相斥、异性电荷相吸的作用，不能通过阴、阳极，同时要接受相邻淡室迁移过来的离子，因此隔室内的水溶液不断地变浓，形成浓室。例如把阳离子交换膜放入食盐水中，在膜的两侧通以直流电，液体中的钠离子（Na^+）通过细孔向负极方向移动；与此相反，氯离子（Cl^-）受到正极的吸引，但是仍受到固定在阳离子交换膜上的SO_4^{2-}的排斥，故不能通过该膜。

离子交换膜是电渗析的关键部件，按膜体结构可分为异相膜、均相膜和半均相膜三种；

按其选择性可分为阳膜、阴膜和特种膜。对离子交换膜的要求是：离子选择性要大，机械强度要高，而渗水性和膜电阻要低，同时要求结构均匀、耐高温、耐酸碱腐蚀等。

(二)电渗析装置

电渗析槽的基本构造如图 4-14 所示。该槽的基本组成部分是一连串离子交换树脂制成的薄膜。这些薄膜只对离子类才具有可渗透性，并对特定类型的离子有选择性。有两种类型的薄膜用于电渗析槽：(1)阳离子膜，它带有固定的负电荷，允许阳离子(正离子)通过，但排斥阴离子(负离子)；(2)阴离子膜，它带有固定的正电荷，允许阴离子(负离子)通过，但排斥阳离子(正离子)。

如图 4-14 所示，对一连串阳离子和阴离子渗透薄膜施加一恒定电压，促使离子通过薄膜。阳极和阴极置于槽的两端，以使最靠近阴极的薄膜能透过阳离子，而最靠近阳极的薄膜能透过阴离子。原生废水不断地进入浓室，处理过的废水则不断地从淡室排出。

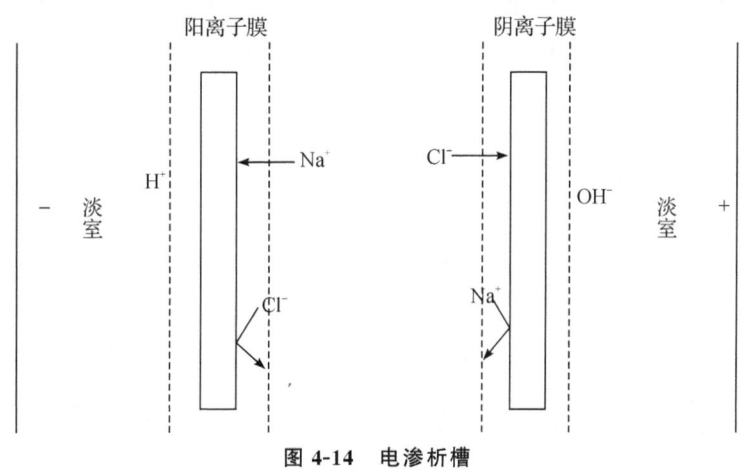

图 4-14　电渗析槽

(三)工程应用实例

最近十几年，电渗析多用于含镍废水的处理，对含铜、锌、银的氰化物镀液的废水处理也有进展。早在 20 世纪 60 年代，人们就用电渗析法和离子交换法联合对镀镍废水进行处理，镀镍用水做到了密闭循环，淡水可再用于漂洗，浓缩液可直接用于电镀，做到全部工艺不排水，全部设备费用可在 1～2 年内完全回收。此外，电渗析法在其他方面也有广泛的应用。

1. 咸水的淡化

用海水制造淡水，在中东缺水地区是应用很广的一种方法。利比亚的班加西建了一座容量为 19000 m^3/d 的海水淡化装置。意大利也在计划兴建容量为 40 万～50 万 m^3/d 的大型海水淡化装置。

2. 制造食盐

日本采用电渗析法制造食盐，最近将过去的盐田法逐步改为电渗析法。这种方法首先要进行海水的前处理，即将盐水过滤，调节 pH，制成适合于电渗析的海水，再将它浓缩成盐浓度为 18%～20%的浓缩液。海水的盐浓度为 3%，用电渗析法可浓缩 6～7 倍。将这种浓缩液在真空蒸发罐中加热从而制成固体盐，用这种方法制成的盐相当纯，用于食品加工味道很好。由于太纯，还要适当加入微量的镁盐。

3. 处理放射性废液

凡用化学处理很难把放射性废液处理到排放标准水平以下的,可用电渗析法处理。

4. 制造减盐酱油

一般酱油的含盐量约为18%,用电渗析法使它脱盐,可达到含盐量8%左右。减盐酱油用在医药上,可供给限制食盐摄入量的人食用。

5. 分离有机物的酸

液汁的酸味很浓时,用化学中和或稀释是不能除去酸分的,用电渗析法分离其中的酸分时,能有效地保持原有质量。

6. 牛奶的脱盐

牛奶所含的盐分比人奶多,故不适于婴儿食用,用电渗析法使牛奶脱盐而接近人奶,可作为婴儿用的奶粉。

为使电渗析槽适当运行,处理前必须将废水中的颗粒物质、大的胶体物质予以去除。如果不这样做,这些物质就会造成薄膜的结垢,进而导致总电阻的增加,减弱设备的除盐能力。

三、反渗透

(一)反渗透原理

如果将淡水(溶剂)和盐水(溶质和溶剂)用半透膜隔开,淡水会自然地透过半透膜至盐水一侧,这种现象称为渗透。当渗透进行到盐水一侧的液面达到某一高度时就会产生压头,从而抑制了淡水进一步向盐水一侧渗透,这一压头称为渗透压。如果在盐水一侧加上一大于渗透压的压力,盐水中的水分就会从盐水一侧渗透至淡水一侧(盐水一侧浓度增大,浓缩),这现象就称为反渗透,如图4-15所示。

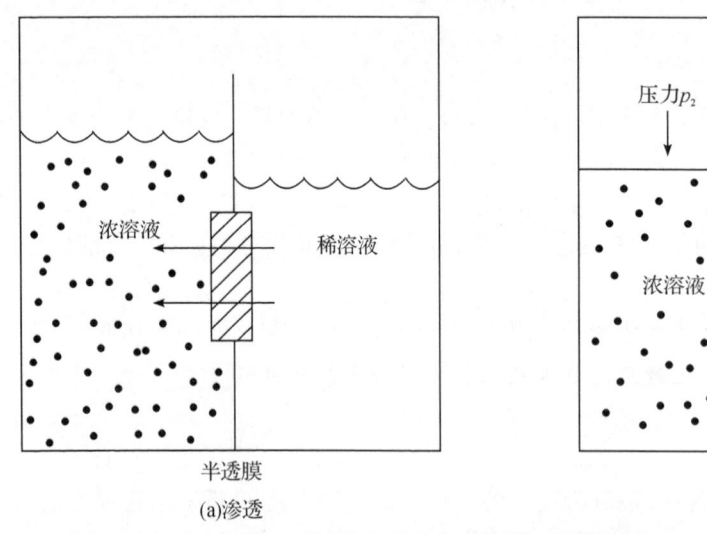
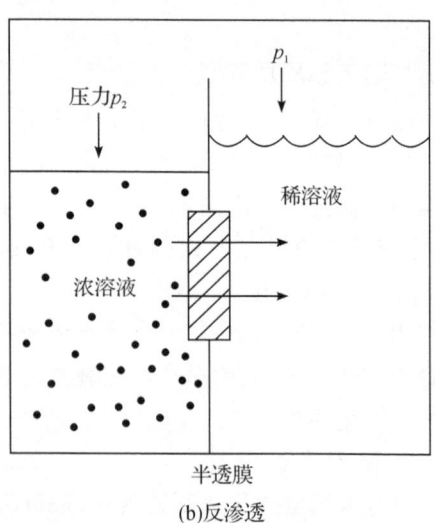

图4-15 渗透、反渗透

因此反渗透过程必须具备两个条件:一是必须有一种高选择性和高渗透性(一般指透水性)的选择性半透膜;二是操作压力必须高于溶液的渗透压。

(二)反渗透膜

反渗透膜种类很多,以膜材料、膜形式或其他方式命名。一般来说,反渗透膜要具备以下多种性能:

(1)单位面积上透水量大,脱盐率高;

(2)机械强度好,多孔支撑层的压实作用小;

(3)化学稳定性好,耐酸、碱腐蚀和微生物侵蚀;

(4)结构均匀,使用寿命长,性能衰减慢;

(5)制膜容易,价格便宜,原料充足。

水处理中目前常用的膜有两种:醋酸纤维素膜(CA 膜)和芳香聚酰胺膜。

CA 膜的主体材料是醋酸纤维素,为乳白色或淡黄色的含水凝胶膜,有一定韧性,在厚度方向上密度不均匀,属于非对称性膜。CA 膜对无机和有机的电解质去除率较高,可达 90%~99%。影响 CA 膜工作性能的因素有温度、pH、工作压力、进液流速和工作时间等。进水温度增高则透水量增加,在 15~30 ℃工作温度范围内,水温每提高 1 ℃,透水量增加约 3.5%,但是 CA 膜在水中会水解,温度愈高,水解速度愈快。此外,水解速度还与 pH 有关,在 pH 为 4.5~5.0 时最小。所以供水温度一般以 20~30 ℃ 为宜,pH 范围为 3~7,以在酸性中工作为好。

芳香聚酰胺膜的主要成膜材料为芳香聚酰胺,也是一种非对称结构的膜。这种反渗透膜具有良好的透水性能、较高的脱盐率,而且工作压力低(2.74 MPa 即可),机械强度高,化学稳定性好,耐压实,能在 pH 4~11 范围内使用,寿命较长。

(三)反渗透装置

反渗透装置有板框式、管式、螺旋卷式和中空纤维式四种。

1. 板框式反渗透装置

板框式反渗透装置的结构与压滤机类似。整个装置由若干圆板一块一块地重叠起来组成。圆板外环有密封圈支撑,使内部组成压力容器,高压水串流通过每块板。圆板中间部分是多孔性材料,用以支撑膜并引出被分离的水。每块板两面都装上反渗透膜,膜周边用胶黏剂和圆板外环密封。这种装置的优点是结构简单,体积比管式的小;缺点是装卸复杂,单位体积膜表面积小。

2. 管式反渗透装置

这种装置是把膜装在耐压微孔承压管内侧或外侧,制成管状膜元件,然后再装配成管式反渗透器。这种装置的优点是水利条件好,适当调节水流状态就能防止膜的污染和堵塞,能够处理含悬浮物的溶液,安装、清洗、维修都比较方便。它的缺点是:膜的有效面积小,装置体积大,而且两头需要较多的连接装置。

3. 螺旋卷式反渗透装置

这种装置是在两层反渗透膜中间夹一层多孔性支撑材料(柔性网格),并将它们的三段密封起来,再在下面铺上一层供废水通过的多孔透水网格,然后将它们的一端粘贴在多孔集水管上,绕管卷成螺旋卷筒便形成一个螺旋卷式反渗透装置。这种反渗透器的优点是单位体积内膜的装载面积大,结构紧凑,占地面积小;缺点是容易堵塞,清洗困难,因此对原液的预处理要求严格。

4. 中空纤维式反渗透装置

这种装置中装有由制膜液通过空心纺丝而制成的中空纤维管,管的外径为 50~100 μm,壁厚 12~25 μm,管的外径与内径之比约为 2:1。将几十万根中空纤维膜弯成 U 形装在耐压容器中,即可组成反渗透器。这种装置的优点是单位体积的膜表面积大,装备紧凑;缺点是原液预处理要求严格,难以发现损坏了的膜。

(四)反渗透工艺

反渗透处理的工艺流程有三种形式,即一级一段连续式工艺、一级一段循环式工艺及多级串联连续式工艺。设计时可根据被处理废水的水质特征、处理要求及选用组件的技术特性选择适宜的工艺。具体的工艺设计可查阅有关设计手册,这里只简单介绍废水的预处理及反渗透膜的清洗。

1. 废水预处理工艺

废水预处理工艺包括去除水中过量的悬浮物,调节和控制进水的 pH 和水温,及去除乳化和未乳化的油类及溶解性有机物。

对于悬浮物的去除,通常可用混凝沉淀和过滤联合处理。

对于不同反渗透膜的 pH 适用范围,可采取加酸或加碱的方法调节 pH,适宜的 pH 还可以防止在膜表面形成水垢。如当 pH 为 5 时,磷酸钙和碳酸钙就不易在膜表面沉积。当废水中含钙量过高时,可用石灰软化或离子交换法加以去除。水温过高时则应采取降温措施。

废水中乳化和未乳化的油类及溶解性有机物可采用氧化法或活性炭吸附法除掉。

2. 反渗透膜的清洗

膜使用一段时间后总会在表面形成污垢而影响处理效果,所以需要定期进行清洗。最简单的方法是用低压高速水冲洗膜面,时间为 30 min,也有用空气与水混合的高速气液流喷射清洗的。

当膜面污垢较密实而厚时,可采用化学法清洗。化学法清洗主要是加入化学清洗剂进行清洗。如用盐酸(pH=2)或柠檬酸(pH=4)的水溶液可有效去除金属氧化物或不溶性盐形成的污垢,清洗时水温以 35 ℃为宜,清洗时间为 30 min。清洗剂清洗完后,再用清水反复冲洗膜面方可投入正常运行。

(五)膜的污染

1. 膜污染定义及其成因

膜污染是指在膜分离过程中,污水中的微粒、胶体粒子或溶质分子与膜发生物理化学作用,或因浓差极化使某些溶质在膜表面或膜孔内吸附、沉积,造成膜孔径变小或堵塞,使膜透过流量与分离特性发生变化的现象。浓差极化现象是溶质向膜面流动的速度与浓度梯度使溶质向本体溶液扩散的速度达到动态平衡时,在膜面形成一个稳定的相应于浓度差的边界层现象。

2. 膜污染机理

膜污染指料液中的某种组分在膜表面或膜孔中沉积导致膜通量下降。影响因素:膜组件特性、操作条件、污泥混合液特性等。

3. 膜污染的危害

（1）使膜表面溶质浓度增高，引起渗透压增大，从而减小传质推动力；

（2）当膜表面溶质浓度达到其饱和浓度时，便会在膜表面形成沉积或凝胶层，增加了膜分离阻力；

（3）当溶质在膜表面达到一定的浓度后，有可能对膜发生溶胀或溶解，引起膜性能的恶化；

（4）膜表面凝胶层或滤饼层的形成会改变膜的分离特性。

4. 膜污染控制方法

（1）对料液进行有效预处理

如预絮凝、预过滤或改变溶液 pH 值等。

（2）改变膜面流体力学条件

如提高进水流速或采用错流等方法，减少浓差极化，使被截流的溶质及时地被水流带走。

（3）适当提高料液水温

水温直接影响膜的透水量和清洗效果，试验证明：水温达到 30 ℃时膜的透水量能较水温 25 ℃增加 17%，水温每增加 10 ℃，膜的清洗效果成倍增加。

（4）其他注意事项

在膜过滤设计中，还应注意减少设备结构中的死角。

为防止微生物、细菌及有机物的污染，常使用消毒剂，如氯试剂等。

如果膜长期停止使用（5 d 以上），在保养时需用 0.5%甲醛溶液浸泡。

复习思考题

一、单项选择题

1. A/O 法脱氮工艺中的 A 是指（　　）。
   A. 好氧 aerobic　　B. 缺氧 anoxic　　C. 厌氧 anaerobic　　D. 曝气 aeration

2. A/O 法是由厌氧池和好氧池组成的同时去除污水中有机污染物及磷的处理系统，它是直接根据生物除磷的基本原理出发而设计出来的一个工艺，其特点有：水力停留时间为（　　）；曝气池内的污泥浓度一般在 2700～3000 mg/L。
   A. 3～8 h　　B. 2～6 h　　C. 3～6 h　　D. 4～6 h

3. 生物脱氮过程中（　　）阶段需要消耗碱度。
   A. 氨化阶段　　B. 硝化阶段　　C. 反硝化阶段　　D. 沉淀阶段

4. 具有吸附能力的（　　）物质称为吸附剂。
   A. 多孔性粉末　　　　　　　　B. 多孔性胶体
   C. 多孔性固体　　　　　　　　D. 多空性悬浮物

5. 树脂母体中的交联剂的作用是（　　）。
   A. 使树脂母体形成球状结构　　B. 使树脂母体形成环状结构
   C. 使树脂母体形成网状结构　　D. 使树脂母体形成树状结构

二、简答题
1. 水的 pH 值对氯消毒作用有何影响？为什么？
2. 什么叫碘值？
3. 离子交换法和吸附法在处理废水时的运行机理有何不同？
4. 什么是膜分离法？常见的膜分离法有哪些？

三、综合题

某化工厂采用活性炭吸附法处理废水，处理量 Q 为 100 m^3/h，废水 COD 平均为 90 mg/L，出水 COD 要求小于 25 mg/L，预计要求活性炭的吸附能力达到 0.39。每天需投加多少克活性炭？

学习情境 5

污泥处理

（载体：污泥）

任务　污泥处理

> **启发引导：**
> 让学生通过自己的思考来找到污水处理厂污泥的来源以及污泥的处理处置方法。

5.1　污泥的特性

一、污泥

在工业废水和生活污水的处理过程中截留了相当数量的悬浮物质，这些物质统称为污泥固体。形成污泥固体的悬浮物质可以是废水中原已存在的，也可以是废水处理过程中逐渐形成的。前者如各种自然沉淀池中截留的悬浮物质；后者如生物处理和化学处理过程中，由原来的溶解性物质和胶体物质转化而来的悬浮物质。此外，还包括在进行化学处理时，投加化学药剂而形成的各种固体物质。污泥固体与水的混合体统称为污泥，但有时把含有机物为主的叫污泥，而把含无机物为主的叫泥渣。

污泥处理的目的是降低有机物含量并减少水分，以便运输和处置。

二、污泥的种类和性质

（一）污泥的分类

污泥的组成、性质和数量主要取决于废水的来源，同时和废水处理工艺有密切关系。按废水处理工艺的不同，污泥可分为以下几类。

1. 初沉污泥

来自初次沉淀池，其性质随废水的成分而异。正常情况下为棕褐色，含固量为 2%～4%，有机物含量 55%～70%。

2. 腐殖污泥与剩余活性污泥

来自生物膜法与活性污泥法后的二次沉淀池。前者称为腐殖污泥，后者称为剩余活性污泥。剩余活性污泥外观为黄褐色，有土腥味，含固量一般为 0.5%～0.8%，有机物含量 70%～85%，受工艺类型与运行参数影响较大。如污泥龄较长的氧化沟工艺有机物含量偏低。

3. 消化污泥

初次沉淀污泥、腐殖污泥、剩余活性污泥经厌氧消化处理后的污泥均称消化污泥。由厌氧消化过程产生的硫化物与铁锰离子生成黑色沉淀,厌氧消化污泥一般为黑色并有臭味。

4. 化学污泥

用混凝、化学沉淀等化学处理废水所产生的污泥称为化学污泥。多数情况下化学污泥气味较小,易于脱水。

(二)污泥的基本特性

1. 污泥固体

污泥中的总固体包括溶解物质和不溶解物质两部分。前者叫溶解固体,后者叫悬浮固体。总固体、溶解固体和悬浮物固体又各分为稳定固体和挥发固体。挥发固体指污泥中的有机物含量,即在600 ℃下才能被氧化,并以气体产物逸出的那部分固体。污泥固体浓度常用 mg/L 表示,也可用重量百分数表示。

2. 含水率

污泥中水的百分含量叫含水率。固体百分含量和含水率的关系:

$$固体(\%) + 水(\%) = 100(\%)$$

例如固体浓度7%,则含水率为93%。由于多数污泥都由亲水固体组成,因此含水率一般都很高。不同污泥含水率差异很大,这对污泥特性有重要影响。

3. 污泥相对密度

污泥相对密度指污泥的重量与同体积水重量的比值。污泥比重主要取决于含水率和固体的相对密度。固体相对密度愈大,含水率愈低,则污泥的相对密度就愈大。生活污泥及类似的工业污泥的相对密度一般大于1,工业污泥的相对密度往往很大,例如,铁皮沉渣为5~6。

4. 污泥体积与含水率的关系

含水率为 P_0 的污泥,其体积为 V_0,若含水率变为 P,则体积公式为:

$$V(100-P) = V_0(100-P_0)$$

当城市污泥含水率大于80%时,可按此简化公式计算污泥体积。由上式可知,含水率由99%降到98%,由97%降到94%,或由95%降到90%,其污泥体积均能减少一半。由此可见,含水率愈高,降低污泥的含水率对减少其体积愈明显。

三、污泥的产量

废水处理中产生的污泥量因废水水质和处理工艺而异。例如,当沉淀时间为1.5 h,含水率为95%时,每人产生的初次沉淀污泥量约为0.4~0.5 L/d。每人产生的二次沉淀污泥为:生物滤池后为0.11 L/d(含水率为95%,沉淀时间为0.75 h);高负荷生物滤池0.4 L/d(含水率为96%,沉淀时间为1.5 h);曝气池后为2.2 L/d(含水率为99%,时间为1.5 h)。

四、污泥的处理

污泥含水率高,体积庞大,常含有高浓度有机物,很不稳定,易在微生物作用下腐败发臭,并常常含有病原微生物、寄生虫卵及重金属等有害物质,必须进行相应处理。

污泥处理的主要包括稳定处理(生物稳定、化学稳定)、去水处理(浓缩、脱水)、最终处理与利用(卫生填埋、干化、焚烧、湿式氧化及综合利用等)。污泥处理与污水处理相比设备复杂,管理麻烦,费用昂贵。

5.2 污泥的预处理

一、污泥的调理

影响污泥的浓缩与脱水性能的因素主要是污泥颗粒的大小、表面电荷水合的程度以及颗粒间的相互作用,其中污泥颗粒的大小是影响污泥脱水性能的最重要的因素。因为污泥颗粒越小,其比表面积越大(按指数规律增大),意味着更高的水合程度和对过滤(脱水)的更大阻力及改变污泥脱水性能需要更多的化学药剂。污泥可通过化学调整或热调理以及淘洗工艺改善其特性。

(一)化学调理

化学调理剂包括三价铁盐、铝盐和有机聚电解质。这些物质能使活性污泥微粒结成絮体。污泥中的阳离子型聚电解质投加量为 $2\sim 5$ kg/t(干固体)时可产生有效絮凝作用。每种污泥的最佳调理剂投加量必须通过试验测定。

(二)热调理

污泥的热调理可以用加热或冷冻方法进行。热调理时,将污泥在 1.8 MPa 下加热到 200 ℃并维持 $20\sim 30$ min,这样既可降低该污染物的过滤阻力,又能杀菌消毒,但一些难溶性有机物在高温下可能成为可溶物,增加了污染的危险。冷冻及融化也可提高污泥的流动性能。由于污泥热调理工艺耗能较大,在未来难以得到广泛应用。

(三)淘洗

淘洗是一项单元操作,即在操作过程中将固体或固液混合物与液体完全混合,使某些组分转移到液体中。典型的例子是将消化污泥在化学调理以前进行洗涤,以去除可能消耗大量化学药品的某些可溶性有机和无机组分。淘洗液的 BOD_5 和 COD 值都很高,需回流到废水处理装置去处理。淘洗能降低碱度,从而减少调理化学剂的投加量,但通常洗涤污泥的费用超过由于减少药品所节省的费用。由于从污泥中洗涤出来的细小固体在主要的废水处理装置中可能不能完全被截留,因此现在不太提倡采用这种方法。

二、污泥的浓缩

重力浓缩可使初沉污泥浓缩到 92%的含水率,活性污泥浓缩到 97%左右。连续式重力浓缩池有矩形及圆形两种,常用的是圆形浓缩池,有的装有机械搅拌装置,调节转速可改变污泥的排出量。池深有两种。一种是浅水槽,水深为 $5\sim 6$ m,半径为 7 m 左右,形状似竖流式沉淀池或辐射式沉淀池。另外也可采用静沉浓缩脱水。分离的上层清夜由池壁上分层设置的排水口排出,排出的污泥应返回沉淀池重新处理。浓缩池的设计应以污泥的沉降特性资料为依据,活性污泥的浓缩时间一般为 $10\sim 12$ h。

在污泥浓缩处理中,重力浓缩法是最经常采用的一种方法。这种方法适用于较稀的污泥。

三、污泥的稳定

许多废水中的污泥含有高浓度的可生物降解物质,会发生厌氧降解,产生恶臭。采用生物好氧或厌氧消化工艺,可使污泥中的有机组分转化成稳定的终端产物;也可添加化学药剂抑制污泥中微生物的活性来稳定污泥,如投加生石灰提高 pH 即可实现对微生物的化学屏蔽。

(一)厌氧消化

厌氧消化广泛应用于污泥稳定及高浓度有机废水的处理,可使污泥中有机固体浓度降低 40%~60%,并生成甲烷。其原理已经在"生物处理法"中介绍过,在此不再赘述。

污泥厌氧消化器通常有两种类型:一级厌氧消化器(图 5-1)和两级厌氧消化器(图 5-2)。

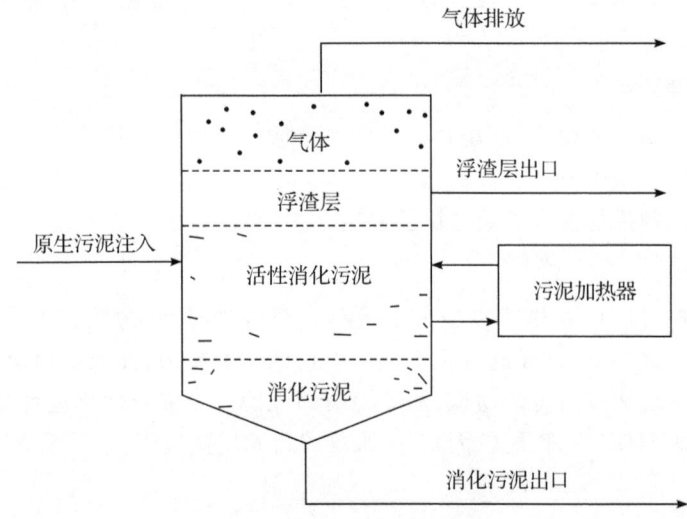

图 5-1 污泥一级厌氧消化器

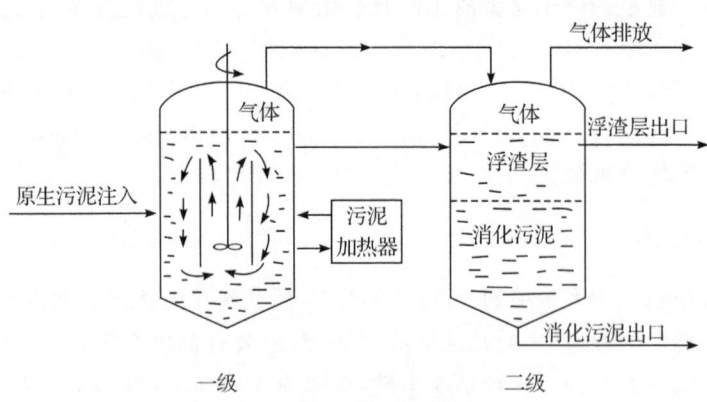

图 5-2 污泥两级厌氧消化器

将原生污泥投加到对污泥正进行活性消化的产气区,当气体上升时,会使污泥颗粒及其他物质(如油脂、脂肪)浮起,形成一层上清液,从消化器中排出,消化污泥则从罐的底部排出。

高温(通常为85～105 ℃)是有利于消化过程的,因而可在消化器内用蒸气盘或在消化器外用加热器对消化污泥进行加热。含有大量甲烷的气体从消化器顶部排出并用作燃料。

使用两级厌氧消化器的目的主要是可更好地利用消化器的容积。一级厌氧消化器由于存在污泥分层和混合不良的问题,因而容积利用率较低。而在两级厌氧消化器中,第一级用于消化,在其中进行加热,并用机械方法或气体循环方法进行搅拌混合,第二级则用于贮存和分离消化污泥与上清液。

(二)好氧消化

污泥好氧消化指对初沉、二沉或混合污泥进行曝气充氧,使有机物进行生物氧化,最终产生二氧化碳和水。

污泥好氧消化的需氧量由污泥中挥发性固体成分决定,一般每氧化1 kg挥发性固体需氧1.2～1.5 kg。污泥好氧消化是放热过程,过程的反应热与挥发性固体的燃烧热相近。

好氧消化速率受许多因素影响,如微生物浓度、可生物降解固体含量、无机养分、温度和混合程度等。污泥好氧消化中每升高1 ℃,有机物的降解速率可提高3%～7%。在45～65 ℃,好氧消化速率较快,过程中产生的热量可维持过程持续进行。

污泥好氧消化通常在室外进行,消化池温度为大气温度。设计时仅使用固体停留时间作为参数,一般取10～20 d。

(三)化学稳定

如前所述,添加生石灰可提高污泥pH,抑制微生物活性,实现污泥稳定。pH为11.0～12.2时可使污泥稳定,同时还能使污泥中的病原体微生物失活。初沉污泥中添加生石灰可降低污泥的比过滤阻力值。但化学稳定法不能使污泥长期保持稳定,若将处理过的污泥长期存放在稳定塘内,污泥的pH会逐渐下降,微生物会恢复活性,使污泥失去稳定。

5.3 污泥的脱水及干化

污泥脱水的作用是去除污泥中的毛细水和表面附着水。经过脱水处理,污泥含水率能从96%左右降到60%～80%,其体积为原来的1/10～1/5,有利于运输和后续处理。因此世界各国都比较重视污泥脱水技术。污泥脱水依靠过滤介质(多孔性物质)两面的压力差为推动力,使水分强制通过过滤介质,固体颗粒被截留在介质上,从而达到脱水的目的。

根据推动力在脱水过程中的演变,可分为定压过滤与恒速过滤两种。前者在过滤过程中压力保持不变,后者在过滤过程中过滤速度保持不变。一般的过滤操作均为定压过滤。

一、污泥干化场

污泥干化场又称晒泥场,是应用最久而又最普通的脱水方法。污泥干化场一般就是一个砂滤床,底部设有防渗隔离层、排水盲沟及滤水层。四周筑有围堤,中间分格以便起运污泥。

在围堤上设有分层排水的污泥水排出井。这样污泥的脱水,除靠蒸发及下渗作用外,在污泥干化场静置分离出来的污泥水也可以及时排出,提高了污泥干化场的效果。干化过程排出的污泥水应重复进行处理。

一般污泥干化场的基建设备投资及运行费用都较低。但占地面积大,受气候影响大,干化周期不稳定;四周有臭味,蚊蝇多,且消除污泥不易机械化,人力消耗大。

二、污泥机械脱水

污泥脱水的方法目前趋向于采用机械脱水,其特点是脱水效果好,占地面积小,效率高。常用的污泥机械脱水的基本类型有压滤机、真空过滤机及离心脱水机。

过滤介质对过滤特性有很大影响。过去一般采用帆布、尼龙布或毡布,近年来广泛使用合成材料,如聚酯纤维、聚丙烯、聚四氟乙烯等。对于过滤介质的选用,应考虑其过滤特性好、机械强度大、使用周期长、滤饼易脱落、价格低等要求,可根据不同的污泥性质,通过试验确定。

(一)压滤机

污泥的压滤一般采用板框压滤机。污泥在压滤脱水前先加 0.5%～0.8%(质量百分比)的石灰。当新鲜污泥压滤脱水时,压力保持 $6.8 \times 10^5 \sim 1.36 \times 10^6$ Pa,持续 1～2 h,然后拆开板框,取下污泥。污泥含水率可由 95% 降至 65%,体积大大缩小。滤液虽较清,但仍需回流重复处理。一般新鲜污泥比消化污泥更适合用压滤法。

压滤法的优点是压力高,滤饼含水率低,一般可达 50%～70%;其主要缺点是手工间歇操作,过滤能力低。近年来正在朝着自动化方向进行研究。目前已经出现的有卧式自动压滤机和立式自动压滤机等,进料与卸除均自动操作,但结构复杂,设备费用高,维护检修技术要求熟练;滤饼有黏附性,不易卸除等,因此还在试验改进中。

(二)真空过滤机

一般使用的真空过滤机是转鼓型真空过滤机,如图 5-3 所示。转鼓表面覆盖着滤布,转鼓内分成许多小格,各格在转动中可形成受压内压或真空的状态。转鼓的下部浸入污泥料浆中,转鼓以 1.5～9 r/min 的速度缓慢旋转,污泥被吸到滤布上,每转动一圈,顺次形成滤饼、脱水及清洗等步骤。滤饼厚度一般为 6～10 mm。这种真空过滤机的缺点是过滤介质(滤布)易堵塞,不易清洗。滤饼的卸除采用刮刀,滤饼不能太薄,至少要 3～6 mm,所以现在一般改进为拆带式真空过滤机。

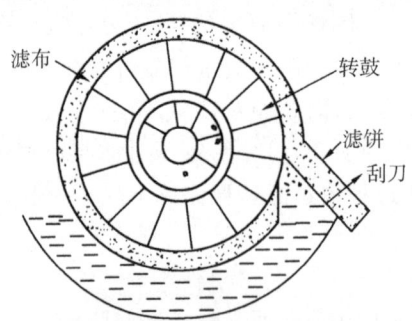

图 5-3 转鼓型真空过滤机

拆带式真空过滤机主要是把滤布从转鼓上延伸过来,通过冲洗槽进行清洗,这样就可避免滤布堵塞。滤饼的卸除靠小直径排出辊的曲率变化,滤饼厚度为 1～2 mm 时也可排出,这样就可减少混凝剂的用量。

使用真空过滤机对消化污泥脱水时一般需投加 $FeCl_3$ 6%～8%,脱水能力为 20～25 kg(干重)/(m^3·h),脱水后的污泥含水率为 75%～80%,并可连续操作,生产能力较大,国内有定型产品;缺点是占地面积大,附属设备多,耗能大。

(三)离心脱水机

离心脱水机主要是利用污泥和水的密度差,在离心力作用下,实现二者的分离。

离心脱水机主要为两部分:一为圆柱圆锥形的外壳,一为与外壳形状相配的螺旋输送机。两部分同向转动,而后者较前者稍快。进料由中空轴加入,脱水滤饼在离心力的作用下沉积在圆筒壁上,由螺旋输送机从锥部排出。滤液从另一端排出,排出口设有一个可调整板,从堰顶排出液体。

离心脱水时,一般使用高分子混凝剂,其使用量为 0.1%~0.5%(干重),污泥脱水后的含水率为 65%~85%。当脱水污泥为消化的一次污泥及活性污泥时,含水率可由 96.5% 降至 80% 左右。

污泥若经加热处理再行离心脱水,则无须投加混凝剂,含水率可降至 40%~60%。

离心脱水是一项新技术,其优点是投资及操作成本低,电耗省,可以实现连续自动操作,易实现密闭,不需要滤布,附属设备少,占地面积小。

三、污泥烘干

污泥经浓缩、脱水后,一般含水率可达 60%~85%,这样的污泥已成为泥饼,当作肥料或燃料使用,需经一步加热干化。加热干化的方法目前多采用回转干燥法,炉温一般为 250~300 ℃。经烘干处理后的污泥,含水率可降至 10%~20%,污泥中的细菌和部分病毒被杀死,但氨氮也受损失。

污泥烘干的装置除回转干燥炉外,另外还有立式多段干燥炉、气流式干燥炉等。可根据污泥性质及烘干污泥的热源情况进行选定。

5.4 污泥的处置与利用

从不同的废水处理过程排放的污泥,在组成和含水量上有很大差别。污水处理的程度取决于这些污泥的处置方式是用于农业,还是土地填埋,或者进行焚烧。污泥的最佳处理方案的确定应考虑技术、经济和环境因素。

一、污泥的处理

(一)堆肥

湿污泥可与生活垃圾或稻草等混合堆肥。在堆肥前主要取出生活垃圾中的金属物、玻璃、碎瓦、塑料等杂质,污泥与垃圾的质量比一般为 3∶1~2∶1,堆放高度为 1.5~2 m。堆肥体内要造成通风条件,并有排水系统,过剩的水应重新处理。堆肥温度可达 60~70 ℃,污泥到达无害化。堆肥时间为 6~8 个月。然后将混合物成堆存放至少 3 个月,成熟后就可变成有用的肥料。

国外研究采用机械进行混合堆肥方法,污泥和垃圾在一个卧式的圆筒中旋转,圆筒出口比入口稍低,使混合物除了旋转之外,还沿着圆筒缓慢移动,加速发酵作用。筒内温度可达 65 ℃,发酵过程可在 5~6 d 内完成。

(二)厌氧消化

污泥厌氧消化处理的目的是进一步去除污泥中的有机物质,减小 60%~70% 的污泥体积,改善污泥性质,使污泥易于脱水,能安全地用作农肥。

污泥的厌氧消化处理构筑物有腐化池(化粪池)、双层沉淀池及厌氧消化池。腐化池只是生活污水直接排入河流管或河源水系时才被采用。双层沉淀池是沉淀池与消化池合建在一起的淹没式厌氧消化池,由于池体过深,沼气没有收集,因此目前在国内很少采用。在污水处理厂中主要采用厌氧消化池,国内已有西安、成都、鞍山等城市采用这种污泥处理方法。

(三) 焚烧

污泥焚烧是目前国外常用的一种处理方法,炉温一般为 1000 ℃ 左右。污泥焚烧后,病原菌和蛔虫卵全部杀死,含水率可降至 10% 以下,污泥体积大大减小,运输方便,便于进一步处理。

当污泥中的有机物含量高时,可在不同外源燃料情况下进行焚化。污泥焚烧处理设备复杂,破坏了有机物,肥效大减,不利于用于农田。

(四) 湿式氧化法

污泥的湿式氧化法是指液相污泥在一定温度及一定压力下,吹入空气进行自燃。为提高温度需在系统中加压。根据不同的使用目的,可使用不同的压力与温度。

若将湿式氧化法作为污泥的预处理,则氧化不是主要目的,而是为了改善污泥脱水性质。氧化处理后,不投加混凝剂亦能获得含水率为 40%~45% 的滤饼。这种方法具有一定的优点,国外发展很快,美国采用较多。这种方法也可处理有毒的有机污水。

温度是湿式氧化法的决定因素。温度越高,氧化程度越高。氧化反应时间是决定反应塔的重要依据,反应塔在总投资中又占很大比重,所以应该慎重决定。

按照污泥的不同氧化程度,湿式氧化法可分为三种。

1. 高压氧化法

压力为 80~120 kg/cm^2(8×10^6~1.2×10^7 Pa),氧化度为 70%~85%,氧化发热量大,可以进行动力回收,但基建投资大。

2. 中压氧化法

压力为 40~70 kg/cm^2(4×10^6~7×10^6 Pa),需增加辅助燃料、电费、基建投资比高压氧化法省。

3. 低压氧化法

压力为 15~30 kg/cm^2(1.5×10^6~3×10^6 Pa),需要增加辅助燃料、电费、基建投资最省,但氧化后残留污泥最多。

一般用高、中压方法。湿式氧化法的特点是装置小,占地省,污泥在密闭容器内处理,无臭味,排出的污泥量少,易脱水,病原菌完全被杀死,维护管理费用省;但主要设备要求耐高温、高压,材料要求用稀有金属。

二、污泥的最终处理和综合利用

(一) 弃置法

1. 填埋、堆置

填埋、堆置前应先把污泥脱水到含水率为 85% 左右。此法的最大缺点是在场地四周极易产生恶臭;污泥受雨水冲刷,又会重新引起对水源的污染,而发生二次污染。

为了避免二次污染,最近有用人工基础隔离层的堆置场。污泥在堆置前必须进行脱水或焚烧处理。当干化的污泥堆置到预计高度后,覆以黏土,修建排出雨水的沟系,筑路及种植树木进行绿化。这个方法适用于处理目前尚无其他方法进行处理和利用的污染污泥。

2. 投入大海

污泥不进行处理,用船装运,直接投入大海。污泥含水率一般均大于95%,如水分过少,污泥易黏附于船身,就是用泵输送也困难。这个方法便宜易行,但易引起二次污染。

3. 深井回灌

用高压泵将含水率约97.5%的污泥注入地下,有的深达1200 m,深井位置必须选择在合理的地层结构中,以防止对地下水的污染。但在实践中,此方法仍易引起二次污染。

(二)回收使用

1. 用作农肥

把污泥作为有机肥料来利用,历史悠久,也是一种最简单的方法。污泥中的含氮量和腐殖质含量是污泥利用的决定因素,另外还含有磷、钾及其他微量元素。

污泥中的氮能促进植物中茎和叶的增长,其中硝酸盐氮可以被植物直接吸收,氨氮要在土壤中转化为硝酸盐氮以后才能被植物吸收。消化污泥及活性污泥中氨氮、硝酸盐氮较多,适于作追肥。

磷肥能刺激植物根部的生长,加速植物成熟,增加对病害的抵抗力。钾肥促进生长,有利于木质杆部和果浆发育,对于构成叶绿素也是必需的。大部分的污泥中氮肥含量较多,磷与钾的含量则相对较少。

腐殖质可改善土壤,污泥中腐殖质含量约为14%,是优质的有机肥料。有许多国家在20世纪五六十年代多用化学肥料增加农作物产量,但近年来发现农田有板结现象,所以又重新研究采用有机肥料,特别是采用污泥作为农肥。

2. 用作动物的饲料

蛋白质由各种氨基酸和非氨基酸含氮化合物所组成。活性污泥含氮量大,构成蛋白质的全氮且可达干物质的4.4%～9.0%。目前国外有人进行了把活性污泥作为家畜饲料、鱼类饲料的研究,但由于其含灰量过高而降低了其利用价值。一般活性污泥含灰量为20%～50%,粗蛋白为10%～50%。改进处理方法可使粗蛋白含量提高到50%～55%,含灰量下降到10%左右。

3. 改良土壤

由于污泥中含有大量的有机物,放入沙性土壤后,可形成团粒结构,提高了肥力,而变为肥沃土地。

4. 作为制造其他产品的原料

特别是工业废水的污泥,按其不同的种类可作不同原料。

三、案例介绍

以龙岩污水处理厂产生的污泥来源进行分析,加深学生对污泥处理方法的理解。

实际操作:分组计算龙岩污水处理厂每天产生的污泥量。

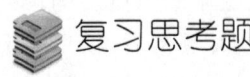 复习思考题

一、填空题

1. 污泥处理的方法主要包括_____、_____、_____和干燥等,是为了实现污泥的稳定化、无害化和减量化。

2. 污泥的处置方法主要包括_____、_____和_____等,主要目的是实现污泥的利用与资源化。

3. 根据污泥中物质的成分,将污泥分为_____和_____两大类。

4. 污泥浓缩的主要方法有_____、_____和_____。

5. 污泥脱水的主要方法有_____和_____。

二、单项选择题

1. 来自生物膜法后的二次沉淀池的污泥称为(　　)。
A. 剩余活性污泥　　　B. 腐殖污泥　　　C. 消化污泥　　　D. 化学污泥

2. 污泥密度是指(　　)。
A. 污泥中固体的质量比水分的质量
B. 污泥的质量比水分的质量
C. 污泥中固体的质量与水分质量的比值
D. 污泥的质量与同体积水质量的比值

3. 污泥浓缩脱水的对象是颗粒间的(　　)。
A. 毛细水　　　B. 内部水　　　C. 吸附水　　　D. 空隙水

4. 污泥中毛细水即颗粒间毛细管内的水,约占总水分的(　　)。
A. 10%　　　B. 20%　　　C. 30%　　　D. 70%

三、计算题

1. 污泥含水率从97.5%降至94%,求污泥体积的变化。

2. 设有机物相对密度为1,无机物相对密度为2.5,某初沉淀池污泥的含水率为96%,有机物含量为75%,求干污泥相对密度。

实 训

实训一 静置沉淀实验

一、实验目的

观察沉淀过程,求出沉淀曲线。

沉淀曲线应包括:①沉降时间 t 与沉降效率 E 的关系曲线;②颗粒沉降速度 U 与沉降效率 E 的关系曲线。

二、实验原理

在含有离散颗粒的污水静置沉淀过程中,若实验柱内有效水深为 H,通过不同的沉降时间 t,可求得不同的颗粒沉降速度 U,$U=H/t$。对于指定的沉降时间 t_0,可求得颗粒沉降速度 U_0。那些沉速等于或大于 U_0 的颗粒在 t_0 时间内可全部除去,而对于沉速小于 U_0 的颗粒则只能除去一部分,其除去的比例为 U/U_0。

设 X_0 为沉速 $U<U_0$ 的颗粒所占百分数,于是在悬浮颗粒总数中,沉速 $U \geqslant U_0$ 的颗粒所占的百分数应为 $1-X_0$,它们在时间 t_0 内均可除去。因此,去除率可用 $1-X_0$ 来表示。沉速 $U<U_0$ 的每种粒径的颗粒去除率为 $\int_0^{X_0} U \mathrm{d}x$,所以,总去除率计算如下:

$$E=(1-X_0)+1/U_0$$

絮凝性悬浮颗粒的静置沉淀去除率不仅与沉速有关,还与深度有关。因此实验柱应在不同深度处设取样口,在不同的选定时段,从不同深度取出水样,测定这部分水样中的颗粒浓度,并用以计算沉淀物的百分数。在横坐标为沉降时间、纵坐标为深度的图上绘出等浓度曲线,据此可求出悬浮物的总去除率。

沉淀开始时,可以认为悬浮颗粒在水中的分布是均匀的。随着沉淀时间的增加,实验柱中的悬浮颗粒的分布变为不均匀。严格地说,经过沉降时间 t 后,应将柱内有效水深 H 的全部水样取出,测其悬浮物含量,来计算 t 时间内的沉降效率。这样,每个实验柱只能求一个沉降时间的沉降效率,致使实验工作量较大。为了简化实验,减少测定工作量,考虑到实验柱内悬浮物浓度沿水深逐渐加大,近似地认为在 $H/2$ 处水样的悬浮物浓度可以代表整个有效水深内悬浮物的平均浓度,于是如果将进口装在 $H/2$ 处,在一个实验柱内可按不同沉降时间多次取样。这样做虽有一定的误差,但在工程上一般是允许的。

三、实验设备

(1)沉淀实验柱:直径 $\phi 100$ mm,工作有效水深(由溢处口下缘到柱底的距离)$H=1500$ mm 或 2000 mm;

(2)真空抽滤装置或过滤装置;

(3)悬浮固体测定所需的设备,包括分析天平、带盖称量瓶或古氏坩埚、干燥器、烘箱等;

(4)搅拌桶和泵。

四、实验水样

生活污水、造纸废水、高炉煤气洗涤废水、其他工业废水、黏土废水。

五、实验步骤

(1)将水样倒入搅拌桶内,用泵循环搅拌约 5 min,使水样中悬浮颗粒分布均匀。用泵将水样输入沉淀实验柱。在输入过程中,从柱中取样 3 次,每次约 50 mL(取样后要准确记录水样体积)。此水样的悬浮物浓度即为实验水样的原始浓度 C。当水样升到溢流口沿溢流管流出水后,关紧沉淀实验柱底部的阀门,停泵并记录沉降开始时间。

(2)观察静置沉淀现象。隔 5 min、10 min、20 min、30 min、60 min、120 min,从实验柱中部取样口取样 2 次,每次约 50 mL 左右(准确记录水样体积)。取水样前要先排出取样管中的积水约 10 mL,取水样后要测量工作水深的变化。

将每一种沉降时间的 2 个水样做平行试验,用滤纸过滤(滤纸应当是已在烘箱内烘干后称量过的),并把过滤后的滤纸放入已准确称量的带盖称量瓶中。在 105~110 ℃烘箱内烘干,称量滤纸及带盖称量瓶的增重,即为水样中的悬浮颗粒物质量。

(3)计算不同沉降时间 t 的水样中的悬浮物浓度 C、沉降效率 E,以及相应的颗粒沉速 U_0。

(4)画出 E-t 和 E-U 的关系曲线。

六、对实验报告的要求和讨论

(1)作出实验记录及沉淀曲线。实验记录参考格式见表1。

表 1 颗粒沉淀实验记录

水样: 日期:

静沉时间(min)	滤纸编号#	称量瓶号#	称量瓶+滤纸重(g)	取样体积(mL)	瓶纸+SS重(g)	水样 SS重(g)	C_0 (mg/L)	沉淀高度 H(cm)
0								
15								
10								
20								
30								
60								
120								

(2)分析实验所得结果。

(3)实验结果讨论

①实验测得的沉降效率与数学计算相比,误差为多少?误差原因何在?

②分析不同工作水深的沉淀曲线,如用于设计沉淀池,需要注意些什么问题?

实训二 混凝实验

一、实验目的

(1) 了解混凝实验的现象及过程、净水作用及影响混凝的主要因素;
(2) 确定混凝剂和最佳投加量及相应的 pH。

二、实验设备

混凝实验台(可变速,25~150 r/min,如图1所示);转速表、温度计、pH 计;有关水质测定的药品和仪器。

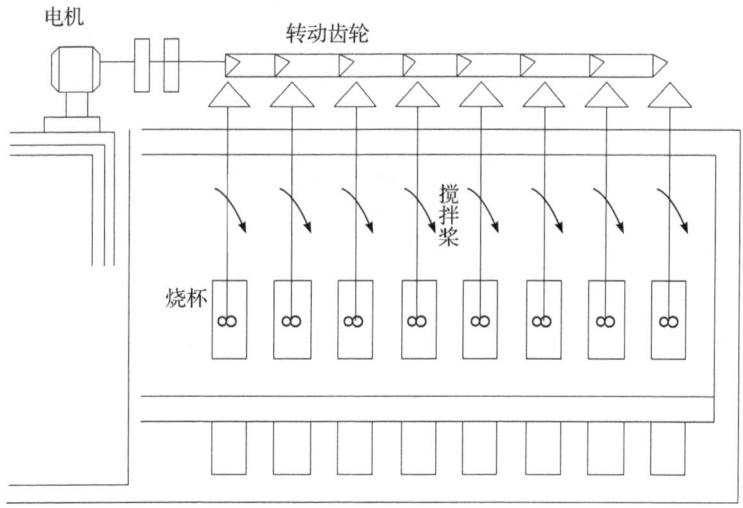

图 1 混凝实验台

三、实验水样

(1) 河水或自来水;
(2) 某种工业废水。

四、实验步骤

(1) 熟悉混凝实验台的操作及浊度计、pH 计的使用。

(2) 用 1000 mL 量筒量取 6 份水样至 6 个 1000 mL 烧杯中(分别编号为1、2、3、4、5、6),另量取 200 mL 水样放在 500 mL 的烧杯中。

(3) 测定原水样的浊度、pH 和水温。

(4) 确定在原水样中能形成矾花的近似最少混凝剂投加量。方法是:慢速搅拌烧杯中 200 mL 的原水样,用移液管每次增加 0.5 mL 的混凝剂直至出现矾花为止。此时的混凝剂用量作为形成矾花的最少投加量。

(5)确定实验时的混凝剂投加量。根据步骤(4)得出的形成矾花的最少混凝剂投加量,取其 1/4 作为 1 号烧杯的混凝剂投加量,其 2 倍作为 6 号烧杯的混凝剂投加量。用依次增加相等混凝剂量的方法求出 2~5 号烧杯的混凝剂投加量。把混凝剂移到与烧杯号相对应的搅拌机投药试管中。

(6)将 6 个水样放在搅拌桨下,保持各烧杯中桨片的位置相同,将搅拌机开关扳到自动位置,启动搅拌机。转动试管架转轴将混凝剂加入所对应的烧杯中。快速搅拌(120~150 r/min)3 min,慢速搅拌(20~80 r/min)20 min。

(7)搅拌过程中,注意观察并记录矾花形成的过程、矾花大小及密实程度。

(8)搅拌过程完成后,轻轻提起搅拌桨(注意不要再搅拌水样)。静置沉淀 15 min,观察并记录矾花沉淀情况。

(9)沉降时间到达后,取出各烧杯中的上清液,并测其浊度及相应的 pH。

五、实验结果整理

(1)把原水特征、混凝剂投加情况、沉淀后的水样浊度及 pH 记入表格中。

(2)以沉淀后水样的浊度为纵坐标,混凝剂投加量为横坐标,绘出浊度与投加量的关系曲线,并在图上求出最佳混凝剂投加量。

(3)以沉淀后水样 pH 为纵坐标,混凝剂投加量为横坐标,绘出 pH 与投加量的关系曲线,分析其规律性。

(4)实验记录参考格式如下:

实验小组名单＿＿＿＿＿＿＿＿＿＿＿＿　　实验日期＿＿＿＿＿＿＿＿＿＿＿＿＿
快速搅拌转速(r/min)＿＿＿＿＿＿＿＿　　慢速搅拌转速(r/min)＿＿＿＿＿＿＿
混凝剂名称＿＿＿＿＿＿＿＿＿＿＿＿　　混凝剂浓度/(mg/L)＿＿＿＿＿＿＿＿
原水浊度(度)＿＿＿＿＿＿＿＿＿＿＿　　原水 pH＿＿＿＿＿＿＿＿＿＿＿＿＿

(5)实验结果记入表 1 中。

表 1　混凝沉淀实验记录

水样编号		1	2	3	4	5	6
水样温度(℃)							
混凝剂投加量	mL						
	mg/L						
矾花形成时间(min)							
矾花沉淀情况							
剩余浊度(度)							
沉淀后 pH							
备注							

实训三　活性炭吸附实验

一、实验目的

(1)了解活性炭的吸附工艺及性能;
(2)掌握用实验方法确定吸附处理污水的设计参数方法。

二、实验装置及材料

(1)间歇式活性炭吸附装置:间歇式吸附用三角烧杯,在烧杯内放入活性炭和水样进行振荡。
(2)间歇式吸附实验所需的实验材料
①振荡器(1台);
②活性炭;
③三角烧瓶(5个,500 mL);
④COD测定装置;
⑤酸度计(1台);
⑥温度计(1台);
⑦漏斗(6个);
⑧定量滤纸。

三、实验步骤

(1)将活性炭放在蒸馏水中浸泡24 h,然后在105 ℃烘箱内烘24 h,再将烘干的活性炭研碎成能通过270目的筛子(0.053 mm孔眼)的粉末状活性炭。
(2)测定预先配制的废水水温、pH值和COD。
(3)在5个三角烧瓶中分别加入100 mg、200 mg、300 mg、400 mg、500 mg粉末状活性炭。
(4)在每个烧瓶中分别加入同体积的废水进行搅拌。一般规定,烧瓶中废水COD(mg/L)与活性炭浓度(mg/L)比值为0.5~5.0。
(5)将上述5个三角烧瓶放在振荡器上振荡,当达到吸附平衡时即可停止振荡(振荡时间一般为30 min以上)。
(6)过滤各三角烧瓶中废水,并测定COD值。
上述原始资料测定结果记入表1中。

四、实验相关知识点

活性炭具有良好的吸附性能和稳定的化学性质,是目前国内外应用比较多的一种非极性吸附剂。与其他吸附剂相比,活性炭具有微孔发达、比表面积大的特点。通常其比表面积可以达到500~1700 m^2/g,这是其吸附能力强、吸附容量大的主要原因。

活性炭吸附主要为物理吸附。吸附机理是活性炭表面的分子受到不平衡的力,而使其他分子吸附于其表面上。当活性炭在溶液中的吸附处于动态平衡状态时称为吸附平衡,达到平衡时,单位活性炭所吸附的物质的量称为平衡吸附量。在一定吸附体系中,平衡吸附量是吸附质浓度和温度的函数。为了确定活性炭对某种物质的吸附能力,需进行吸附实验。当被吸附物质在溶液中的浓度和在活性炭表面的浓度均不再变化,此时被吸附物质在溶液中的浓度称为平衡浓度。活性炭的吸附能力以吸附量 q 表示,即

$$q = V(C_0 - C)/m$$

式中,q——活性炭吸附量,即单位质量的吸附剂所吸附的物质量,g/g;

V——污水体积,L;

C_0,C——分别为吸附前原水及吸附平衡时污水的 COD,g/L;

m——活性炭投加量,g。

表 1 间歇式吸附实验记录表

编号	原水性状				出水性状		活性炭投加量 m(g)	吸附量 $(C_0-C)V/m$
	水样体积(mL)	COD C_0(mg/L)	水温(℃)	pH	出水 COD C(mg/L)	pH		
1								
2								
3								
4								
5								

五、注意事项

间歇式吸附实验中所求得的 q 如出现负值,则说明活性炭明显地吸附了溶剂,此时,应调换活性炭或换水样。

实训四　工业污水处理厂参观考察

一、目的和要求

(1)通过对某工业污水处理厂的参观考察,使学生能够直观地了解工业污水处理系统的主要流程,并掌握各构筑物的作用、运行与维护。

(2)要求服从指导教师安排,认真听讲,仔细观察,详细记录,并在实训报告中,按报告项目要求认真填写实训内容、实训过程、实训结果,及实训收获、体会和建议。

二、基本内容

以某工业污水处理厂为实训场所,以掌握污水处理工艺流程为内容,通过现场负责人员讲解,学生观察、记录来完成实训。

三、重点、难点

掌握某工业污水处理厂的废水处理工艺流程,各构筑物的作用、运行与维护。

四、注意事项

注意人身安全,加强防火意识,不吸烟,遵守实训场所规章制度,讲文明、讲礼貌,注意大学生形象。

实训五　污水处理厂仿真软件

一、目的和要求

（1）通过使用污水处理厂的仿真软件，直观地了解污水处理系统的主要流程，并了解各个处理单元及其作用。

（2）要求服从指导教师安排，认真听讲，仔细观察，详细记录，并在实训报告中，按报告项目要求认真填写实训内容、实训过程、实训结果，及实训收获、体会和建议。

二、基本内容

（1）城市污水处理实习仿真教学系统（四个单元、两个工段）
污水处理水工段仿真教学实习系统；
污水处理泥工段仿真教学实习系统；
活性污泥单元仿真；
消化池单元仿真；
初沉池单元；
氧化沟单元。
系统功能：水处理装置模拟操作功能；常见事故处理；操作指导；智能评分功能。

（2）AAO工艺水处理仿真实训
通过开停车及工艺常见事故处理，加深学生对工艺的理解，提高实际生产中的事故处理能力。培训内容包括系统开车、系统停车、仿真试题。

（3）反渗透工艺水处理仿真
通过工艺常见生产操作及工艺常见事故处理，让学生加深对工艺的理解，提高实际生产中的事故处理能力。培训内容包括预处理系统的启动、预处理系统的反冲洗、反渗透系统启动操作、系统停机保养。

三、重点、难点

掌握水处理工艺流程仿真操作。

实训六 污水常规水质指标检测

色度测定

一、基本原理

纯水为无色透明。清洁水在水层浅时应为无色,深层为浅蓝绿色。天然水中存在腐殖质、泥土、浮游生物、铁和锰等金属离子,均可使水体着色。

纺织、印染、造纸、食品、有机合成工业的废水中,常含有大量的染料、生物色素和有色悬浮微粒等,因此常常是使环境水体着色的主要污染源。有色废水常给人以不愉快感,排入环境后又使天然水着色,减弱水体的透光性,影响水生生物的生长。

水的色度定义为"改变透射可见广谱组成的光学性质",可区分为"表观色度"和"真实色度"。

真实色度是指去除浊度后水的颜色。测定真色时,如水样浑浊,应放置澄清后,取上清液或用孔径为 0.45 μm 滤膜过滤,也可经离心后再测定。没有去除悬浮物的水具有的颜色,包括溶解性物质及不溶解的悬浮物所产生的颜色,称为表观色度。

水的色度单位是度,即每升溶液中含有 2 mg 六水合氯化钴(相当于 0.5 mg 钴)和 1 mg 铂(以六氯铂酸的形式)时产生的颜色为 1 度。

二、方法选择

测定较清洁的、带有黄色色调的天然水和饮用水的色度,用铂钴标准比色法,以度数表示结果。此法操作简单,标准色列的色度稳定,易保存。

对受工业废水污染的地表水和工业废水,可用文字描述颜色的种类和深浅程度,并以稀释倍数法测定色度。

三、铂钴标准比色法

(1)方法原理

用氯铂酸钾与氯化钴配成标准系列,与水样进行目视比色。

(2)干扰及消除

如水样浑浊,则放置澄清,亦可用离心法或孔径为 0.45 μm 滤膜过滤以去除悬浮物。但不能用滤纸过滤,因滤纸可吸附部分溶解于水的有色物质。

(3)仪器

50 mL 具塞比色管,其刻线高度应一致。

(4)试剂

铂钴标准溶液。

(5)步骤

①标准色列的配制。向 50 mL 比色管中加入 0.5 mL、1.00 mL、1.50 mL、2.00 mL、2.50 mL、3.00 mL、3.50 mL、4.00 mL、4.50 mL、5.00 mL、6.00 mL 及 7.00 mL 铂钴标准溶液,用水稀释至标线,混匀。各管的色度依次为 0、5、10、15、20、25、30、35、40、45、50、60 和 70 度。密塞保存。

②水样的测定。分取 50.0 mL 澄清透明水样于比色管中,如水样色度较大,可酌情少取水样,用水稀释至 50.0 mL。将水样与标准色列进行目视比较。观测时,可将比色管置于白瓷板或白纸上,使光线从管底部向上透过液柱,目光自管口垂直向下观察。记下与水样色度相同的铂钴标准色列的色度。

(6)计算

$$色度 = \frac{A \times 50}{B}$$

式中,A——稀释后水样相当于铂钴标准色列的色度;
B——水样的体积,mL。

四、稀释倍数法

(1)方法原理

为定量说明工业废水色度的大小,采用稀释倍数法表示色度。即将工业废水按一定的稀释倍数,用水稀释到接近无色时,记录稀释倍数,以此表示该水样的色度,单位为倍。

(2)干扰及消除

如测定水样的真实色度,应放置澄清后取上清液,或用离心法去除悬浮物后测定;如测定水样的表观色度,待水样中的大颗粒悬浮物沉降后,取上清液测定。

(3)仪器

50 mL 具塞比色管,其标线高度要一致。

(4)步骤

①取 100~150 mL 澄清水样置于烧杯中,以白色瓷板为背景,观测并描述其颜色种类。

②分取澄清的水样,用水稀释成不同倍数,分取 50 mL 分别置于 50 mL 比色管中,管底部衬一白瓷板,由上向下观察稀释后水样的颜色,并与蒸馏水相比较,直至刚好看不到颜色,记录此时的稀释倍数。

浊度测定

一、基本原理

浊度是水中含有的泥沙、黏土、有机物、无机物、浮游生物和微生物等悬浮物质所造成的,可使光散射或吸收。天然水经过混凝、沉淀和过滤等处理,可变得清澈。

测定浊度的方法有分光光度法、目视比色法或浊度仪法。这里主要介绍浊度仪测定浊度的方法。

WGZ-200 型非红外散射浊度仪的测定原理是:当光速通过悬浮物时,在入射光的光强与水样厚度保持不变的情况下,透射光的光强与水样浑浊度有关,水样浑浊度越高,透射光的光强越弱。也就是通过纯净水水样（浑浊度为零）的透射光的光强与通过一定浑浊度水样的透射光的光强相比较，从而得出水样的浑浊度。

二、仪器及试剂

WGZ-200型非红外散射浊度仪。

三、操作步骤

按照WGZ-200非红外散射浊度仪的操作规程进行实训。
(1)接通电源，预热20 min。
(2)测定零浊度水样
取少量零浊度水样装入比色皿中，放入浊度仪中，采用调零旋钮调节到零点。
(3)测定待测水样
取少量水样装入比色皿中，放入浊度仪中，待稳定后读取读数即为该水样的浊度。
(4)若水样浊度较高，需适当进行稀释后按上述方法进行测定。

悬浮物的测定

一、基本原理

悬浮固体系指剩留在滤料上并于103～105 ℃烘至恒重的固体。测定的方法是将水样通过滤料后，烘干固体残留物及滤料，将所称重量减去滤料重量，即为悬浮固体（总不可滤残渣）的重量。

二、仪器

烘箱、电子天平、干燥器、中速定量滤纸。

三、测定步骤

(1)将滤膜放在称量瓶中，打开瓶盖，在103～105 ℃烘干2 h，取出冷却后盖好瓶盖称量，直至恒重（两次称量相差不超过0.0005 g）。
(2)去除漂浮物后振荡水样，量取均匀适量水样（使悬浮物大于2.5 mg），通过上面称至恒重的滤膜过滤，并用蒸馏水洗残渣3～5次。如水样含油脂，用10 mL石油醚分两次淋洗残渣。
(3)小心取下滤膜，放入原称量瓶内，在103～105 ℃烘箱中，打开瓶盖烘2 h，冷却后盖好称重，直至恒重。
(4)计算

$$悬浮固体(mg/L) = \frac{(A-B) \times 1000 \times 1000}{V}$$

式中，A——悬浮固体和滤膜及称量瓶重，g；
B——滤膜及称量瓶重，g；

V——水样体积，mL。

废水化学需氧量(COD)的测定

一、基本原理

在强酸性溶液中，用一定量的重铬酸钾氧化水样中还原性物质，过量的重铬酸钾以试亚铁灵作指示剂，用硫酸亚铁铵溶液回滴。根据硫酸亚铁铵的用量算出水样中还原性物质消耗氧的量。

二、仪器和试剂

(1)电炉。
(2)回流装置：直管冷凝器，如图所示。
(3)磨口锥形瓶(250 mL)。
(4)试剂

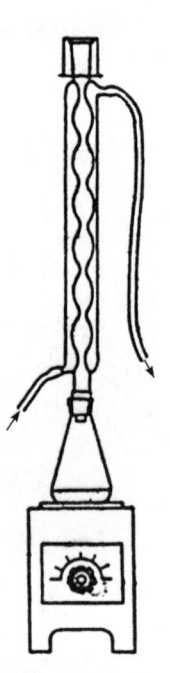

①重铬酸钾标准溶液(0.2500 mol/L)：称取 105～110 ℃烘干 2 h 并冷却的基准 $K_2Cr_2O_7$ 0.6129 g，溶于水中，转入 500 mL 容量瓶稀释至刻度，摇匀。

②试亚铁灵指示剂：称取 1.485 g 邻菲罗啉($C_{12}H_8N_2 \cdot H_2O$)、0.695 g $FeSO_4 \cdot 7H_2O$ 溶于水中，稀释至 100 mL。

③硫酸亚铁铵标准溶液(0.1 mol/L)：称取 39.5 g 硫酸亚铁铵溶于少量蒸馏水中，加 20 mL 浓 H_2SO_4，冷却后稀释至 1000 mL，摇匀。

用 $K_2Cr_2O_7$ 标准溶液标定。取平行操作 3 份的数据，分别计算硫酸亚铁铵溶液的浓度，求其平均值。

④Ag_2SO_4-H_2SO_4 溶液：在 500 mL 浓 H_2SO_4 溶液中加入 5 g Ag_2SO_4，不时搅动使其溶解。

⑤$HgSO_4$ 固体。

三、测定步骤

(1)取 20.00 mL 混合均匀的水样(或适量水样稀释至 20.00 mL)置于 250 mL 磨口回流锥形瓶中，准确加入 10.00 mL $K_2Cr_2O_7$ 标准溶液及几粒小玻璃珠(以防爆沸)，慢慢加入 30 mL Ag_2SO_4-H_2SO_4 溶液，连接磨口回流冷凝管，加热回流 2 h(自开始沸腾计时)。

注意事项：

①回流过程中若溶液颜色变绿，说明水样的化学需氧量太高，需将水样适当稀释后重新测定。稀释时，所需水样量不得少于 5 mL。

②水样中 Cl^- 含量超过 30 mg/L 时，应先把 0.4 g $HgSO_4$ 加入回流锥形瓶中。0.4 g $HgSO_4$ 可与 40 g Cl^- 结合，如取 20.00 mL 水样，最高可结合 2000 mg/L Cl^- 浓度的水样。若 Cl^- 浓度较低，亦可少加 $HgSO_4$，使 $HgSO_4$ 与 Cl^- 的质量比为 10∶1。

(2)冷却后，用 90 mL 水冲洗冷凝管壁，取下锥形瓶。溶液总体积不得小于 140 mL，否则因酸度太大,滴定终点不明显。加3滴试亚铁灵指示剂,用硫酸亚铁铵标准溶液滴定,溶液的颜色由黄色经蓝绿色到红褐色即为终点,记录消耗的体积为 V_1。

(3)测定水样的同时,以 20.00 mL 蒸馏水,按同样操作步骤做空白试验,记录滴定空白试验时消耗硫酸亚铁铵标准溶液的体积为 V_0。

注意事项:

①在某些情况下,所取水样体积在 10.0~50.0 mL 范围时,试剂的体积及浓度等应进行相应调整,具体如表1。

表1 取水样量和试剂用量表

V_s(mL)	0.2500 mol/L $K_2Cr_2O_7$溶液体积(mL)	Ag_2SO_4-H_2SO_4 溶液体积(mL)	$HgSO_4$质量(g)	硫酸亚铁铵溶液浓度(mol/L)	滴定前总体积(mL)
10.0	5.0	15	0.2	0.050	70
20.0	10.0	30	0.4	0.100	140
30.0	15.0	45	0.6	0.150	210
40.0	20.0	60	0.8	0.200	280
50.0	25.0	75	1.0	0.250	350

②水样加热后,溶液中重铬酸钾剩余量应为加入量的 1/5~4/5 为宜。

③为了检验测定的正确性或测定技术,可用邻苯二甲酸氢钾($KHC_8H_4O_4$)做试验。1 L 水溶有 0.4251 g 纯邻苯二甲酸氢钾,该溶液为 500 mg/L 的 COD_{Cr}标准溶液,因 1 g 邻苯二甲酸氢钾的理论 COD_{Cr}为 1.176 g。

④COD_{Cr}的测定结果应保留 3 位有效数字。

废水五日生化需氧量 BOD_5 的测定

一、基本原理

将水样注满培养瓶,塞好后应不透气,将瓶置于恒温条件下培养 5 d。培养前、后分别测定溶解氧浓度,由两者的差值可算出每升水消耗掉氧的质量,即 BOD_5 值。

由于多数水样中含较多的需氧物质,其需氧量往往超过水中可利用的溶解氧(DO)量,因此在培养前对水样进行稀释,使培养后剩余的溶解氧(DO)符合规定。

二、试剂

(1)接种水

如试验样品本身不含有足够合适的微生物,应采用以下方法之一,以获得接种水:

①城市废水,取自污水管或取自没有明显工业污染的住宅区污水管。这种水在使用前,应倾出上清液备用。

②在 1 L 水中加入 100 g 花园土壤,混合并静置 10 min。取 10 mL 上清液用水稀释至 1 L。

③含有城市污水的河水或湖水。

④污水处理厂出水。

⑤当待分析水样为含难降解物质的工业废水时,取自待分析水排放口下游 3~8 km 处的水或所含微生物适宜分析水并经实训室培养过的水。

(2)盐溶液

①磷酸盐缓冲溶液:将 8.5 g 磷酸二氢钾(KH_2PO_4)、21.75 g 磷酸氢二钾(K_2HPO_4)、33.4 g 七水合磷酸氢二钠($Na_2HPO_4 \cdot 7H_2O$)和 1.7 g 氯化铵(NH_4Cl)溶于约 500 mL 中,稀释至 1000 mL 并混合均匀。

②七水硫酸镁($MgSO_4 \cdot 7H_2O$):22.5 g 溶于水中,稀释至 1000 mL 并混合均匀。

③氯化钙溶液(27.5 g/L):将 27.5 g 无水氯化钙溶于水,稀释至 1000 mL 并混合均匀。

④六水合氯化铁(Ⅲ)溶液(0.25 g/L):将 0.025 g 六水合氯化铁(Ⅲ)溶于水,稀释至 1000 mL 并混合均匀。

(3)稀释水

取每种盐溶液(上述四种)各 1 mL,加入约 500 mL 水中,然后稀释至 1000 mL 并混合均匀,将此溶液置于 20 ℃下恒温,曝气 1 h 以上。采取各种措施,使其不受污染,特别是不受有机物质、氧化或还原物质或金属污染,确保溶解氧浓度不低于 8 mg/L。此溶液的五日生化需氧量不得超过 0.2 mg/L。此溶液应在 8 h 内使用。

(4)接种稀释水

根据需要和接种水的来源,向每升稀释水中加入 1.0~5.0 mL 接种水,将已接种的稀释水在约 20 ℃下保存,8 h 后尽早应用。已接种的稀释水的五日生化需氧量应在 0.3~1.0 mg/L 之间。

(5)盐酸(HCl)溶液:0.5 mol/L。

(6)氢氧化钠(NaOH)溶液:20 g/L。

(7)亚硫酸钠(Na_2SO_3)溶液(1.575 g/L):此溶液不稳定,需每天配制。

(8)葡萄糖—谷氨酸标准溶液:将干燥后的无水葡萄糖和谷氨酸各称量(150±1)mg,溶于蒸馏水中,稀释至 1000 mL 并混合均匀。

三、仪器

(1)培养瓶:细口瓶的容量在 250~300 mL 之间,带有磨口玻璃塞,并具有供水封用的钟形口。

(2)培养箱:能控制在(20±1)℃。

(3)溶解氧测定仪。

(4)稀释容器:带塞玻璃瓶,刻度精确到毫升。

四、测定步骤

(1)样品预处理

①样品的中和:保证样品 pH 在 6~8,否则用 HCl 溶液或 NaOH 溶液进行中和。

②含氯样品的处理:加入所需体积的 Na_2SO_3 溶液,使样品中自由氯和结合氯失效,注意避免加过量。

(2)试验水样的准备

将试验样品温度升至约 20 ℃,然后在半充满的容器内摇动样品,以便消除可能存在的过饱和氧。将已知体积的样品置于稀释容器中,用稀释水或接种稀释水进行稀释,轻轻地混合,避免夹杂空气泡。稀释倍数参照表2。选择恰当的稀释比使培养后剩余溶解氧至少有 1 mg/L,消耗的溶解氧至少 2 mg/L。

表2 测定 BOD_5 时建议稀释的倍数

预期 BOD 值	稀释比	BOD 测定结果取整到	适用的水样
2～6	1～2 之间	0.5	R
4～12	2	0.5	R,E
10～30	5	0.5	R,E
20～60	10	1	E
40～120	20	2	S
100～300	50	5	S,C
200～600	100	10	S,C
400～1200	200	20	I,C
1000～3000	500	50	I
2000～6000	10000	100	I

注:R:河水;E:生物净化过的污水;S:澄清过的污水或轻度污染的工业污水;C:原污水;I:严重污染的工业废水。

(3)空白试验

用接种稀释水进行平行空白试验。

(4)测定

①按采用的稀释比用虹吸管吸取样品和稀释水充满两个培养瓶至稍溢出。

②将所有附着在瓶壁上的空气泡赶走,盖上瓶盖,小心避免夹带空气泡。

③将瓶子分为两组,每组都有一瓶选定稀释比的稀释水样和一瓶空白溶液。

④放一组于培养箱中,并在暗处放置 5 d。

⑤在计时起点时,测量另一组瓶中的稀释水样和空白溶液的溶解氧浓度。

(5)验证试验

为了检验接种稀释水、接种水和分析人员的技术,需进行验证试验。将 20 mL 葡萄糖—谷氨酸标准溶液用接种稀释水稀释至 1000 mL,并且按照(4)中步骤进行测定。得到的 BOD_5 应在 180～230 mg/L 之间,否则,应检查接种水。本试验与试验样品同时进行。

五、结果表示

(1)被测定溶液若满足以下条件,则能获得可靠的测定结果。

培养 5 d 后:剩余 DO>1 mg/L,消耗 DO>2 mg/L。

若不能满足以上条件,一般应舍掉该组结果。

(2)五日生化需氧量(BOD_5)以每升消耗氧的毫克数表示,由下式算出

$$BOD_5 = \left[(C_1-C_2) - \frac{V_t-V_e}{V_t} \cdot (C_3-C_4)\right] \cdot \frac{V_t}{V_e}$$

式中,C_1——在初始计时时一种试验水样的溶解氧浓度,mg/L;

C_2——培养 5 d 同一种水样的溶解氧浓度,mg/L;

C_3——在初始计时时空白溶液的溶解氧浓度,mg/L;

C_4——培养 5 d 时空白溶液的溶解氧浓度,mg/L;

V_e——制备该试验水样用去的样品体积,mL;

V_t——该试验水样的总体积,mL。

若几种稀释比所得数据皆符合要求,则几种稀释比所得结果皆有效,以其平均值表示检测结果。

实训七 课程设计任务书

一、设计目的

通过课程设计,灵活运用所学的污水处理基本原理、基本工艺方法,搜集、查阅设计所需文献资料,并结合当地实际情况,系统掌握污水处理工艺。

二、设计题目

某城市污水处理厂初步设计。

本课程设计参考龙岩污水处理厂的处理工艺进行设计,确定处理工艺为前置厌氧—好氧的组合生物处理法,即 A/O 法。

三、设计范围

按近期处理城市污水 10 万 m^3/d 进行设计,其服务面积约 25 km^2,服务人口约 26 万人。所处理的城市污水由以下几部分组成:

工业污水	4.0 万 m^3/d
生活污水	5.2 万 m^3/d(按每人每天 200 L 计)
公建设施及其他污水	0.8 万 m^3/d
合计	10.0 万 m^3/d

四、执行规范和标准

(1)《室外排水设计规范》(GBJ 14—87);
(2)《污水综合排放标准》(GB 8978—96);
(3)《城市污水处理厂污水污泥排放标准》(CJ 3025—93);
(4)《城镇污水处理厂附属建筑和附属设备设计标准》(CJJ 31—89)。

五、设计进水水质、水量

(1)设计进水水质:根据对纳入城市污水管网的工业污染源调查以及对城市居民生活水平的调查结果进行分析,得出设计进水的水质。在未取得调查资料的情况下,可参考相近城市的水质情况。在本设计中可参考表 1 给定的水质指标进行设计。

表 1 污水处理厂进水水质表

污染因子	COD_{Cr} (mg/L)	BOD_5 (mg/L)	SS (mg/L)	pH	NH_3-N (mg/L)	TP (mg/L)
浓度值	400	200	240	6.8~8.0	20	6

注:由于龙岩污水处理厂已建成投入使用,可根据实测的进水资料进行分析确定。

(2)设计水量:设计规模确定为 10.0 万 m^3/d,设计平均流量 10.0 万 m^3/d。

六、设计出水水质

根据受纳水体的功能区划,雁石溪见龙桥控制断面近期按《地表水环境质量标准》(GB 3838—2002)中Ⅳ类水域进行管理,远期按Ⅲ类水域管理。确定处理后排放水的水质执行《污水综合排放标准》(GB 8978—96)中表4的一级标准,各项指标见表2。

表2 污水处理厂出水水质表

污染因子	COD_{Cr} (mg/L)	BOD_5 (mg/L)	SS (mg/L)	pH	NH_3-N (mg/L)	TP (mg/L)
浓度值	60	20	20	6～9	15	2

七、设计步骤

(1)确定污水中需去除的污染物及要处理的程度。
(2)工艺方案和流程的确定:
①去除各种污染物相应的方法,处理效果能否达到排放要求;
②各单元构筑物的组合;
③选择最有效、经济、合理、可靠的工艺流程;
④绘出工艺流程框图。
(3)确定处理方法的类型、池型和设计参数。
(4)根据处理规模确定辅助建筑物及生产性建筑物的尺寸。
(5)计算各单元处理构筑物的尺寸。
(6)设备的选型计算。
(7)平面布置。
考虑:
①厂址的常年主导风向、夏季主导风向;
②处理后出水方向,最后一道处理构筑物靠近水体;
③交通条件,构筑物间距;
④构筑物布置尽量紧凑,减少处理厂占地和连接管的长度;
⑤充分利用地形,力求挖填土方平衡;
⑥设置超越管,以便构筑物的检修;
⑦当一种构筑物有多个池子时,设配水设施。

八、设计成果

(1)设计说明书(包括计算书)。
①设计任务;
②工程概况:性质、地理位置、污泥处理要求、水质变化情况、地质情况;
③进水水质、出水要求;
④工艺流程及说明:流程的优缺点、各构筑物的功能及去除效率;

⑤设计参数;
⑥各构筑物尺寸的确定(配计算草图);
⑦总平面布置的说明。
(2)总平面布置图(比例1∶500)。

九、进度安排

(1)听取专家、老师讲解有关污水处理厂的设计说明;到龙岩污水处理厂参观学习,了解相关资料。

(2)在指导老师指导下确定平面布置图及工艺流程图。

(3)完成设计图纸、工艺设计说明(含设计计算书)。

(4)完成上机绘图。

十、评分标准

(1)工艺流程、设计计算书　70%
(2)参观实习　10%
(3)查阅相关资料　10%
(4)实习态度　10%

参考文献

[1] 铁道部专业设计院标准处编著.污水处理的基本方法及应用[M].北京:中国铁道出版社,1997.

[2] 李东旭.废水处理技术及工程应用[M].北京:机械工业出版社,2003.

[3] 杨岳平,徐新华,刘传富.废水处理工程[M].北京:化学工业出版社,2003.

[4] 唐受印,汪大翚.废水处理工程[M].北京:化学工业出版社,1999.

[5] 张自杰.环境工程手册(水污染防治卷)[M].北京:高等教育出版社,1996.

[6] 刘天齐.三废处理工程技术手册[M].北京:化学工业出版社,1998.

[7] 张希衡.废水处理工程[M].北京:冶金工业出版社,1984.

[8] 高延耀.水污染控制工程(下册)[M].北京:高等教育出版社,1989.

[9] 王宝贞.水污染控制工程[M].北京:高等教育出版社,1990.

[10] 蒋展鹏.环境工程学[M].北京:高等教育出版社,1993.

[11] 胡侃.水污染控制[M].武汉:武汉理工大学出版社,1998.

[12] 高延耀,顾国维.水污染控制工程[M].北京:高等教育出版社,1999.

[13] 黄铭荣,胡纪翠.水污染控制工程[M].北京:高等教育出版社,1999.

[14] 丁忠浩.有机废水处理技术及应用[M].北京:化学工业出版社 2002.

[15] 张统.间歇式活性污染法污水处理技术及工程实例[M].北京:化学工业出版社,2002.

[16] 胡亨魁.水污染控制工程[M].武汉:武汉理工大学出版社,2003.

[17] 张宝军.水污染控制技术[M].北京:中国环境科学出版社,2007.

[18] 陈剑虹.环境工程微生物学[M].武汉:武汉理工大学出版社,2003.

[19] 张天胜,励明蓉.日用化工废水处理技术及工程实例[M].北京:化学工业出版社,2002.

[20] 苏少林.水污染控制技术[M].大连:大连理工大学出版社,2010.

图书在版编目(CIP)数据

污水处理工艺分析与操作/李红莲主编. —厦门:厦门大学出版社,2015.11
(闽西职业技术学院国家骨干高职院校项目建设成果·环境监测与治理技术专业)
ISBN 978-7-5615-5716-7

Ⅰ.①污… Ⅱ.①李… Ⅲ.①污水处理-高等职业教育-教材 Ⅳ.①X703

中国版本图书馆 CIP 数据核字(2015)第 188004 号

官方合作网络销售商:

厦门大学出版社出版发行

(地址:厦门市软件园二期望海路 39 号　邮编:361008)
总 编 办 电 话:0592-2182177　　传真:0592-2181406
营销中心电话:0592-2184458　　传真:0592-2181365
网址:http://www.xmupress.com
邮箱:xmup @ xmupress.com

厦门市明亮彩印有限公司印刷

2015 年 11 月第 1 版　2015 年 11 月第 1 次印刷
开本:787 mm×1092 mm　1/16　印张:12　插页:2
字数:292 千字
定价:33.00 元

本书如有印装质量问题请直接寄承印厂调换